La Colombophilie Parfaite:
Encyclopédie Pigeonnière Illustrée...

Sylvain Wittouck

S. SYLVAIN WITTOUCK.

LA
COLOMBOPHILIE PARFAITE.

ENCYCLOPEDIE PIGEONNIÈRE ILLUSTRÉE.

(Complément de « *LA COLOMBOPHILIE MODERNE* »).

1re PARTIE. — Histoire et origine du pigeon voyageur belge. — L'art d'installer, de nourrir, de croiser, d'élever et de dresser la gent volatile. — Solution raisonnée de différentes questions controversées de colombiculture. — Les progrès et les secrets réels du sport colombophile. — Notions pratiques d'aviculture.

2me PARTIE. — Hygiène et maladies des PIGEONS et de la VOLAILLE en général. — Traitement allopathique et homéopathique.

8^c ouvrage colombophile.

BRUGES

IMPRIMERIE HOUDMONT-BOIVIN ET FILS, RUE NEUVE DE GAND, 134.

1905

G. de Poulpiquet

La
Colombophilie parfaite.

Ouvrages du même Auteur.

SE VENDENT : { chez l'auteur.
                   { en librairie.

N. B. Les ouvrages sans désignation de prix sont épuisés.

PHOTOGRAPHIE DU PORTRAIT DE L'AUTEUR QUI LUI A ÉTÉ OFFERT, A GAND,
LE 26 FÉVRIER 1905, PAR DE NOMBREUX AMIS BELGES ET ÉTRANGERS,
EN RECONNAISSANCE DES SERVICES RENDUS A LA COLOMBOPHILIE.

La Colombophilie parfaite.
Encyclopédie pigeonnière illustrée.

(Complément de « La Colombophilie Moderne »).

1re PARTIE. — *Histoire et origine du pigeon voyageur belge. — L'art d'installer, de nourrir, de croiser, d'élever et de dresser la gent volatile. — Solution raisonnée de différentes questions controversées de colombiculture. — Les progrès et les secrets réels du sport colombophile. — Notions pratiques d'aviculture.*
2me PARTIE. — *Hygiène et maladies des pigeons et de la volaille en général. Traitement allopathique et homéopathique*

PAR

SYLVAIN WITTOUCK,
SECRÉTAIRE COMMUNAL HONORAIRE,
MEMBRE CORRESPONDANT DU COMITÉ PROVINCIAL DE SALUBRITÉ PUBLIQUE DE LA FLANDRE OCCIDENTALE,

à HULSTE lez-COURTRAI. (Belgique).

Le *Pigeon voyageur* n'est pas le produit du hasard, mais le fruit des croisements faits par des spécialistes belges, intelligents et studieux.
« *La Colombophilie parfaite* » page 20.

Huitième ouvrage colombophile.

BRUGES

IMPRIMERIE HOUDMONT-BOIVIN ET FILS, RUE NEUVE DE GAND, 134.

—

1905

SF
465
W83
1905

E 9767

A Son Altesse Royale Monseigneur le Prince Albert
de Belgique, à

Bruxelles.

Monseigneur,

En daignant accepter la dédicace de ce traité, écrit dans
le but de vulgariser l'historique du pigeon voyageur
Belge, la science pigeonnière, les secrets du sport colombophile et d'initier les amateurs aux notions indispensables de l'hygiène et de la thérapeutique de la gent
volatile, Votre Altesse a donné une preuve de l'intérêt
qu'Elle porte aux œuvres nationales.

Profondément touché et honoré de cet acte de bienveillance à mon égard, je prie humblement Votre Altesse
de croire aux sentiments de très profonde reconnaissance,
avec lesquels j'ai l'honneur d'être,

Monseigneur,

de Votre Altesse Royale,

le très humble, très dévoué et très fidèle serviteur,

Sylvain WITTOUCK.

Hulste, le 22 décembre 1894.

Préface.

OTRE ouvrage flamand, paru en 1891, nous a valu de la part de M. Van Beneden, l'éminent professeur de zoologie et d'anatomie comparée de l'Université de Louvain, l'appréciation suivante :

Louvain, le 7 février 1891.

MONSIEUR WITTOUCK,

« Je viens de lire votre *Duivenliefhebberij* et j'ajouterai que j'ai lu jusqu'à la dernière page, c'est vous dire que je l'ai parcouru avec *le plus vif intérêt*.

« Je me figure l'effet que la lecture doit produire sur les amateurs, quand j'en juge par moi, un profane. Du reste, je m'attendais à cet effet, vous avez vu et bien vu, et toute *observation faite* est une *acquisition pour la science*, peu importe par qui elle est faite. J'aime mille fois mieux cela, que ce qui se trouve dans des livres écrits par des hommes de cabinet, fut-ce Buffon ou Lacépède qui parlent de choses qu'ils n'ont jamais vues.

« Je vous remercie d'avoir bien voulu envoyer un exemplaire à Moscou ; je suis bien certain qu'il sera bien reçu et ce sera peut-être une occasion, pour eux, qui sont Russes, d'apprendre le flamand.

« Je vous présente, M. Wittouck, mes salutations les plus dévouées.

(*Signé*) P.-J. VAN BENEDEN.

Le même ouvrage flamand a obtenu dans différentes expositions, tant nationales qu'internationales, les plus hautes distinctions. Des membres du jury de ces expositions, ne comprenant pas la langue flamande, ont exprimé le désir de posséder une traduction française : nous l'avons promise et nous tenons parole.

Ce qui précède est un extrait de la *Préface* de notre première édition, « *La Colombophilie moderne* » parue en 1894, qui a été suivie de deux éditions subséquentes.

La troisième édition de « *La Colombophilie moderne* » a obtenu à l'exposition internationale d'aviculture, organisée en 1902 à Madrid (Espagne), la *Médaille d'or*.

Cette édition étant épuisée, au lieu d'en publier une quatrième, nous l'avons entièrement refondue, complétée d'innombrables détails intéressants et augmentée de plus de 60 pages.

« La Colombophilie parfaite » (complément de *La Colombophilie moderne*), qui nous occupe en ce moment, est en réalité une œuvre nouvelle.

Nous ne nous sommes épargné aucune peine pour rendre notre livre digne de son titre.

La *première partie* renferme une solution raisonnée et définitive, croyons-nous, des questions les plus importantes et les plus controversées de colombiculture et contient en outre, des faits historiques nouveaux, des observations pratiques inédites, ainsi que des expériences physiologiques dont nous avons la paternité exclusive.

Si nous parlons dans ce sens, croyez, chers lecteurs, que nous ne le faisons nullement par vanité, mais uniquement pour sauvegarder nos droits sur la propriété littéraire, parce que nous pouvons constater que les dispositions de la loi du 22 mars 1886 ne sont pas toujours respectées.

La *deuxième partie* de notre volumineux traité est consacré à l'*hygiène* et à la *thérapeutique* des pigeons et de la volaille.

Nous avons pu nous livrer à des études plus attentives depuis que notre fils Richard nous remplace comme secrétaire communal. Etant lui-même un colombophile sérieux, il a pu nous seconder en maintes autopsies, vivisections et autres expériences.

M. Richard Wittouck.

Le chapitre *des maladies* est augmenté de la description de certaines maladies restées inobservées jusqu'ici.

Le traitement a été considérablement modifié et simplifié.

Sans nul doute, nous sommes le seul auteur, en Belgique, qui se soit occupé de l'étude et de l'application du *système curatif homéopathique* des oiseaux.

Nous nous servons, suivant les cas, des *méthodes allopathique* ou *homéopathique,* car nous trouvons dans les deux systèmes des médications nouvelles et spécifiques, avec lesquelles nous obtenons des résultats concluants et surprenants.

Finalement, nous avons la certitude que les amateurs colombophiles intelligents et studieux seront heureux de posséder notre nouveau traité, tant au point de vue de leurs *intérêts sportifs* et de l'*état de santé* de leurs oiseaux chéris qu'au point de vue de la variété de ses *illustrations.*

SYLV. WITTOUCK.

Hulste, le 1 mai 1905.

Photographies de tableaux peints d'après nature.

Vainqueurs de Dax pris du colombier de l'auteur.

La petite.   La plume.

Furibond.   Le bon bleu.

Photographies de tableaux peints d'après nature.

Vainqueurs de race d'élite pris du colombier de l'auteur.

Le voilier.   Le doré.   Barnum.
Vainqueur de Dax. Vainqueur de Dax.

Le plomb.   Le Duister.   La princesse.

Première partie.

LE SPORT COLOMBOPHILE.

CHAPITRE I.

Histoire et Origine du Pigeon voyageur Belge.

UOIQUE le véritable pigeon voyageur n'existe en Belgique que depuis le commencement du dernier siècle, il est assez difficile de déterminer exactement comment s'est constituée sa race.

Les indications historiques données par les auteurs qui nous ont précédé, bien que très intéressantes, sont cependant incomplètes. Afin d'élucider ce point important, nous avons entrepris personnellement, au commencement de *1893*, de nombreux voyages, visitant les colombiers des amateurs les plus en renom, interrogeant les plus anciens colombophiles du pays, consultant leurs souvenirs personnels et leurs traditions, nous assurant ainsi les renseignements les plus exacts possible.

Ces renseignements nous ont permis, de faire un récit historique très détaillé, de l'origine de la race pigeonnière belge et du sport colombophile dans notre pays.

Cela posé, abordons notre sujet.

Lorsque Temminck, Buffon et Lacépède (¹) consacrèrent des volumes entiers à la description des oiseaux, le pigeon voyageur belge proprement dit n'existait pas encore. On s'occupait à ces époques reculées de rassembler toutes les races connues des oiseaux domestiques, de les multiplier et de les varier à l'infini. L'amateur, par des sélections et des soins intelligents, visait à perfectionner les races et uniquement dans le but de les créer plus belles et plus parfaites.

La famille des pigeons se compose de variétés innombrables, et, quand on songe à la possibilité d'apparier entre elles les races considérées comme pures, d'en obtenir des produits, et de faire ensuite de nouveaux croisements de ces différentes sous-races, on comprend aisément combien il est facile d'avoir des variétés, des types presque sans nombre.

« On dirait : » écrit Veillot, « que la nature, prévoyant l'inconstance, la bizarrerie, la multiplicité des goûts de l'homme, ait, pour y suffire, accordé la faculté de se varier à l'infini aux êtres dont il doit se servir le plus pour s'amuser, comme chiens, pigeons, fleurs... ».

Le pigeon ayant été toujours considéré comme un oiseau remarquable et utile, nous devons en conclure que de tout temps l'homme a eu l'idée, non seulement d'élever le pigeon pour obtenir des variétés plus belles, plus parfaites, mais aussi pour trouver un type capable d'être employé et utilisé comme messager aérien.

Les faits historiques prouvent du reste surabondamment

(¹) Temminck. Histoire naturelle générale des pigeons et des gallinacés. Amsterdam et Paris, 1813-15.

Buffon, naturaliste français, né le 7 septembre 1707, décédé le 16 avril 1788.

Lacépède, naturaliste français, né le 26 décembre 1756, décédé le 6 octobre 1825.

qu'*aux époques les plus reculées* et dans les *diverses contrées du monde*, on a utilisé le pigeon comme *messager ailé*, tant pour le service des particuliers que dans un but stratégique et politique.

En Belgique, où l'on a toujours pris à cœur l'élevage des pigeons, on n'a sérieusement songé à utiliser ceux-ci pour les voyages qu'à partir des premières années du XIXᵉ siècle.

Les premiers entraînements et concours :
Dans la province de Liége.

Nous trouvons dans un mémoire statistique du département de l'Ourthe, écrit en 1806 par Thomassin, chef de division à la Préfecture de Liége, que déjà, au commencement du dix-neuvième siècle, on dressait en cette ville les pigeons jusqu'à *Paris* et *Lyon* et que les voyageurs ailés revenus des *bords du Rhône* avaient été promenés en triomphe dans le courant de 1811, précédés d'une musique, dans le quartier de l'est de la ville de Liége, où habitaient le plus grand nombre d'amateurs.

D'après Mʳ Chapuis, auteur de l'excellent ouvrage « *Le pigeon voyageur belge* », décédé à Heusy le 30 septembre 1879, c'est dans la province de Liége que les premières réunions d'amateurs de pigeons ont eu lieu et que les premiers essais et entraînements ont été faits. Voici en abrégé comment l'auteur s'exprime : « En 1818, les amateurs de Herve expédièrent des pigeons à Francfort-sur-Mein. A peu près vers cette même époque, il existait à Liége une société colombophile, établie au faubourg d'Amercœur. Un concours fut organisé sur Paris en 1820 ; un pigeon appartenant à l'un des sociétaires revint du lieu du lâcher et gagna le premier prix ; on l'exposa et il fut l'objet de l'admiration générale. Les herviens tentèrent aussi le trajet de Paris et organisèrent à la suite des concours plus importants.

En 1823, les amateurs de Verviers expédièrent leurs pigeons à Londres. Enhardis par le succès, ils organisèrent un concours sur Lyon. La réussite fut complète et fit grande sensation. On fit les portraits des quatre pigeons vainqueurs. C'étaient des femelles de la plus belle venue, au plumage d'un noir maillé brillant, à petit bec et à jabot ».

Pigeon de l'ancienne race liégeoise.

« Le transport de ces pigeons se fit d'abord par charrette, avec cheval et conducteur. Sur la charrette on disposait des cerceaux formant voûte et tout était recouvert d'une toile hermétiquement fermée ; pour la commodité des voyageurs ailés, des perchoirs étaient fixés à l'intérieur ; un abreuvoir, des graines de choix se trouvaient à leur portée, pour empêcher ces gentils oiseaux de s'ennuyer en route. Arrivé à destination, le conducteur enlevait la toile et les pigeons prenaient leur vol. »

« A la charrette succéda la hotte. Cette hotte d'assez grande dimension qu'on portait à dos, était divisée sur sa hauteur en quatre ou cinq compartiments, pouvant contenir chacun de six à dix pigeons. Dans les premiers voyages d'entraînement à faibles distances, les pigeons étaient quelquefois au nombre de deux cents, ce qui nécessitait l'emploi de quatre hottes et d'autant de porteurs. Pour les voyages plus longs, le nombre de pigeons diminuant, un seul porteur suffisait ; le plus souvent il partait avec trente ou trente-cinq pigeons concurrents ; les étapes du porteur étaient en moyenne de huit à dix lieues par jour, de sorte que pour des voyages relativement lointains, les pauvres oiseaux étaient cahotés pendant dix à quinze jours avant leur mise en liberté. Des certificats délivrés par les autorités attestaient que le porteur avait fidèlement rempli sa mission » (p. p. 132 à 139).

Mr François Pinet, né à Huy en 1822, occupant le local de la Société « LA COLOMBE » à Huy, nous a déclaré que dans cette ville on a commencé les entraînements et les concours de pigeons, vers 1820, et que son père a été porteur de pigeons pendant vingt ans. Mr Pinet a succédé à son père, en cette qualité, en 1842. Il a fait plusieurs fois, à pied et seul, ou accompagné d'un aide d'après le nombre de pigeons à transporter, les trajets de Besançon, de Metz-en-Lorraine, de Lyon, de Nantes, de Limoges, de Chaumont, d'Orléans.

Parmi les nombreux certificats que le sieur Pinet possède nous avons pris copie textuelle du suivant :

« Nous Commissaire central de police de la ville d'Orléans soussigné, déclarons avoir vérifié le compte des soixante-dix pigeons envoyés en cette ville par la société « DES MERCURES », de Huy ; les avoir trouvés bien portants et les avoir fait lâcher ce jourd'hui, à six heures du matin, à la porte Baunier, et nous être assuré qu'ils ont tous pris la volée.

Orléans, le 15 juillet 1845,
Le Commissaire Central,
(s.) J. BRUNEST.

SCEAU DU COMMISSARIAT.

Mr Pinet a mis neuf jours pour faire le trajet de Huy à Orléans ; distance : 90 lieues.

Le fidèle serviteur a déclaré, en outre, que son premier convoyage par chemin de fer date de l'année 1859 ([1]).

A Anvers.

Nous avons eu la bonne fortune de voir Mr Flament, en son vivant le plus vieil amateur anversois qui nous a fourni les renseignements intéressants que voici :

Vers l'année 1820, on utilisa à Anvers exclusivement les pigeons pour se procurer de promptes nouvelles de bourse ; chaque jour, en effet, des spéculateurs firent des envois de pigeons à Bruxelles, à Londres et à Paris, pour connaître avec célérité, par ces messagers ailés, la hausse ou la baisse des fonds publics.

Les éleveurs de pigeons surent profiter habilement de cette circonstance pour vendre, et le plus souvent pour louer leurs pigeons entraînés à des prix très élevés. Mr Eugène Flament nous assura que pour ce service postal aérien on fit usage de petits pigeons boulants croisés, appelés en flamand « *smijters* » ce qui signifie « pigeons à lâcher » et en flamand *oplaten, opsmijten* ([2]).

Mr François Posenaer, en son vivant rédacteur du journal colombophile « *De Duivenvriend* » d'Anvers, un amateur des plus compétents et des plus distingués de cette ville, a eu la bonté de nous fournir les indications suivantes :

Vers 1825, il existait à Anvers, une auberge à l'enseigne : « *La pomme de grenade* », où d'habitude les vrais amateurs se réunissaient ; on y fonda une société colombophile sous le nom de « *La pomme de grenade* ». Cette société qui existe encore aujourd'hui, peut être considérée comme la

---

([1]) Mr Pinet est décédé à Huy le 8 octobre 1898.

([2]) Mr Flament est décédé à Anvers le 26 juin 1897.

société mère ou initiale de toutes celles qu'Anvers compte actuellement. Les annales pigeonnières mentionnent une série de tournois aériens importants organisés sous sa direction.

A partir de 1825, plusieurs amateurs anversois abandonnèrent les petits boulants (¹) pour donner la préférence aux *culbutants*. Ces derniers ne répondirent pas entièrement à leur attente, parce que au retour de leur voyage, ils se tenaient à une grande hauteur, voltigeant et culbutant dans les airs, souvent pendant plus d'une heure avant de rentrer au pigeonnier ; donc au point de vue de l'utilité on perdait trop de temps avec les culbutants ; mais on les dressait en même temps que les *petits boulants* (²) pour les voyages d'agrément et l'on organisait même, avec ces pigeons, des concours jusqu'à Péronne ; malheureusement l'infatigable culbutant, à cause sans doute de son vol facile et élevé, ne rentrait pas assez vite (³).

Mʳ Pierre Pittoors, amateur anversois très ingénieux, conçut l'idée de croiser le *culbutant* avec le court-bec liégeois. On désignait ce dernier pigeon sous le nom de *smerle* et il jouissait déjà alors d'une bonne renommée comme pigeon voyageur. Cet amateur fut le premier à Borgerhout-lez-Anvers, qui se présenta aux concours avec des produits du *culbutant* et du *smerle*. Les résultats qu'il obtint avec ces croisés furent si extraordinaires qu'on ne lui permit plus

---

(¹) En abandonnant les *petits boulants* pour les làchers, ces volatiles qui se trouvaient alors en grand nombre à Anvers, doivent, à notre avis, avoir été plus ou moins mélangés aux autres races croisées des amateurs de cette ville. La chose est si naturelle qu'on ne la comprendrait presque pas autrement.

(²) Il s'agit bien des petits boulants dont Mʳ Flament a parlé.

(³) Aux premiers entraînements et concours des pigeons qui eurent lieu à Anvers, on se servit de la *hotte* pour transporter ces voyageurs ailés de la même façon que dans la province de Liége.

de concourir avec ces pigeons, parce qu'ils appartenaient à une autre race.

Le croisement des races des culbutants et des smerles avait neutralisé dans le produit les défauts du culbutant, en ce sens que les croisés ne s'élevaient pas à une si grande hauteur dans les airs, tournoyaient moins et rentraient plus vite au gîte ; en d'autres mots, on remarquait dans ce produit plus de fidélité au retour, plus de vitesse et de sûreté de vol.

Un premier progrès fut donc obtenu. Cependant il était reconnu que les croisements des pigeons de Mr Pittoors ne réunissaient pas à un degré assez élevé toutes les qualités voulues ; seulement, l'ingénieuse idée de cet amateur avait donné l'éveil aux autres amateurs intelligents ; ceux-ci avaient appris que le progrès et le perfectionnement résidaient dans le croisement des races et ils entrèrent dans cette voie ; c'était le point de départ de la formation du pigeon voyageur. Le carrier irlandais ou persan de race pure, vulgairement appelé « *bec anglais* », directement introduit de l'Angleterre, était fort répandu à Anvers. Les anversois, connaissant intimement la force et la vigueur de ce pigeon, s'ingénièrent à l'accoupler aux deux races déjà réunies, le *culbutant* et le *smerle*. L'entreprise réussit à souhait.

Par le mélange successif du sang de ces trois belles races de fond : le culbutant, le smerle et le bec anglais, on obtint une race de pigeons voyageurs réunissant toutes les qualités désirables. Il est difficile de préciser l'année de ce perfectionnement complet, mais il est certain que c'est dans la période de 1830 à 1840 que les croisements et métissages remarquables ont eu lieu à Anvers, et que ceux-ci ont abouti à la formation de la race distincte du pigeon voyageur *anversois* (¹).

(¹) Pour préciser davantage la déclaration de Mr Posenaer, nous ajouterons que la race anversoise, issue du bec anglais, du culbutant

Les plus anciens amateurs d'Anvers savent tous que feu
François Pittevil, père (¹), a été, après Mʳ Leys, le dernier
colombophile anversois qui ait opéré des croisements avec
les *becs anglais*,

Croisement du *bec anglais* avec des descendants
du culbutant et du smerle.

Mʳ Pittevil n'utilisa ces sous-races comme pigeons
voyageurs qu'à partir de la quatrième génération. On
désignait ces croisés sous le nom de *becs* ou de *demi-becs
anversois*.

Mʳ Couturat, président de la *fédération libre* d'Anvers,
nous a confirmé les indications précieuses fournies par
Mʳ Posenaer (²).

A Bruxelles.

D'après les renseignements obtenus de Mʳ Henri
De Neyer, un des plus anciens amateurs de la capitale, on

et du smerle, était incontestablement une race spéciale et entièrement
distincte de la race liégeoise, attendu que le pigeon liégeois a été formé sans
le concours du bec anglais et du culbutant.

(¹) **Mʳ Pittevil** est décédé le 18 octobre 1885.

(²) **Mʳ Posenaer** est décédé à Anvers le 12 novembre 1893, et Mʳ Couturat
le 26 juillet 1896.

fit voyager à Bruxelles, vers 1820, des pigeons de différentes races, notamment les *petits boulants* qu'on remplaça plus tard par les *smerles*, les *demi-becs anversois* et les *cumulets*, communément appelés *culbutants*.

En 1826, un groupe d'amateurs, amis du progrès, fondèrent à Bruxelles une société colombophile sous le nom de « LIBRE D'ABÉONA » ([1]). Cette société existe encore et a son local *Au Cirque*, rue d'Or à Bruxelles.

Divers concours ont été organisés par la société *Libre d'Abéona*, à partir de 1835. Mr J^h Dejonghe de Gand dont il sera question plus loin, nous a affirmé qu'au concours de Liverpool, organisé en 1838, Mr Camille De Bast, de Gand, participa avec trente-sept pigeons, dont sept croisés et trente de pure race liégeoise. Il obtint avec *ses croisés*, qui avaient l'habitude de faire le trajet de Douvres à Gand, *tous les premiers prix*, et il perdit les trente pigeons non croisés.

Le 19 juillet 1840, un concours général fut organisé par la même société, sur Lyon. A cette époque les amateurs de Bruxelles s'étaient déjà procuré les races les plus en renom de Liége et d'Anvers, avec lesquelles ils avaient opéré des croisements.

Au concours de Lyon précité, le 1er prix fut obtenu par Mr P. J. De Coster, de Bruxelles, le 21 juillet, à 9 h. 10 m. du matin.

Un concours de Bordeaux eut lieu le 6 juillet 1844. Le 1^r prix fut remporté par Mr Van Ryckeghem, de Bruxelles, le 11 juillet, à 5 h. 35 m. du matin.

La société *Libre d'Abéona* possède un registre admirablement tenu, renseignant tous les concours qui ont été organisés *depuis 1847*. Aucun détail concernant les participants, les lieux du lâcher et les résultats obtenus, n'y fait défaut.

([1]) On a fêté le *cinquantenaire* de l'existence de la *Libre d'Abéona* le 9 décembre 1876 (Epervier du 17 décembre 1876).

D'après ce registre, on lâcha à cette époque les pigeons dans les villes suivantes : Londres, Pampelune, Paris, Versailles, Le Havre, Brest, Angoulême, Birmingham, Liverpool, Hull, Cologne et ainsi de suite.

Ces documents sont très importants au point de vue historique et sportif.

Les bruxellois, on le voit, ont été des premiers en Belgique pour organiser régulièrement, chaque année, des concours nombreux et importants. On sait aussi que, sous le rapport des croisements et de l'élevage, ils se sont toujours distingués. La bonne réputation que les pigeons voyageurs de la capitale ont acquise en constitue la preuve.

Les principaux amateurs de Bruxelles étaient alors MM. P. J. De Coster, A. Coopers, H^{ri} De Neyer ([1]), Latour et Van Asbrouck.

On fêta, le 6 janvier 1893, le cinquantenaire de Mr Van Asbrouck, comme membre et président d'honneur de la société *Libre d'Abéona*. Ce vétéran et doyen de la colombophilie bruxelloise est décédé à Bruxelles, le 29 avril 1894, à l'âge de 85 ans.

A Gand.

Notre estimable ami M^r Th. Claes-Duparcq nous avait désigné Mr Joseph Dejonghe comme le plus ancien colombophile de Gand. Mr Dejonghe qui, en son vivant, n'a cessé d'être un fidèle adepte de la colombophilie, a eu l'amabilité de nous donner les renseignements suivants: Vers 1815, les amateurs de la classe ouvrière organisèrent à Gand des concours de pigeons avec la race des pigeons boulants ; ils les firent lâcher à Bruges, à Lille et à Anvers. Les boulants gantois de cette époque étaient doués d'un rare instinct d'orientation. Mr Dejonghe nous a affirmé ce fait

---

([1]) Mr H. De Neyer est décédé à Bruxelles, le 11 février 1895.

extraordinaire, qu'un boulant, lâché avec six autres pigeons de la même race, à Tours, appartenant à un amateur de la rue St Liévin, de Gand, est parfaitement retourné à son gîte.

Vers 1820, quelques amateurs de la riche bourgeoisie de cette dernière ville se procurèrent des courts-becs liégeois avec lesquels ils prirent part aux lâchers.

En 1826, on organisa à Gand un premier concours sur Paris, au local *Den Duitsch,* en français *L'Allemand.* Un pigeon, appartenant à Mr Lucas Van Imschoot, revint le jour même du lâcher. On considéra ce retour comme un évènement et l'on organisa une fête à cette occasion. Le vainqueur était un petit pigeon à bec court et à jabot.

En 1830 plusieurs amateurs de Gand envoyèrent des pigeons à Lyon. Des hommes, payés à raison d'un franc par lieue, firent le trajet à pied, portant sur l'épaule un gros bâton auquel était attaché une hotte reposant sur la poitrine et une autre sur le dos des porteurs. Ces hottes, légèrement construites et recouvertes de toile, pouvaient contenir chacune de dix à quinze pigeons. Un certificat du lâcher fut délivré par le maire de Lyon. Mr Eugène Seghers constata le retour du premier pigeon, un produit d'un smerle blanc jaboté ; chose digne de remarque : tous les produits de ce pigeon, à plumage blanc ou bariolé, ont été de bons voyageurs (¹).

Vers la même époque, Mr Camille De Bast possédait un grand nombre de pigeons dont il se servait, en hiver comme en été, pour se procurer des nouvelles de la bourse de Douvres, pour la place d'Anvers. Il participait également aux concours d'agrément qu'on organisait alors en divers endroits. Il achetait chaque année par centaines de

---

(¹) Le lecteur remarquera avec nous qu'à cette époque les pigeons jabotés, engagés aux concours, étaient les meilleurs coursiers ailés.

pigeons liégeois, parmi lesquels, d'après les affirmations de Mr Dejonghe, il y avait particulièrement des noirs, des écaillés et des rouges à tête blanche et à jabot. N'obtenant pas de succès avec ces pigeons, il se procura ensuite des pigeons anversois qu'il croisa avec la race liégeoise et obtint de très bons résultats.

Vers l'année 1840, Mr Louis Luyts, un des forts amateurs colombophiles de Gand, a pu reconnaître la supériorité de la race pigeonnière de Mr Seghers, avec laquelle il remportait beaucoup de prix, et particulièrement avec un pigeon mâle appelé *den baard* (la barbe), dont on a conservé le souvenir à Gand.

Un peu plus tard, Mr Isidore Vermandele, amateur gantois des plus distingués, obtint aussi avec les produits des pigeons de Mr Luyts les plus beaux succès. La race distinguée des pigeons de Mr Luyts passa ensuite entre les mains de Mr Christophe Hofman. Il est notoire à Gand que les meilleurs pigeons de cette ville sont issus des croisements du smerle blanc de Mr Seghers avec des pigeons anversois. Les pigeons voyageurs gantois ont toujours été en grande faveur.

UNE ANECDOTE.

Mr Dejonghe nous a raconté qu'aux années qui ont suivi 1830, les amateurs d'Anvers envoyèrent leurs pigeons en entraînement à Gand par les voitures des messagers ; on les lâcha au lieu dit *la porte d'Anvers*, et chaque fois les pertes purent être évaluées au moins à cinquante pour cent. Grand nombre de ces pigeons restèrent à Gand et les autres se refugièrent dans les environs de cette ville. A cause de ces pertes énormes on disait généralement que la ville de Gand était *le cimetière* des pigeons anversois. Il faut attribuer ces pertes au manque de développement des qualités intellectuelles et de l'instinct d'orientation du pigeon voyageur en formation à cette époque. Les pigeons égarés étaient, en général, de grands et beaux sujets. On les croisa, à Gand, avec la race liégeoise de Mr Camille De Bast, et on en obtint de magnifiques pigeons voyageurs (¹).

Ces renseignements nous ont été confirmés par Mr Christophe Hofman, un des plus anciens amateurs gantois, et par Mr Théophile Claes-Duparcq, qui fut jadis un des colombophiles les plus distingués du pays.

A Malines, à Louvain et à Courtrai.

De 1840 à 1850, l'amour pour le pigeon se manifesta à Malines, à Louvain, à Courtrai et dans plusieurs autres villes et localités du pays flamand. Nous pourrions donner à ce sujet beaucoup de détails, mais ce serait dépasser les bornes de notre ouvrage.

A Liége.

A Liége, le pigeon voyageur du nom de liégeois a été formé beaucoup plus tôt que le type anversois. On y utilisa d'abord, pour les lâchers et les concours, le cravaté français. Ce pigeon a été croisé ensuite avec le camus dont parle Mr Chapuis ; le croisement des races susvisées doit avoir eu lieu à Liége, *avant 1823*, puisqu'il appert de la description des portraits des quatre pigeons vainqueurs du concours de Lyon, que ces volatiles avaient un plumage d'un noir maillé brillant, tandis que les cravatés français, d'après Pelletan, Espanet et autres écrivains, ont le plumage blanc et les ailes noires ou chamois.

Les pigeons liégeois ont été répandus dans tout le pays de Liége, dans la province de Namur et ensuite un peu partout dans le pays.

Il paraît certain que les premiers concours à grande

(¹) Mr Dejonghe est décédé à Gand, le 22 mai 1897.

distance ont eu lieu à Liège ou dans les environs de cette ville ([1]).

Il résulte de ce qui précède que, vers 1840, il existait en Belgique deux races de pigeons voyageurs bien distinctes: *la race liégeoise et la race anversoise,* et que ces deux races d'élite jouissaient déjà d'une bonne renommée sportive.

Progrès réalisés.

Nous nous résumons en disant que, pendant la période décennale de 1840 à 1850, les plus grands progrès ont été réalisés en matière colombophile. Les races distinctes de pigeons voyageurs du pays de Liége et d'Anvers, en grande faveur chez les meilleurs amateurs de Belgique, furent croisées entre elles et on en obtint les meilleurs produits. On savait par expérience que, pour développer davantage la vigueur, la force, l'intelligence des pigeons voyageurs et leur merveilleux instinct d'orientation, il fallait soumettre ceux-ci à des entraînements répétés, et les faire voyager beaucoup. C'est ce qui a été fait.

La construction de voies ferrées en diverses directions, tant en Belgique qu'à l'étranger, a puissamment secondé et facilité les efforts des colombophiles. Les entraînements

[1] Notre excellent ami Mr Gustave Schoonbroodt de Liége, un amateur érudit, très distingué et des plus expérimentés du pays, a eu l'amabilité de nous faire connaitre, que la société colombophile « L'Hirondelle de Sainte-Marguérite », la première de ce nom à Liége et sans doute la plus ancienne de la Belgique, existait déjà en 1817. Un programme des concours organisés par cette même société, pour 1895, porte en tête « 78me année ». Ce qu'il y a de plus remarquable, nous a dit le sympathique Mr Schoonbroodt, c'est que L'Hirondelle de Sainte-Marguérite, n'a été établie, depuis son existence (1817) que dans deux maisons, dont la première a été expropriée pour l'ouverture d'une nouvelle rue, et que les tenanciers de ce local se sont succédés de père en fils, depuis l'année susdite. C'est seulement, depuis 1892, que la famille Distria l'a cédé à Mr Platéus.

à distances progressives se faisaient par chemin de fer, à petits frais, et des concours pouvaient être organisés à des époques régulières. Toutes ces circonstances favorables ont fortement contribué au développement rapide de l'instinct d'orientation du pigeon voyageur belge, et concouru au perfectionnement de cet oiseau d'élite. Les amateurs ont ainsi heureusement atteint leur but et réalisé leur idéal. En 1850 *le pigeon voyageur belge* était formé.

Description du pigeon anversois primitif.

Le pigeon voyageur anversois avait une belle et forte taille, le cou dégagé et allongé, les pattes hautes, ce qui lui donnait une pose élevée et élégante ; la tête un peu déprimée, le bec long et fort ; les morilles assez grandes ; la membrane qui entoure les yeux bien développée. La couleur de l'iris souvent blanche ou légèrement sablée de rouge. La poitrine large ; le sternum très fort ; les ailes solides avec une envergure proportionnée au volume du corps, et la queue bien fournie.

Le pigeon anversois se distinguait par un développement très précoce de l'intelligence ; son vol était comme il l'est aujourd'hui, facile, soutenu et très rapide. C'était et c'est encore un voyageur hors ligne et qui résiste très bien aux fatigues dans les voyages de long cours.

Description du pigeon liégeois primitif.

Le *pigeon voyageur liégeois* a été décrit par M. Chapuis à peu près comme suit: « Taille moyenne à tarses courts; les formes du corps courtes et robustes; la poitrine bien ouverte et souvent ornée de plumes retroussées et disposées en forme de jabot ; son plumage dense et bien fourni ; le bec très court, un peu plus large que long ; la mandibule supérieure est voûtée, convexe et cache l'inférieure; à la base, les morilles peu développées sont séparées sur la ligne médiane ; les yeux saillants, à iris rouge foncé, bien ouverts et entourés d'une petite membrane nue. La tête, vue de côté, est régulièrement convexe et large entre les yeux. Le sternum épais et fort. Les ailes longues et larges, légèrement bombées quand elles sont ouvertes et fortement serrées contre le corps lorsqu'elles sont repliées ; l'extrémité des rémiges atteint aux trois quarts la longueur de la queue et quelquefois davantage. La queue est resserrée et ne paraît avoir que la largeur d'une seule penne rectrice.

Les facultés intellectuelles du vrai pigeon liégeois ne se développaient que la seconde année. Il ne volait pas aussi haut que le pigeon voyageur anversois, mais son vol était si puissant que, par un temps défavorable et un vent contraire, il fendait facilement les airs ; à cette qualité physique s'alliait une mémoire prodigieuse et une tenacité inébranlable à retourner au toit qui l'avait vu naître. Ce pigeon était très renommé pour les luttes de fond et les voyages de longs parcours.

Concours sociaux et généraux.

A partir de 1848, les concours sociaux et généraux se généralisèrent en Belgique.

En 1848, on organisa à Anvers un concours sur Poitiers. Les pigeons arrivèrent à destination le vendredi et furent lâchés le dimanche suivant, en présence de l'adjoint au maire, qui dressa procès-verbal de cette opération. Le premier prix fut gagné à une heure de relevée et le dernier environ une heure plus tard. Quoique le temps fut très favorable au vol, ce beau résultat indique suffisamment les progrès déjà réalisés à cette époque.

Depuis l'année 1848 on organisa annuellement, dans la même ville d'Anvers, deux ou trois concours généraux sur Clermont-Ferrand, St Nazaire, Lyon, etc. Les meilleurs amateurs à Anvers étaient alors MM. Ullens, Jaspers, Leys, Depauw et Geurts.

En 1850, Mr Christophe Hofman organisa à Gand le premier concours général sur Orléans au local *Den groenen boomgaard* (le verger vert). Le premier prix fut obtenu par Mr Suys de Gand, avec un pigeon blanc aux ailes noires ([1]).

En 1851, un concours général sur Lyon fut organisé par la société *Péristérophile*, au local de la cour St Georges à Gand. MM. T. Claeys-Waterloos, J. De Jonghe, Théophile Claes et Auguste Vanderlinden remportèrent les quatre premiers prix.

Depuis les années précitées, la colombophilie s'est étendue dans tous les coins du pays et plusieurs concours généraux furent organisés notamment à Dison, à Huy, à Dinant, à Verviers, à Namur, à Liége, à Courtrai, à Malines, à Louvain, etc.

Premier concours de Rome.

Nous devons à la gracieusité de notre ami Mr G^{ve} Schoonbroodt, déjà cité, la note qui suit :

La société colombophile du St Esprit de Liége, organisa un concours de pigeons voyageurs sur Rome. Le lâcher eut lieu le 22 juillet 1856, à 4 heures du matin sur le plateau Mont-Marie, derrière le palais du Vatican, en présence de plusieurs officiers, un prince italien, les résidents belges et une grande foule de spectateurs.

Le départ s'effectua en bonnes conditions. Tel fut le récit du vieux convoyeur « *Constant* » à son retour à Liége.

Le quatrième jour du lâcher, Mr Joseph Defoux de Namur annonçait le retour d'un de ses pigeons constaté à 4 heures de relevée.

([1]) Donc le plumage des cravatés français.

La Gazette de Liége, du vendredi 1er août 1856, donna au sujet de ce concours les détails suivants :

« La société colombophile dont le siége est chez Mr Debeur, place St Lambert à Liége, a dirigé vers Rome une expédition de 125 pigeons voyageurs. Les pigeons ont été lancés à Rome le 22 juillet et nous apprenons que les trois premiers prix ont été obtenus dans l'ordre suivant :

Le premier, par un pigeon appartenant à Mr Defoux de Namur ; prix : *un secrétaire* et une *médaille en vermeil*.

Le second, par un pigeon appartenant à Mr Franquinet-Delloye de Huy ; prix : *une pendule*.

Le troisième par Mr Chantraine de Jambes-lez-Namur ; prix : *une pendule*.

Les pigeons vainqueurs et les prix ont été exposés au local de la société chez Mr Debeur.

Le pigeon qui a remporté le 1er prix est vraiment magnifique, il est remarquable de beauté et de vigueur ».

D'après les notes de Mr Rodenbach, le pigeon vainqueur en question était un superbe et vigoureux croisé de smerle et de bec anglais mélangé du cumulet anversois (1).

Il a trouvé ces détails dans le compte-rendu de ce concours qui a figuré au journal « *Le pigeon de Verviers* » en 1856. (Consanguinité p. 42).

D'année en année on organisa des concours plus nombreux et plus importants. Les résultats de ces divers concours annuels, publiés par les journaux, firent connaître les qualités admirables du pigeon voyageur belge, qui acquit, de cette façon, une grande renommée. Ce volatile fut successivement introduit dans le nord de la France, puis en Hollande, en Angleterre, en Allemagne, en Russie, en Espagne, en Portugal, en Italie et aujourd'hui il se trouve

---

(1) **Race** liégeoise fusionnée avec la race anversoise. Ce renseignement vient à l'appui de nos indications au sujet de ces deux races.

acclimaté dans le monde entier. Tout cela prouve à l'évidence que le pigeon voyageur n'a pas existé originairement et qu'il n'est pas le produit du hasard, mais le fruit des croisements faits par des spécialistes belges, intelligents et studieux.

Les amateurs qui ont lu le livre de Mr Laperre-Deroo sur la consanguinité, n'ignorent pas que cet auteur soutient que les croiséments n'ont joué aucun rôle dans le perfectionnement du pigeon voyageur, qui, d'après lui, ne doit le développement de son instinct d'orientation qu'aux attentions spéciales dont il est entouré, et à l'entraînement (p. 67). Nos indications qui précèdent démontrent clairement que cette assertion est erronée et dénuée de tout fondement.

LES SOUCHES DU PIGEON VOYAGEUR BELGE.

Le biset fuyard.

I. Les Bisets.

Il y a plusieurs variétés parmi les *bisets* ; nous citerons entre autres :

1°) *Le ramier* (Columba palumbus), qui vit à l'état sauvage et niche sur les arbres ([1]).

2°) *Le biset* (Columba livia), qui niche dans les vieilles masures et les rochers.

3°) *Le biset fuyard* (Columba livia fugiens), est le pigeon qui, d'après plusieurs auteurs, peuplait les anciens colombiers seigneuriaux ; c'est lui qui a subi l'influence des soins de l'homme. On admet généralement, que c'est de cette source féconde que *toutes les autres races colombines sont issues.*

Le biset fuyard est plus grand que le biset primitif : il a la tête allongée et comprimée latéralement ; le bec effilé et presque sans morilles ; les yeux à iris sombre, dépourvus de membranes nues, sont petits et non saillants ; les pattes courtes et d'un rouge terne ; ses ailes repliées sont longues et ornées d'une double raie transversale noire. Le croupion est blanc. On trouve également sur la queue, vers l'extrémité, une bande noire, et les pennes extérieures, de chaque côté, ont les barbes extérieures blanches. Voilà les signes les plus caractéristiques de cet oiseau. Il est rare de trouver encore le *biset* en Belgique ; on ne le voit plus que dans quelques fermes et vieux châteaux, où il vit en demi-domesticité ([2]).

Les *pigeons voyageurs* de nos jours présentent une certaine analogie avec les *bisets* en ce qui concerne la double raie transversale à couleur foncée qu'on trouve sur les ailes, la bande foncée vers le bout de la queue, ainsi que les bar-

---

[1] Le ramier, pigeon sauvage, accouplé avec les bisets ne reproduit pas, étant d'une espèce différente.

[2] Il y a eu, dans notre voisinage, jusqu'en 1890, au château d'Oyghem, chez Mr Verhaeghe, en son vivant bourgmestre de cette localité un colombier immense, peuplé presque exclusivement de bisets fuyards.

bes blanches qui en garnissent, de chaque côté, la penne extérieure.

A peu d'exceptions près, tous les pigeons voyageurs possèdent encore les signes originaires des bisets.

Pigeon Culbutant.

II. Pigeon Culbutant.

Le culbutant (Columba gyratrix), de race pure, est devenu rare et n'existe peut-être plus. D'après les renseignements obtenus de Mr F. Posenaer, d'Anvers, cet oiseau dont on s'est servi primitivement, à l'état pur, pour les concours et les croisements, avait les yeux à iris blanc, légèrement sablé de rouge. Son plumage était bleu uni, à vanneaux blancs et barbe blanche sous le bec. Il y en avait aussi de pâles, de noirs, de roux. Ces dernières nuances doivent avoir disparu dans les croisements, parce que les noirs et les roux ont toujours été fort rares parmi les pigeons voyageurs anversois.

Le nom *culbutant* indique un trait particulier à cette race. En effet, ce pigeon qui a le vol très puissant et l'habitude de voler très haut, se caractérise par une bizarrerie dans son vol ; il s'élève jusqu'aux nues, puis, il se laisse choir de quelques mètres en faisant quatre à cinq culbutes successives. Le culbutant semble se livrer à cet exercice par fantaisie et avec la plus grande facilité.

Ce qui prouve que les pigeons voyageurs proviennent de cette race, c'est que maintenant encore, nous voyons souvent les jeunes pigeons qui s'élancent dans l'air, faire de petites culbutes incomplètes et rapides, mais beaucoup moins développées que celles du vrai culbutant.

Pigeon carrier irlandais.

III. Pigeon Carrier Irlandais.

Le carrier irlandais (Columba tuberculosa), est mieux connu sous le nom de *bec anglais*.

Ce pigeon a le bec énormément fort et long, un peu crochu à l'extrémité lorsqu'il se fait vieux ; ses caroncules nasales sont très tuberculeuses et extrêmement développées dans les sujets de race, un large ruban charnu encadre ses yeux dont l'iris est d'un rouge très vif. La tête généralement déprimée, se détache d'un cou mince et long, les ailes ont une grande envergure et il a les épaules prononcées comme chez les vautours.

D'après Mr Laperre-Deroo ce pigeon est d'origine orien·
tale et porte le nom de « *Pigeon carrier persan* ». Il se caractérise par la tenacité et un grand amour pour le toit natal.
Le carrier, *de race pure*, possède le pouvoir d'orientation à
un grand degré et dans divers pays on l'a utilisé pour la
transmission des dépêches.

Nous l'avons indiqué comme ayant servi de souche à la
formation du pigeon voyageur anversois.

Pigeon cravate français.

IV. Les Cravatés.

Il y a plusieurs variétés de cravatés : *le cravaté français*
(Columba turbita), comme nous l'avons vu, a le plumage
blanc et les ailes noires ou chamois ; il est le coquet porteur de jabot qui a servi à la formation du pigeon voyageur
liégeois. Ce qui distingue cet oiseau, ce sont les plumes de
la gorge retroussées et frisées en jabot qui ornent sa large
poitrine ; c'est un vrai *jaboté*. La race est petite mais char-
mante et séduisante. La tête est convexe ; le cou élégam-
ment porté ; le bec court et très petit ; les yeux sont vifs et
saillants ; toutes les formes de cet oiseau sont mignonnes

et gracieuses. Il a le vol rapide et soutenu, il est bon et fidèle voyageur.

Les variétés dans cette race sont : *Le cravaté anglais bleu* et *le cravaté huppé.*

Nous obtenons dans notre élevage annuel très souvent des sujets *jabotés.*

Le Camus.

V. Le Camus.

Le camus est un pigeon qui n'a jamais été connu sous ce nom, par les amateurs du pays flamand. Mr Chapuis, né à Verviers, le 22 avril 1822, déclare lui-même n'avoir jamais vu cet oiseau. Nous extrayons de son ouvrage ce qui suit : « Au dire des anciens amateurs, cette race, au vol rapide, à formes allongées, avait une petite tête arrondie, le bec large, la base surmontée de morilles assez développées et déprimées, disposition qui leur avait fait donner le nom sous lequel ils étaient connus dans leur pays ; leurs yeux étaient entourés d'une large membrane circulaire ; leur iris très vif et d'un jaune rougeâtre...... Les anciens seuls ont un souvenir précis de ce type spécial de pigeon voyageur, si bien constitué pour le vol et si remarquable par son intelligence ».

Nous donnons plus haut un croquis du pigeon camus d'après la description faite par Mr Chapuis.

Court-bec liégeois.

VI. Pigeon liégeois.

Le pigeon liégeois, qu'on appelle dans le pays flamand *court-bec* et *smerle*, provient, d'après Mr Chapuis, d'un croisement du cravaté français avec le camus.

D'où provient le nom étrange de *smerle*, qui n'est ni français ni flamand et qui n'appartient probablement à aucune langue ? Mr Chapuis, ne cite nulle part ce nom dans son ouvrage ; cette circonstance nous porte à croire, que ce sónt probablement les amateurs des contrées flamandes, qui, autrefois ont donné le nom générique de *smerle*, à tout pigeon ayant le bec court.

Nous avons bon souvenir, que dans notre jeune âge, lorsque vers l'année 1850 nous nous rendîmes au marché de Courtrai, nous y trouvâmes exposées en vente, une foule de variétés de pigeons qu'on ne rencontre presque plus de nos jours : des cravatés, des haut-volants, des courts-becs liégeois ; ces derniers pigeons furent toujours désignés sous le nom de petits *smerles ;* nous y vîmes également des pigeons voyageurs, des bisets, des culbutants, des becs-

anglais, de grands et de petits boulants pattus, de grands
smerles ou court-becs liégeois, appelés en flamand, comme
nous l'avons dit dans notre dernière édition flamande,
« *Snollen* » et « *Luiksche Snollen* ».

Nous répétons ici que le *bec anglais* ou carrier persan n'a
pas concouru à la création du pigeon liégeois primitif,
attendu que ce dernier pigeon existait dans le pays de

Le Docteur F. Chapuis.

Liége, longtemps avant que les anversois eussent opéré
des croisements avec le bec anglais, le culbutant et le
smerle.

Le cravaté français a été croisé avec le *camus*. Ce dernier
pigeon, comme on l'a vu par la description qui en a été
faite par Mr Chapuis, était un *type spécial bien constitué pour
le vol et remarquable par son intelligence :* c'était donc un
pigeon améliorateur à tous égards.

Les renseignements de tradition, fournis par Mr Chapuis au sujet du camus, ont une grande importance historique et, eu égard à la source dont ils émanent, méritent créance. D'ailleurs Mr Chapuis qui habitait le pays de Liége, était, en sa qualité de médecin et d'auteur d'un ouvrage colombophile, mieux à même que tout autre de se procurer des renseignements de cette nature. Nous n'hésitons donc pas un instant à ajouter pleinement et entièrement foi à ses déclarations.

En conséquence, nous admettons que le pigeon liégeois doit être une descendance du *camus*. Le pigeon liégeois dont il s'agit avait du reste, quant au bec, beaucoup de ressemblance avec le camus, et possédait, comme ce dernier pigeon, une grande intelligence et toutes les qualités physiques d'un bon voyageur ailé.

Lors de nos investigations en 1893, Mr Gustave Frison de Namur, comme on le verra plus loin, nous a entretenu de types liégeois, connus sous le nom de barbets et *camus*.

Notre ami, Mr Schoonbroodt de Liége, nous a dit qu'à Liége et dans les environs de cette ville, il a entendu souvent les amateurs, parlant de leurs pigeons, les appeler « mon camus »; ils désignaient par là un pigeon à bec court et large.

Les produits du *bec anglais* ou *carrier persan*, obtenus à Anvers, par le croisement du smerle et du culbutant, n'avaient pas les signes caractéristiques du camus (tête arrondie, bec court et large), ils se distinguaient, au contraire, par un bec fort et long, à caroncules nasales très développées; c'est en raison de leur bec énorme qu'on désignait ces pigeons sous le nom de bec anversois (¹), en flamand « *Ant-*

(¹) Dans notre interview, Mr Henri De Neyer nous a indiqué des *demi-becs anversois* qu'on fit voyager à Bruxelles. (Voir à la p. 10).

werpschen bek et nullement sous la dénomination de « *Snol anversois* » comme un auteur le dit.

Le *snol* véritable (¹), qui a toujours été connu sous ce nom par les amateurs du pays flamand, nous le répétons, était le *smerle* ou *pigeon liégeois* à bec court, large et presque sans protubérance membraneuse. Tous les anciens amateurs en ont parfaitement conservé le souvenir.

Autrefois, les meilleurs colombophiles de notre voisinage durent souvent leurs succès à une seule souche, le smerle ou *snol* liégeois-verviétois qu'ils avaient pu se procurer.

MM. Dias de Nevele, Vanpraet de Machelen, Huyghe d'Aerseele, Delantsheere de Waereghem et plusieurs autres amateurs que nous pourrions citer, ont amélioré leurs races flamandes avec le *smerle* ou *court-bec* liégeois-verviétois, au point qu'ils furent pendant longtemps les amateurs les plus renommés de la contrée.

Le smerle ou *snol* était donc pour les pigeons du pays flamand un type améliorant, tout comme le pigeon anversois, parvenu à sa perfection, fut fort recherché par les meilleurs amateurs du pays de Liége, pour améliorer, par le croisement, leurs races pigeonnières.

Qu'ils étaient heureux les anciens amateurs des Flandres, lorsqu'ils pouvaient se procurer un joli court-bec ou smerle liégeois de race pure. C'était pour eux le salut de leur colombier ; mais l'idée ne leur est jamais venue d'essayer d'améliorer leur race avec le véritable bec anglais, connu aussi sous le nom de messager persan.

Afin de pouvoir compléter autant que possible la partie historique qui nous occupe, nous sommes allé interroger à la fin du mois de décembre 1904, notre excellent ami Mr Théophile Claes-Duparcq, le plus ancien colombophile

---

(¹) On entend par *snol*, en flamand, une chose courte.

de la ville de Gand, déjà cité dans cet ouvrage. Mr Claes a bien voulu nous rappeler que vers l'année 1855, il avait opéré un croisement avec un pigeon court-bec verviétois de Mr Vanderlinden et une sous-race d'un bec anversois, obtenu de Mr Desmet d'Ertvelde, et que de ce croisement il avait obtenu d'excellents produits; il ajoutait que de ces produits croisés avec les pigeons de la race de Mr Eugène Seghers et avec une femelle bleue à bec effilé ressemblant beaucoup au *biset*, obtenu de Mr Lucien Montobio de Gand, étaient issus ses meilleurs pigeons voyageurs.

Il nous a confirmé également, qu'à cette époque le pigeon d'Anvers était connu sous le nom de *bec anversois*, en flamand *antwerpschen bek*, et le pigeon de Liége sous celui de smerle liégeois « *Luiksche snol* ».

Dans le cours de notre entretien, parlant encore de Mr Vanderlinden, Mr Claes nous a déclaré que les meilleurs pigeons de cet amateur étaient issus de l'ancienne race verviétoise pure de MM. De Trooz et Jean Voos. M. Vanderlinden avait obtenu cette race de ces messieurs par échange réciproque de pigeons, qui doit avoir eu lieu vers 1850, alors que Mr Vanderlinden était encore établi à l'hôtel de la cour de St Georges à Gand (¹).

Des amis qui ont connu MM. De Trooz et Voos, nous ont fourni à l'égard de ces personnes les renseignements suivants :

Mr Voos était, de son vivant, le plus grand amateur de pigeons et le meilleur aviculteur du pays de Liége. Dans toute cette région, ses connaissances et son expérience le faisaient considérer comme le premier des colombophiles. Par le croisement de ses pigeons avec ceux de la race flamande, ses succès étaient immenses.

(¹) A cette époque, les grands amateurs se faisaient des cadeaux mutuels de leurs meilleurs pigeons pour opérer des croisements.

Il exploitait sa propriété, une ferme située à Andrimont-Dison.

M^r De Trooz, l'oncle de Mr Jules Coopman de Verviers, le grand colombophile de nos jours, était aussi, de son vivant, un des amateurs les plus distingués de la province de Liége.

Nous ajouterons que, lorsque plus tard le sympathique Mr Vanderlinden occupait l'hôtel du Lion d'or à Gand, nous nous liâmes vers 1869 d'une étroite amitié. Il vint plusieurs fois à Hulste, s'asseoir à notre table. Nous lui

M. Salembier.

sommes redevables de nos premières leçons de colombophilie pratique.

Mr Vanderlinden nous montrait souvent ses pigeons. C'étaient en général, de magnifiques sujets, de la race gantoise-anversoise, croisés avec les verviétois de MM. De Trooz et Jean Voos, cités plus haut.

Ils avaient une conformation solide, la tête arrondie et le bec court.

Nous savons que M. Vanderlinden, étant malade, a vendu à notre ami Mr Louis Salembier de Lille, le célèbre ama-

teur de France, les derniers pigeons qu'il possédait ; que
c'est par la culture de ces sujets de tout premier ordre
que Mr Salembier a obtenu une progéniture avec laquelle
il est devenu un champion du sport colombophile français. Il reste encore un courant de sang de la race
Vanderlinden dans les meilleurs pigeons qu'il possède
actuellement.

On n'a pas oublié en Belgique, que Mr Vanderlinden
était, de son vivant, un connaisseur de pigeons de
grande réputation et un amateur des plus renommés du
pays.

Ces nouveaux faits historiques établis, revenons à notre
sujet primitif.

Mr Chapuis, en arrivant à la conclusion que le pigeon
voyageur belge descend du cravaté français (¹) croisé avec
le *camus,* n'a pas désigné le pigeon voyageur anversois
comme race distincte ; or, nous convenons avec Mr Rodenbach, qu'à cet égard Mr Chapuis a fait erreur. Et si nous
relevons cette erreur, c'est uniquement dans l'intérêt de
l'histoire et de la vérité.

Nous considérons le camus comme une souche du
pigeon voyageur liégeois. Le smerle liégeois a aidé à la
formation du pigeon anversois.

Par conséquent, ces volatiles trouvent ici leur place
parmi les souches.

Il résulte de notre étude que les races pigeonnières
liégeoises et *anversoises,* croisées et mélangées entre elles,
ont contribué ensemble à perfectionner au plus haut degré

(¹) Que ce soit avec le cravaté français seul ou avec le concours d'une
autre variété de cravatés, que le pigeon voyageur liégeois, ait été crée,
cela ne présente aucune importance sérieuse. Comme on l'a vu, le meilleur pigeon de Mr Eugène Seghers de Gand était un produit d'un *smerle
blanc jaboté.* (Page 12). Le 1er prix d'Orléans de M. Suys de Gand, a été
obtenu par un pigeon blanc à ailes noires. (P. 18).

le *pigeon voyageur* de notre pays. Ces deux variétés sont donc, sans contredit, l'âme de cet oiseau merveilleux, qu'on appelle à juste titre le *pigeon voyageur belge*.

Le bon pigeon voyageur a acquis en Belgique une très haute valeur ; les prix qu'il atteint aux ventes publiques sont là pour le démontrer. Sa réputation n'est plus locale, elle s'est répandue dans les deux hémisphères.

Nous pouvons donc dire avec un sentiment de légitime orgueil que notre chère patrie est le berceau de la colombophilie ; que c'est dans notre pays, grâce aux observations persévérantes, aux habiles croisements des différentes races, aux sélections judicieuses et aux longues expériences, que le pigeon voyageur a été formé et que, par voie de conséquence, la possession de cet oiseau d'élite a fait naître le *sport colombophile* de nos jours.

L'honneur et la gloire de la science pigeonnière reviennent donc incontestablement à la Belgique ; c'est ce que résume clairement Mr Rodenbach, en disant : « *columba tabellaria ex Belgica copulatione et selectione orta est.* »

Nécessité absolue de connaître l'origine des races pigeonnières.

Beaucoup d'amateurs sont indifférents à l'histoire du pigeon voyageur belge et ne tiennent nullement à connaître son origine, parce qu'ils ignorent l'utilité qui peut en résulter.

Il n'en est pas ainsi des amateurs plus intelligents, ceux-ci s'attachent au contraire, à s'initier à l'histoire de cet oiseau extraordinaire et à connaître à fond les souches d'où il provient. Ces connaissances sont indispensables. Elles éclairent l'étude des croisements à opérer d'après les signes caractéristiques des races originelles et servent de guide dans les sélections.

3

Remarque.

Pour sauvegarder tous nos droits de propriété littéraire, nous croyons devoir constater et répéter :

Qu'en 1893, nous sommes allé interroger les plus anciens colombophiles du pays, afin d'obtenir des renseignements exacts concernant l'origine du pigeon voyageur.

Qu'avec les renseignements précieux ainsi obtenus et à l'aide de certaines notes et documents, nous avons pu réaliser notre but et publier une partie historique concernant l'origine du pigeon voyageur belge dans notre ouvrage intitulé « *La colombophilie moderne* » qui parut en 1894.

Que si, à cette époque, nous ne nous étions pas livré à ces investigations, l'histoire de cet oiseau si intéressant n'aurait jamais pu être établie sérieusement et d'une façon digne de foi, car hélas ! les personnes qui nous ont fourni ces renseignements ne sont plus de ce monde.

Qu'aucun auteur avant nous, n'a acté des faits historiques de ce genre, vraiment importants, d'après des *données personnelles et puisées à des sources autorisées.*

Qu'il résulte de ce qui précède, que la paternité de *l'histoire vraie du pigeon voyageur belge* nous revient incontestablement.

Que dans le même ordre d'idées et spécialement en vue du respect dû aux droits d'auteur nous posons en fait :

Qu'en dehors de notre traité susdit, ayant pour titre « *La colombophilie moderne* » paru en 1894 et les éditions subséquentes de 1898 et 1901, nul autre ouvrage colombophile, de format et d'importance comparable au nôtre, n'a vu le jour depuis 1895, si ce n'est le gros volume auquel nous faisons allusion et qui, ne portant pas de date, fut en réalité publié en *novembre 1904.*

Que si donc l'amateur, qui a lu notre ouvrage, rencontre dans ce massif volume dont nous parlons et qui est vierge de *millésime*, plus ou moins déguisés, des idées, des renseignements, des indications déjà contenus dans une des éditions citées plus haut de notre livre, il lui sera aisé d'établir à qui revient la priorité et la paternité des informations données et de rendre à César ce qui appartient à César.

Finalement, nous ajouterons que nous avons publié un nouvel ouvrage flamand augmenté et complété, intitulé « *De Hedendaagsche Duivenliefhebberij* » et que cet ouvrage a paru au mois d'*octobre 1904*, soit un mois avant le volume sans millésime dont il s'agit.

CHAPITRE II.

Le plomb. Mâle.

Type pris dans le colombier de l'auteur ([1]).

I. Le pigeon voyageur actuel.

ON a vu de quelles souches le pigeon voyageur belge provient et au prix de quelle patience, de quels soins et sacrifices nos devanciers l'ont formé. Vouloir l'améliorer encore en retournant à ces souches primitives, serait dépenser inutilement du temps et de l'argent. Au reste, chacun sait que les souches

---

([1]) Peint d'après nature, par M. Fraiture de Liége, ainsi que les autres types pris du colombier de l'auteur.

primitives ont complètement disparu ou n'existent plus à l'état de pureté.

Le pigeon voyageur est définitivement fait et réunit toutes les qualités physiques et morales désirables. Les résultats des concours nous en fournissent des preuves irrécusables. En effet, on voit, par un temps clair et favorable, nos coursiers ailés actuels franchir en un jour une distance dépassant 8oo kilomètres, alors que jadis il leur fallait plusieurs jours pour fournir pareille étape.

Nous avons établi, que le pigeon voyageur belge est le produit de deux races distinctes : La *race anversoise*, dite flamande, et la *race liégeoise*, dite wallonne. Ces deux races fusionnées sont devenues maintenant *les nouvelles souches* du *pigeon voyageur actuel*.

Colombiers visités dans un but d'étude.

Nous avons rendu visite à plusieurs confrères colombophiles de divers points du pays dans un but d'étude spéciale.

A *Anvers*, en visitant les magnifiques colombiers de MM. Georges Gits, Raymond Van Bever, Henri Randaxhe et François Posenaer, nous avons été émerveillé par les beaux types et les admirables collections que ces amateurs d'élite possèdent. Ce qui a particulièrement attiré notre attention, c'est la grande ressemblance des pigeons anversois entre eux ; la forme, l'élégance, le bec assez développé, sont presque identiques partout. Dans la coloration du plumage on remarque peu de blanc ou de bariolé ; il y a à peine quelques pennes blanches dans les ailes d'un petit nombre de pigeons. Le plumage écaillé et les autres couleurs unies dominent et sont particulièrement en faveur.

Type de l'ancienne race anversoise de Mr *Sofié*, appartenant à M.G.Gits.([1]).

Mr Gits possède, dans un pigeonnier spécial, quelques couples de *cravatés français* qu'il utilise, à l'époque des concours, comme estafettes. Ces fashionables messagers ailés s'acquittent fort bien de leur tâche et reviennent toujours avec grande vitesse au colombier ; ils servent aussi à l'élevage ; ils couvent, au besoin, les œufs de ses meilleurs pigeons et élèvent avec beaucoup de soin.

A *Bruxelles,* nous avons vu les belles installations de MM. Delmotte, Pletinckx et Wielemans. Ces amateurs distingués et renommés possèdent de magnifiques races pigeonnières avec lesquelles ils remportent de nombreux succès.

A *Gand,* nous avons visité les colombiers de MM. Auguste Cleempoel, Pierre Vanderhaeghen, Th. De Raeve, Eugène Verbiest, Eugène Leybaert, Albert Hage, Christophe Hofman et Ivon Tytgat. Ces excellents amateurs pos-

---

([1]) Peint d'après nature par Mr Baldouf de Droogenbosch.

sèdent de magnifiques installations pigeonnières et de splendides collections de pigeons des meilleures races du pays. Mᵣ Hofman nous a montré des sous-races pures des pigeons de Mᵣ Louis Luyts, un des premiers amateurs de Gand (¹).

Chez les amateurs de *Courtrai* et des environs (nous sommes de ces derniers), on trouve des produits de croisements des diverses bonnes races belges qui se distinguent, en général, par une *grande vitesse* à toutes les distances.

A *Charleroi*, nous avons vu les pigeons de Mᵣ Greffe, au local du « CLUB COLOMBOPHILE » et constaté que les volatiles de cet amateur méritant proviennent aussi de croisements des races anversoises et liégeoises.

A *Namur*, Mᵣ Gustave Frison, bon amateur, occupant le local même de la « *société colombophile du centre* », a eu l'amabilité de nous apprendre que les pigeons des amateurs de Namur appartiennent généralement à des croisements des races liégeoises, verviétoises, bruxelloises et gantoises, voire même coutraisiennes, mais qu'on s'attache aussi à conserver les types liégeois désignés sous les noms de barbets et camus. Le *smerle* y est inconnu.

A *Huy*, Mᵣ Bya, amateur expérimenté, nous a déclaré que les amateurs hutois et des environs de cette ville, possèdent en général, comme lui, des pigeons croisés avec ceux des divers points du pays, mais qu'ils s'attachent cependant à conserver, autant que possible à l'état de pureté, les sous-races *liégeoises* et *verviétoises*, parce que ces pigeons s'usent moins vite que les pigeons anversois, et qu'à son avis, ils sont plus aptes aux voyages de long cours.

A *Liège*, nous avons visité le colombier de Mᵣ Emile Delhaze, en son vivant rédacteur du journal « *La Belgique*

(¹) Mᵣ Hofman est décédé à Gand, le 21 juillet 1904.

colombophile » et amateur très compétent, ainsi que les splendides installations pigeonnières de MM. Armand Pirlot et Gustave Schoonbroodt, deux amateurs de marque et des plus distingués.

Les pigeons qu'on trouve à Liège appartiennent généralement aux races croisées liégeoises et anversoises.

A *Verviers*, Mr Jules Coopman, un amateur des plus renommés du pays, a eu la gracieuseté de nous montrer en détail ses pigeons et son installation pigeonnière. Grande a été notre surprise en voyant la manière dont cet amateur dresse ses pigeons. Il leur donne la liberté deux ou trois fois par jour ; quand ils sont sortis, un drapeau tricolore est hissé non loin de la cage d'entrée. Ce drapeau est ordinairement enlevé après une volée d'une heure, et alors les pigeons rentrent tous immédiatement. Au colombier nous avons vu plusieurs pigeons obéir au commandement de leur maître, avec l'exactitude et la fidélité d'un chien.

Mr Coopman possède des types remarquables comme beauté et valeur, provenant de l'ancienne race verviétoise, croisée avec les pigeons des meilleurs amateurs d'Anvers, de Bruxelles et de Lierre. Il n'a plus des courts-becs purs d'autrefois. Son installation ingénieusement conçue est, sous tous les rapports, une des plus belles du pays.

Les diplômes d'honneur des nombreux prix que cet amateur remporte chaque année, sont richement reliés en albums. Les portraits de ses vainqueurs, œuvres artistiques, peintes à l'huile, et soigneusement encadrées, ornent le vestibule de son colombier avec de nombreuses corbeilles de fleurs reçus aux distributions de prix. Nous y avons vu des portraits, peints à l'huile, de quelques pigeons de l'ancienne race verviétoise ayant appartenu au docteur Chapuis. Ces portraits ont une certaine importance au point de vue historique.

Nous donnons, d'après une photographie, un spécimen d'un de ces portraits :

Pigeon né en 1862 au colombier de Mr Chapuis.

Nous avons aussi visité les colombiers de MM. Hansenne et Ruhl, à Verviers, et de Mr Rensonnet à Dison. Les installations de ces amateurs d'élite et renommés sont magnifiques à tous égards et renferment des sujets superbes des meilleures races du pays.

Durant nos investigations nous avons pu remarquer qu'il est très difficile, sinon impossible, d'établir une distinction entre les races des pigeons voyageurs qui existent actuellement en Belgique. A part certains rares types de sous-races liégeoises, verviétoises et anversoises. assez bien conservées chez quelques amateurs, le court-bec ou « Snol » liégeois d'autrefois est devenu aussi rare dans son pays que le gros-bec l'est actuellement à Anvers. En réalité, il n'y a de différence notable entre les races belges actuelles que dans la taille, le bec plus ou moins fort ou long, les morilles et les filets charnus autour des yeux plus ou moins développés.

Ainsi que nous l'avons déjà dit, il n'existe plus en Belgique qu'une même race qu'on désigne par le seul et même nom de « *pigeon voyageur belge* ».

Les races belges des amateurs en renom sont devenues des races propres qu'on désigne sous le nom du propriétaire. Ainsi on dit : Race Hansenne ; race Wegge ; race Coopman ; race Gits ; race Delmotte ; race Delathouwer ; race Cleempoel ; race Putman ; race Fache ; race Soudan ; race Lagae, etc., et les amateurs qui possèdent des pigeons de notre colombier, les appellent race Wittouck.

II. La coloration du plumage et des yeux.

La coloration du plumage du pigeon voyageur est très variée.

Les nuances dominantes sont : bleu uni-pâle ; bleu uni-foncé ; bleu pâle-écaillé ; bleu foncé-écaillé ; noir écaillé ; noir clair-écaillé ; maillé noir-velouté ; rouge et roux pâle-uni ; roux et rouge brique-uni ; rouge et roux pâle-écaillé ; roux et rouge foncé-écaillé ; meunier ou fauve ; blanc et noir-panaché ; blanc et roux ou rouge-panaché ; bariolé de couleurs diverses.

On rencontre plus rarement les nuances suivantes : noir uni ; noir aux ailes bronzées ; café au lait ou mosaïque ; gris ; cendré ; bleu sale ; couleur Isabelle unie et écaillée ; blanc uni.

Nous devons faire remarquer que, pour éviter des confusions aux

expositions de pigeons,

il conviendrait de tenir compte de ces diverses nuances, pour diviser et subdiviser certaines catégories, auxquelles il y aurait lieu d'affecter des primes spéciales.

Les nuances des yeux varient aussi beaucoup parmi les pigeons voyageurs ; on en trouve qui ont l'œil rouge vif, brun foncé, orangé, perlé ; d'autres ont l'iris presque blanc ; les panachés ou bariolés ont souvent un œil à iris de couleur unie et l'autre avec une tâche foncée, ou bien les deux yeux sont tâchés, et finalement, chacun sait qu'il y a des pigeons blancs aux yeux noirs et d'autres avec des yeux ordinaires.

La coloration des yeux et du plumage est parfaitement indifférente à l'amateur, pourvu que ses favoris soient de bons voyageurs et se distinguent aux concours.

III. Longévité du pigeon voyageur.

L'expérience démontre que le pigeon voyageur, auquel aucun accident n'est survenu, et qui n'a pas été surmené ou épuisé par les fatigues des voyages ou des excès de reproduction, peut vivre de 15 à 18 ans. Il y a même des pigeons qui dépassent cet âge sénile.

Les mâles cessent généralement de féconder vers leur douzième année. A cet âge, les femelles ne pondent plus que fort rarement et le plus souvent la ponte n'est plus que d'un œuf.

Mr François Catulle, amateur distingué à Ingelmunster, posséda naguère deux pigeons, frère et sœur, âgés de 18 ans. Le mâle procréa de beaux jeunes et la femelle, qui remporta pendant six ans un grand nombre de prix, pondit régulièrement deux œufs jusqu'à l'âge de 20 ans.

Nous avons eu un mâle noir qui à l'âge de 17 ans était alerte, vif et qui fécondait régulièrement les deux œufs.

En 1881, dans une exposition de pigeons à Thourout, à laquelle nous prîmes part comme membre du jury, MM. Eugène et Edmond Bekaert, deux colombophiles distingués, nous firent voir un mâle, considéré comme une merveille. Cet oiseau était âgé de 23 ans et avait produit jusqu'à l'âge de 22 ans. Pendant 20 ans, il avait participé à divers concours. L'année de sa naissance, ce pigeon, à

plumage fauve pâle, avait de petites taches noires dans les
rémiges et les rectrices, comme cela se présente généralement chez les mâles de cette nuance. Ces taches qui se
développent par l'âge, étaient devenues si grandes et si
nombreuses chez ce volatile, qu'au jour de l'exposition
son plumage était quasi tout noir. Le pigeon est mort en
1882.

Ces exemples de longévité et de fécondité sont peu com-
muns dans les annales pigeonnières.

IV. Utilité moderne du pigeon voyageur.

Le pigeon voyageur belge est particulièrement utilisé
pour le sport aérien. Durant la bonne saison, on organise
en Belgique, chaque dimanche, chaque jour de fête, et
parfois pendant la semaine, des concours de pigeons voyageurs auxquels prennent part un grand nombre d'amateurs.
Un chapitre spécial est consacré dans cet ouvrage à la description de la nature et de l'importance de ces concours.

En dehors de l'agrément et des distractions que les
pigeons voyageurs procurent aux amateurs et les services
qu'ils peuvent rendre en temps de guerre, on les utilise
encore de nos jours à la transmission de nouvelles de
toute nature.

Les pigeons voyageurs et la guerre Franco-Allemande.

En 1870-1871, lors de l'investissement de Paris par l'ar-
mée Allemande, ce fut grâce aux pigeons voyageurs que
les habitants de la ville assiégée purent recevoir les nouvelles des événements sanglants des divers départements,
ainsi que les dépêches privées et officielles. Mr Victor
Laperre-Deroo, a publié dans son intéressant ouvrage
intitulé « *Le pigeon messager* » tout ce qui se rapporte au
siége de Paris.

Dans sa « *notice historique sur le pigeon voyageur* », Mr Félix André de La Roche-Sur-Yon publie l'anecdote suivante :

M. Prosper Derouard.
Chevalier de la Légion d'Honneur et du Mérite Agricole.
Président de la *Société Nationale Protectrice du Pigeon Voyageur.*
Président de la *Fédération Colombophile de la Seine* et de la
Société Colombophile de Paris.

Un des plus dévoués collaborateurs du Directeur des Postes et Télégraphes
pendant le siège de Paris (1870-71) pour l'organisation du service des
dépêches par pigeons voyageurs.

« Mr G. H. Deneuve, le distingué directeur du journal « *La France Aérienne* » à Paris, et notre principal conseiller colombophile, rapporte que lors de la guerre Franco-Allemande, un pigeon messager, arrêté dans sa noble mission, donna une preuve irréfutable de l'attachement à son colombier.

« Capturé par un soldat du prince Frédéric-Charles, le messager français fut envoyé par le prince à sa mère, en Prusse. Mis dans une volière magnifique, ce pigeon y vécut quatre ans. Un jour, la porte de la volière restant entr'ouverte, le fidèle messager se lança dans les airs, partit à tire-d'aile vers la France et vint s'abattre dans son ancien colombier, boulevard de Clichy ».

Après cette guerre mémorable, les grandes puissances et les gouvernements de plusieurs autres pays, ayant apprécié les immenses services que les pigeons voyageurs peuvent rendre à la stratégie, ont installé des colombiers militaires, ils les ont peuplés avec des pigeons voyageurs belges des meilleures races. On a acheté ces pigeons à des prix élevés, variant de cent à cinq cents francs le couple, et certaines races ont été vendues plus cher encore.

La guerre Anglo-Boer.

Durant la guerre *Anglo-Boer,* en 1899, le général anglais White, assiégé avec ses troupes à Ladysmith, a pu envoyer au dehors pendant plusieurs semaines des dépêches *par pigeon*. Malheureusement il ne pouvait pas recevoir des nouvelles par ces messagers ailés, parce qu'il n'avait pas pris la précaution d'en faire sortir de la ville avant son investissement par les soldats des républiques de l'état libre d'Orange et du Transvaal.

Les pigeons voyageurs, on le voit, sont appelés à jouer un grand rôle stratégique dans les guerres.

Service postal par les pigeons voyageurs.

En Belgique nos messagers ailés remplacent en certain cas le service postal et le service télégraphique. Des directeurs de journaux politiques organisent des messageries aériennes pour se faire transmettre, à l'aide de pigeons voyageurs, des correspondances ainsi que des croquis et des illustrations.

On les utilise aussi pour annoncer aux amis et aux interressés les résultats des élections.

Les habitants des communes rurales, où il n'existe pas de service télégraphique, font usage de pigeons, lors du tirage au sort pour la milice nationale. Qu'il pleuve, qu'il vente, ces voyageurs ailés transmettent aux familles et aux amis éloignés, la bonne ou la mauvaise nouvelle qu'ils attendent si impatiemment.

Quand des campagnards doivent comparaître en justice, ils se munissent de pigeons pour faire connaître l'issue de leur procès.

Les commerçants se servent encore de pigeons voyageurs pour transmettre les nouvelles concernant leurs opérations et spéculations; même les grands industriels des villes, où il existe un service télégraphique et téléphonique, préfèrent souvent ce mode de communication, en vue de garder le secret de leurs affaires.

C'est à cause de ces brillantes qualités et des services importants que le pigeon voyageur peut rendre, qu'on l'entoure de tant de soins; qu'on s'applique à l'étudier avec tant de persévérance et qu'on le tient en si grande estime. Comme l'a très bien dit Mr Rodenbach dans sa monographie du pigeon voyageur, « le pigeon est sans contredit le plus utile, le plus intelligent, le plus aimable et le plus infatigable des animaux domestiques. On peut le proclamer l'oiseau par excellence, à cause de son immense supériorité d'instinct et d'orientation, qui le place incontestablement au-dessus de tous les autres oiseaux. La possession de ce précieux volatile est d'un immense avantage pour la guerre et c'est avec raison qu'on l'a appelé l'ange de l'assiégé et le courrier de la presse ».

CHAPITRE III.

LE COLOMBIER ET SES ACCESSOIRES.

Conditions hygiéniques.

LE colombier sera composé, autant que possible, de plusieurs compartiments servant d'habitation et de refuge aux pigeons ; c'est là qu'ils passent la nuit, qu'ils s'attachent et se plaisent en famille, pour autant qu'ils y trouvent les soins voulus et y disposent librement et en maîtres d'une case pour nicher, pondre, couver et élever.

On choisit l'emplacement d'un bâtiment qui s'y prête le mieux, n'importe à quelle élévation, pourvu qu'il réponde à toutes les prescriptions d'hygiène, de confort, de sécurité et de sport.

Il y a des amateurs qui se servent d'un colombier construit au ras du sol en forme de volière, aménagé de façon à réunir toutes les conditions énoncées ci-dessus.

Dans notre pays on construit généralement le colombier au grenier d'un bâtiment élevé. On donne la préférence à l'exposition *est* ou *sud-est*, parce qu'elle est moins sujette à l'humidité et qu'elle procure aux pigeons, de grand matin, les rayons bienfaisants du soleil levant. La chaleur solaire est surtout salutaire au développement des petits.

On évite l'exposition nord et ouest, parce que les grands froids, la pluie et l'humidité viennent de ces directions. Si cependant la disposition du bâtiment oblige l'amateur de prendre le coté *nord* ou *ouest*, pour l'installation de son colombier et le placement de la trappe, il prend des mesures pour que, par un temps froid, pluvieux et humide, il puisse fermer la trappe et les fenêtres de ce côté, au moyen de châssis. On sait que les courants d'air et le froid humide donnent naissance à la maladie de l'aile et à l'arthrite des pattes ; ils exercent en outre une influence pernicieuse sur la santé et le développement de la progéniture.

L'amateur doit éviter les courants d'air dans l'intérêt de sa propre santé ; car, sans ces précautions, surtout en hiver, en passant devant les ouvertures, il s'exposerait à des catarrhes et à des indispositions graves.

La trappe de notre colombier principal, à défaut d'un meilleur emplacement, a dû être placée au nord-ouest, donc dans l'endroit le plus défavorable ; cette exposition n'a pas empêché nos pigeons de se distinguer aux concours.

A cause de cette mauvaise exposition, nous sommes parfois obligé de fermer la trappe par un temps pluvieux et froid, pour *empêcher* que la pluie et le vent ne s'y engouffrent.

Nous la fermons toujours le *soir*, aussi bien *pendant l'été* que pendant l'hiver, parce que cette précaution évite à nos hôtes les affections signalées plus haut et empêche les rongeurs de pénétrer au colombier, pendant la nuit, par les ouvertures de la trappe.

On le voit, le procédé que nous révélons, présente un avantage double dont les amateurs bien avisés voudront profiter.

Il est bien entendu que s'il y a des pigeons qui découchent durant les voyages de long cours, la trappe doit être ouverte de bon matin.

Un colombier n'est jamais trop aéré ; on ne doit pas, par conséquent, ménager l'espace ; un mètre cube d'air par couple de pigeons, si c'est possible, n'est pas exagéré ; toutefois, on peut satisfaire aux conditions hygiéniques du colombier avec dix-huit mètres cubes d'air pour vingt-quatre couples de pigeons ; ce qui représente les dimensions suivantes : trois mètres de longueur, trois mètres de largeur et deux mètres de hauteur. On clôture le colombier de préférence avec un treillage en fil de fer galvanisé, pour que l'air de toute la pièce puisse y circuler. Employer à cet effet un treillage à mailles serrées, est le moyen le plus sûr pour abriter et préserver les hôtes du colombier contre les attaques des chats, des rats, des belettes, des fouines et d'autres animaux voraces et malfaisants.

A la campagne on a l'habitude de recouvrir les cheminées qui se trouvent à proximité des colombiers, au moyen d'une tuile de grande dimension, pourque les pigeons ne puissent y tomber.

Il y a lieu de renouveler le plus souvent possible l'air du colombier. On le fait au moyen de tabatières ou autres fenêtres qu'on ferme et qu'on ouvre d'après les besoins : on ne néglige pas, non plus, la construction de ventilateurs dans les combles du toit. L'air vicié et les émanations malsaines s'échappent par le haut.

L'entretien de la propreté est de la plus haute importance pour la santé des pigeons. Deux fois par an, avant l'époque de l'élevage et après l'achèvement de la mue, on badigeonne l'intérieur du colombier avec du lait de chaux, auquel on ajoute par seau contenant dix litres, un décilitre de *sulfure de chaux liquide*. On enduit avec ce liquide les cases, tous les objets et ustensiles du colombier, y compris le plancher, sans négliger d'en remplir les interstices et petites ouvertures. A cette occasion, on lave à grandes eaux le plancher du grenier adjacent au colombier, car, il faut aussi que la propreté règne autour de l'istallation pigeonnière.

On nettoiera, au moins une fois par semaine, le colombier et ses accessoires au moyen d'un racloir ou couteau plat et on brossera ensuite le tout soigneusement.

Un autre point important qu'on ne doit pas perdre de vue, c'est de tenir le colombier constamment sec. Ce détail est surtout à observer en hiver ou par un temps humide ; on jette, dans ce but, sous les perchoirs et les places où les excréments s'entassent le plus, une couche de sable fin et sec ou bien du tan séché au soleil.

Si l'on ne se sert pas d'une mangeoire, on tiendra propre l'endroit où l'on jette la nourriture ; quelques minutes par jour suffisent à cette besogne.

Le colombier sera divisé au moins en trois compartiments pour permettre, en temps opportun, la séparation des mâles et des femelles, dans le sens indiqué au chapitre relatif à « *la séparation des sexes* ». On approprie au colombier, autant que possible, une salle de bains et un compartiment pour le sevrage des jeunes pigeons. Les compartiments doivent être assez spacieux pour pouvoir les nettoyer facilement, s'y promener sans se courber, soigner et examiner les pigeons à l'aise. Afin de pouvoir les saisir plus facilement, la hauteur ne doit pas dépasser deux mètres.

Le plancher qui sert de sol au colombier, doit être composé de planches bien rabotées et unies pour faciliter le nettoyage. Il y a des amateurs qui l'enduisent avec du ciment.

Les amateurs qui veulent se faire construire un colombier, agiront sagement en allant prendre une esquisse chez un ami ou confrère qui possède un colombier modèle.

Les cases.

Les cases dont on munit le colombier diffèrent presque partout en dimensions. On les proportionne d'après les

dispositions des compartiments ou selon le goût de l'amateur ; il n'y a pas, à ce sujet, de règles fixes à indiquer.
Nous donnerons la description des cases employées à
notre colombier. Elles sont construites en bois de sapin,
à fond ouvert, rangées les unes à côté des autres et ont les
dimensions suivantes : largeur, septante centimètres ; hauteur et profondeur, quarante-six centimètres. On les super-
pose et les adosse à la muraille. La devanture des cases,
à claire-voie, d'après le croquis ci-après, peut s'ouvrir et
se fermer dans son ensemble à l'aide de charnières, ou
être enlevée et replacée à volonté. Au milieu se trouve
une planche munie d'une ouverture qui sert d'entrée et de
sortie aux pigeons. On ferme cette ouverture au moyen
d'une planchette, formant bascule, et servant en même
temps de reposoir.

Case.

Ainsi construites, ces cases présentent les avantages
suivants :

1° Facilité pour habituer et apparier les pigeons en les
enfermant dans les cases qu'on leur destine ;

2° Facilité de réserver une case vide, à un couple
quelconque, en tenant la petite porte d'entrée fermée ;

3° Facilité de reclure un couveur ou une couveuse pour
continuer l'incubation, quand l'autre doit quitter le nid
pour l'entraînement ou le concours ;

4° Facilité pour reclure momentanément un producteur

non adduit, pendant que les pigeons sont en liberté ;

5° Excellent moyen pour apprivoiser et ne pas effaroucher les pigeons adultes ; on peut les chasser prudemment dans le trou de leur case ou dans leur poste, les y prendre facilement sans crainte de les contusionner ou de casser des rémiges ;

6° Bon moyen pour élever des pigeonneaux ; le trou de sortie, étant à une certaine élévation, ils ne peuvent pas, en poursuivant les parents, tomber à terre. Arrivés à l'âge de pouvoir voleter quelque peu, ils se placent sur la planchette à bascule, puis, ils s'habituent à sortir et à rentrer par là ;

7° Grande facilité pour nettoyer les cases de fond en comble, en enlevant ou ouvrant largement la devanture ; même facilité pour badigeonner et désinfecter les cases, ainsi que le mur auquel elles sont adossées.

Au besoin, on place dans les cases deux nids, un de chaque côté de la petite planche du milieu, de manière qu'un couple puisse élever dans un nid et faire une nouvelle ponte dans l'autre.

Les perchoirs.

Les compartiments sont munis au *colombier principal*, dans les endroits qui conviennent le mieux, d'un grand nombre de *perchoirs*. Ceux-ci sont formés par des bâtons arrondis ayant une dimension d'environ quatre centimètres de diamètre ; on les dispose en échelle et de telle façon que les pigeons qui perchent en haut ne salissent pas de leur fiente ceux qui se trouvent plus bas. Pour empêcher les rixes, les coups de bec ou d'ailes, on divise les perchoirs par des planchettes transversales, placées à une distance de vingt-deux à vingt-cinq centimètres les unes des autres.

Au *colombier de sevrage* nous préférons aux perchoirs des

cases ayant à peu près la forme d'un parallélipipède rectangle. Ces cases, où la jeune tribu se repose pendant le jour et la nuit, ont les dimensions suivantes : profondeur 20 centimètres, hauteur 25 centimètres, largeur 30 centimètres. On les adosse à une distance de trois ou quatre centimètres de la muraille, pour que, en les nettoyant, on puisse faire tomber les excréments par ces ouvertures sur le plancher.

La trappe.

On appelle communément *trappe,* une boîte ou une sorte de cage placée à l'extérieur d'un toit, d'une fenêtre ou dans un autre endroit d'un bâtiment, qui sert d'entrée et de sortie aux pigeons du colombier. En certains endroits, on donne à ce meuble le nom de *cage d'entrée.* Chaque amateur invente un système de trappe, qui, d'après les dispositions du bâtiment et du colombier, semble offrir les plus grands avantages sportifs. Il n'y a pas à vrai dire de *trappe-type* à décrire. Certains amateurs n'emploient qu'une simple boîte, aménagée dans le toit, par laquelle les pigeons sortent d'un côté et rentrent de l'autre. D'autres se servent d'un bac oblong avec une simple planche faisant saillie sur le toit. Les pigeons sortent et rentrent par des cliquettes, qu'on rend fixes ou mobiles à volonté. Finalement, il y a des amateurs qui n'emploient aucune trappe ; une fenêtre ouverte dans le bâtiment ou des tuiles béantes dans le toit y suppléent.

De la forme de la trappe dépend très souvent, en temps de concours, un bon ou un mauvais résultat. Nous conseillons d'adopter *un système aussi simple que possible.* Nous avons émis la même idée dans notre premier ouvrage en 1878.

Autrefois nous nous servîmes de la trappe représentée par le croquis ci-après :

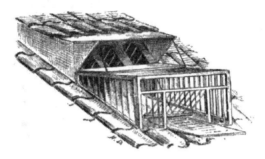

Ancienne trappe.

Actuellement notre *trappe nouvelle* consiste simplement en une boîte qui à la partie supérieure s'avance un peu sur le toit et dont la base est faite d'une planche saillante assez large sur laquelle les pigeons se posent avant d'y entrer comme nous l'indiquons sur le croquis ci-après.

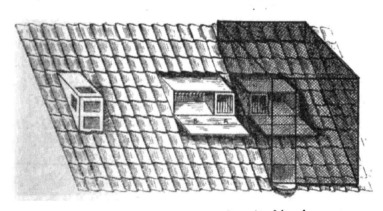

Trappe nouvelle ; Volière à l'usage du colombier de sevrage.

Les vieux pigeons se trouvant au colombier sortent par l'ouverture A, du côté gauche de la trappe, et rentrent au colombier par la boîte du côté droit B. (Voir aussi le dessin de l'intérieur de la trappe sous la rubrique « *la sonnerie* » ci-après).

Comme on le voit, il n'existe pour le système de notre trappe actuelle *qu'une sortie* et *une entrée* parce que, nous le répétons, plus ce meuble est simple, mieux il vaut pour la rentrée précipitée des pigeons.

L'ouverture pour la sortie de la trappe est munie à l'intérieur d'une petite porte à claire-voie, qu'on lève à l'aide d'une ficelle pour l'ouvrir et qu'on descend pour la fermer.

La devanture de la trappe est munie d'une planche mobile en bois ou en zinc galvanisé.

On lève également cette planche au moyen d'une corde pour fermer la trappe et on la descend si on veut l'ouvrir.

On se sert utilement de cette planche dans les cas suivants :

1º Pour capturer le pigeon quand au retour du voyage il s'arrête trop longtemps dans la boîte avant de pénétrer au colombier.

2º Ainsi que nous l'avons déjà dit, pour fermer la trappe quand on veut éviter pour soi-même ou pour les hôtes du colombier des courants d'air, ou empêcher l'accès des animaux nuisibles.

Lors de la construction de notre nouvelle habitation en 1879 et en même temps de notre nouveau colombier, nous avons fait établir dans le toit de la maison, non loin du colombier, un bac en bois muni de vitres en couleur foncée faisant suffisamment saillie pour permettre d'y introduire la tête et d'observer de ce poste tout ce qui se passe sur la trappe, sur le toit et dans les environs de notre demeure.

Cet utile observatoire est de notre invention.

Par modestie nous n'en avons pas parlé. Mais pourque d'autres ne puissent s'attribuer le mérite de cette construction et se parer ainsi de plumes qui ne leur appartiennent pas, nous sommes bien forcé de revendiquer notre bien si minime en soit l'importance.

Qu'il nous soit donc permis de rappeler que nous avons fait la description de ce discret belvédère dans notre ouvrage flamand « *De Duivenliefhebberij* » paru en *1891*, à la page 35, ainsi que dans nos éditions françaises.

C'est aussi de ce poste qu'on surprend et qu'on capture les pigeons dans les cas indiqués sous le n° 1 ci-dessus.

A côté de la trappe de notre colombier principal se trouve une volière qui donne accès au colombier de sevrage.

Cette volière est également de notre invention. (Voir le dessin plus haut).

Notre premier procédé consistait à placer au dessus de la trappe même, une petite volière, quand il s'agissait d'adduire un pigeon de valeur, pour l'enlever quand l'adduction était faite. Au début nous n'attachions qu'une médiocre importance à notre invention, seulement l'expérience nous ayant démontré l'utilité de cette volière, nous l'avons perfectionnée et adaptée d'abord à la trappe d'un de nos colombiers, puis à notre colombier principal.

Aujourd'hui la volière est devenue un accessoire indispensable à tout bon amateur ; c'est, en somme, le seul moyen pour adduire avec la plus grande sûreté la jeune gent ailée et notamment les sujets de grande valeur qu'on reçoit ou qu'on achète.

Les amateurs de notre voisinage ont bien vite imité notre volière, et en ce moment ce système déjà plus ou moins vulgarisé dans la Flandre occidentale, trouvera des imitateurs partout.

L'amateur qui veut se servir d'une volière adopte un modèle avec des dimensions à son gré ; il l'adapte sur la trappe du colombier principal ou de sevrage. Il la construit sous différentes formes, avec ou sans une porte de sortie et d'entrée. Finalement il la place sur le toit non loin de la trappe ou dans un autre endroit.

Nous décrivons l'utilité de notre trappe avec adaptation d'une volière au chapitre « *de l'adduction des pigeons* » et donnons aussi le dessin de cette trappe.

La sonnerie.

Une sonnerie mécanique ou électrique, pour avertir automatiquement l'amateur du retour de ses pigeons, est de la plus grande utilité. Nous recommandons vivement l'application de l'un ou de l'autre de ces systèmes.

Nous nous servons, à la trappe de notre colombier principal, d'une sonnerie mécanique, inventée en 1881, par MM. Raymond et Adolphe Verschoore, colombophiles très distingués à Thielt. Nous y avons apporté quelques modifications.

Description de la sonnerie mécanique.

La sonnerie mécanique, appliquée à notre trappe, est construite comme suit :

Une *planche à bascule* sert de prolongement à la trappe pour l'entrée des pigeons au colombier. Un contre-poids est attaché à cette planche pour conserver ou reprendre l'équilibre. Un des côtés de cette planche est pourvu d'un crochet en fer pour arrêter la poulie au moyen d'une pointe du même métal dont celle-ci est munie. Du côté opposé du crochet, au dessus de la planche, se trouve un arrêt formé d'un petit morceau de bois, pour qu'elle ne bascule pas au delà de certaines limites. Dans la gorge de la poulie en question, glisse une corde qui passe encore par deux autres poulies. Cette corde est mise en communication avec l'appareil de la sonnerie. Une extrémité de la corde pend non loin de la trappe et est munie d'un contre-poids.

La planche à bascule est disposée de telle façon que les pigeons, pour pouvoir rentrer au colombier, doivent y passer et y poser les pattes. Par ce mouvement et le poids de leur corps, la planche bascule légèrement et la poulie, n'étant plus retenue par le crochet, se détache. Une corde, en communication avec l'appareil de la sonnerie, passe entre deux poulies, dont une à dents. Cette corde est tirée en bas par le poids qui est suspendu sous l'appareil et fait tourner les deux poulies en question. Pendant ce mouvement tournant, les échancrures de la poulie attaquent les arrêts attachés à la baguette en fer qui commande le marteau. Celui-ci frappe alors la cloche, pendant tout le temps que la poulie (en communication avec la planche à bascule) tourne sur son pivot, c'est-à-dire, jusqu'à ce qu'elle soit arrêtée de nouveau par la pointe en fer qui retombe dans le crochet. Lorsque la poulie est retenue, la planche à bascule reprend son état primitif jusqu'à ce qu'un autre pigeon rentre au colombier.

On peut, suivant le besoin, remonter la sonnerie pour la rentrée d'un ou de plusieurs pigeons. On procède comme pour une horloge à cordes et à contre-poids, avec cette différence que pour remonter la sonnerie, ce qui se fait en descendant la corde et le contre-poids, *on doit écarter* pendant cette opération le *crochet en fer qui arrête la poulie*.

La sonnerie mécanique, proprement dite, est placée à l'intérieur de la maison, dans un corridor ou tout autre endroit.

On veille à ce que les pigeons, se trouvant au colombier, ne puissent voler ou se poser sur la planche à bascule, afin d'éviter une fausse alerte. A ces fins on dispose devant cette planche des fil de fer mobiles, comme l'indique le croquis ci-après :

Partie de la trappe à l'intérieur du colombier.

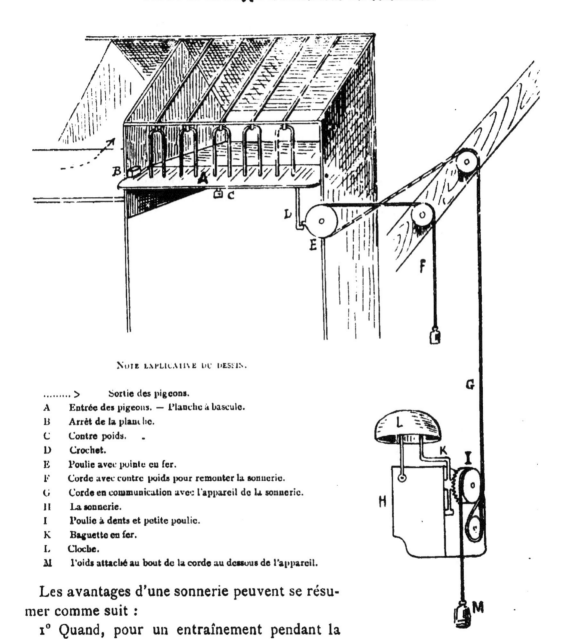

Note explicative du dessin.

.... >   Sortie des pigeons.
A   Entrée des pigeons. — Planche à bascule.
B   Arrêt de la planche.
C   Contre poids.   .
D   Crochet.
E   Poulie avec pointe en fer.
F   Corde avec contre poids pour remonter la sonnerie.
G   Corde en communication avec l'appareil de la sonnerie.
H   La sonnerie.
I   Poulie à dents et petite poulie.
K   Baguette en fer.
L   Cloche.
M   Poids attaché au bout de la corde au dessous de l'appareil.

Les avantages d'une sonnerie peuvent se résumer comme suit :

1º Quand, pour un entraînement pendant la

semaine, les pigeons ne sont pas lâchés à l'heure fixée, ou qu'il existe un retard considérable dans la rentrée, par suite d'un brouillard ou d'un orage survenu en cours de route, ou par d'autres circonstances inconnues, ce contretemps rend l'amateur impatient, surtout lorsqu'il n'a pas de temps précieux à perdre ; une sonnerie, annonçant l'heureuse arrivée du premier pigeon, obvie à cet inconvénient.

2° Même avantage, les jours du concours, quand les pigeons ont été lâchés trop tôt ou trop tard, ou rentrent tardivement, par suite d'une cause atmosphérique.

3° Aux voyages de long cours, alors que le pigeon peut rentrer très tard, ou le lendemain très tôt, ou qu'il est impossible de prévoir à quelques heures près son arrivée ; le réveil met l'amateur à l'aise ; il ne sera pas surpris à ses dépens.

4° Même avantage, quand on attend le retour d'un pigeon chargé d'un message.

Il est vrai qu'il est agréable à chaque amateur de voir rentrer ses pigeons de voyage mais l'usage d'une sonnerie ne le prive pas de ce plaisir, si le temps et ses occupations le permettent.

Une *sonnerie mécanique* est préférable à tout autre système, parce qu'on peut se fier davantage à sa régularité.

Les amateurs qui désirent voir notre sonnerie mécanique et notre installation pigeonnière, seront toujours cordialement reçus chez nous.

Les nids.

Les nids, dont nous nous servons avec avantage dans notre colombier, sont en terre cuite non-vernissée ; ils sont munis d'un pied assez lourd pour qu'ils ne versent point quand les pigeons se posent sur les bords. Construits en forme de plateau, ils ont un diamètre d'au moins vingt-deux centimètres, une hauteur de sept à huit centimètres, y compris le pied, .et une profondeur intérieure d'environ cinq centimètres. Le fond doit être pourvu d'un certain nombre de trous par lesquels la poussière et les pellicules tombent.

Nous préférons ces nids à ceux construits en osier ou en paille, parce que, après chaque couvaison, ils peuvent être lavés, nettoyés, et au besoin désinfectés facilement. On peut encore se servir utilement de nids en plâtre ou en bois. Nous possédons quelques nids en bois de sapin *(pitch-pine)*. On sait que par un temps froid, ces nids sont plus chauds et que le bois de sapin, par son essence, est plus ou moins réfractaire à la vermine.

Les abreuvoirs.

L'abreuvoir en *terre cuite vernissée*, d'après le dessin ci-après, présente certains avantages :

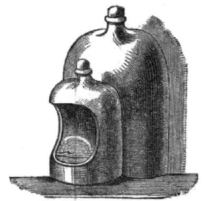

Abreuvoir en terre cuite.

1° Parce que, étant placé sur un objet un peu élevé, les pigeons ne peuvent pas y déposer des saletés.

2° Parce qu'il est très portatif et qu'on peut par suite le nettoyer tant à l'intérieur qu'à l'extérieur.

3° Parce qu'on peut en faire usage quand on doit in-

stituer, pour les volatiles malades, un traitement homéopathique.

4° Parce qu'au besoin, on peut y introduire, à volonté,
du fer ou d'autres substances médicamenteuses.

5° Parce que ceux de cette catégorie sont faits en toutes
sortes de dimensions.

On doit posséder plusieurs abreuvoirs, de différentes
grandeurs et capacités, parce que, en hiver, il faut pouvoir
remplacer par des abreuvoirs pourvus de boisson fraîche,
ceux dont l'eau s'est congelée et qu'il faut dégeler. On doit
avoir un abreuvoir pour chaque compartiment dont on fait
usage, soit pour isoler quelques couples, en vue de l'élevage,
soit pour séquestrer des malades ou séparer les sexes.

Abreuvoir en fonte.

On peut se servir utilement *d'abreuvoirs en fonte*, mais
nous déconseillons d'utiliser des récipients en *zinc*, à cause
des propriétés toxiques que ce dernier métal renferme.

Cages portatives pour malades.

Le bon amateur possède une ou plusieurs cages qu'il
peut déplacer, pour y soigner temporairement les pigeons
atteints d'une maladie contagieuse, ou d'une autre maladie
qui réclame le repos ou la plus grande tranquillité musculaire, telles que l'arthrite et la goutte.

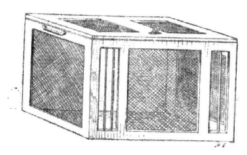

Cage portative.

Construites d'après le dessin ci-dessus, ces cages ont une longueur de soixante-cinq centimètres, une profondeur et une hauteur de quarante-cinq centimètres. Le couvercle, ou une partie de celui-ci, s'ouvre et se ferme à l'aide de charnières. Pour plus de sûreté on ferme la cage au moyen d'un cadenas.

Ces cages peuvent, d'après les besoins, être placées au grenier, en plein air, ou dans un autre endroit ; on peut en outre les laver, les nettoyer et les désinfecter après le traitement de chaque maladie. On place un abreuvoir et un auge devant les ouvertures de la façade.

Infirmerie, appareilloir et isoloir.

Comme accessoire indispensable à un colombier bien organisé, il faut au moins un compartiment spécial servant d'*infirmerie*. On le construit *est* ou *sud*, pour des raisons hygiéniques déjà indiquées ; il doit être assez spacieux pour que les pigeons puissent se mouvoir convenablement. On y place les convalescents, après les avoir soignés dans une cage portative.

Ce compartiment peut encore servir *d'appareilloir* et *d'isoloir*.

LES COLOMBIERS DE LUXE.

Mr Armand Pirlot de Liège, président de la Société

« *L'Hirondelle* » qui porte son nom : « *Hirondelle-Pirlot* », possède, comme nous l'avons déjà dit, une installation pigeonnière luxueuse, dont voici la description :

Le colombier de Mr Pirlot est situé dans le fond de son jardin ; il a l'apparence d'un château construit en pierres avec tourelle. Le toit en terrasse, est entouré d'une balustrade en fer forgé. L'ensemble présente un aspect grandiose.

Le bâtiment de 15 mètres de largeur sur 10 de hauteur, a trois étages. Au rez-de-chaussée sont les écuries et les remises. Au premier et au second étages se trouvent les chambres destinées, les unes au personnel de l'écurie, les autres à recevoir et à tenir sèches les différentes espèces de graines des pigeons. On y découvre des locaux où peuvent être isolés les pigeons malades et une vaste salle où sont logées les femelles pendant le temps de la séparation. Au troisième étage se trouvent les colombiers proprement dits. Ils sont au nombre de trois. Dans le premier, on voit les pigeons d'un an ; dans le second, ceux de deux ans et dans le troisième, ceux de trois ans et plus.

Devant les colombiers il y a un palier vestibule de trois mètres de largeur et ayant toute la longueur du bâtiment. Les murs sont ornés d'un grand nombre de diplômes d'honneur et de tableaux représentant les portraits des pigeons vainqueurs. On y trouve des tables, des chaises, des fauteuils, un bureau, le téléphone, des appareils à lumière électrique, et des sonneries que les pigeons font tinter en rentrant de voyage. Chaque colombier possède un timbre différent. Quand on veut prendre les pigeons pour la mise en panier, ce qui, à Liége se fait le soir, on l'éclaire par deux lampes électriques. Il suffit de presser un bouton pour les faire fonctionner.

Chacun de ces colombiers mesure 2 mètres 10 centimètres de hauteur, 4 mètres de profondeur et 3 mètres 55 centi-

mètres de largeur, sans y comprendre les cases, entièrement construites en bois de chêne. Elles sont au nombre
de 40 dans chaque colombier, (20 à droite et 20 à gauche).
Du reste, le bois de chêne est le seul employé dans tout
le bâtiment et les parquets, sans un nœud, sans un défaut,
sont dignes d'un salon.

Les colombiers n'ont pas de trappe. Chaque colombier
renferme une grande fenêtre carrée, large ouverte, qui
sert d'entrée et de sortie aux pigeons. Quand on veut les
fermer, on fait descendre un châssis ou des persiennes.

Le jour du concours, les pigeons qui rentrent de voyage
s'abattent rarement sur le toit du bâtiment. Généralement
ils volent droit dans leur demeure par l'ouverture de la
fenêtre et de là dans leur poste. Un tintement de la
sonnerie électrique se fait entendre ; ils sont prisonniers et
pris dans cet endroit.

Les baignoires sont placées sur la terrasse du bâtiment.
On peut se promener à l'aise sur la plate-forme, y con-
templer la ville de Liége et les beaux sites pittoresques
qui l'environnent. Un magnifique panorama s'y déroule
aux yeux du spectateur.

Maintenant, figurez-vous dans ce *château* cent soixante
pigeons des plus belles et des plus célèbres races connues,
y vivant au milieu d'une propreté constamment entretenue,
soignés à merveille par un homme exclusivement attaché
à leur service et vous aurez une idée de l'effet qu'a produit
sur nous cette *splendide installation*.

Mr Van Beneden, le célèbre zoologiste, professeur à
l'Université de Louvain, nous écrivit à la date du 31
janvier 1891, que Mr Anatole Bagdanow, président du
congrès de zoologie à Moscou, lui avait fait connaître que
Mr Dehudin, président de la section ornithologique de la
société d'acclimation de Moscou, grand amateur et con-

naisseur de pigeons, avait fait, pour les pigeons, don d'un *palais*. Cette installation avait coûté dix mille roubles, représentant environ vingt-cinq mille francs.

Ce n'est pas en Belgique seulement qu'on tient les pigeons en grand honneur et qu'on dépense de fortes sommes pour les installer luxueusement. Comme on le voit, on le fait également en Russie. Aussi est-il notoire que, depuis quelques années, de riches colombiers ont été construits dans tous les pays civilisés de l'Europe.

CHAPITRE IV.

LA NOURRITURE.

Les organes de la nutrition.

LE pigeon est de sa nature granivore ; il peut cependant devenir omnivore lorsqu'on l'habitue à toute autre espèce de nourriture, telle que le pain, les pommes de terre cuites, la viande bouillie, hâchée, la verdure, etc.

La nourriture que prend le pigeon, ne subit pas, faute de dents, de mastication buccale, (comme c'est le cas chez tous les oiseaux). Les pigeons en général ont une préférence marquée pour quelques graines. Ils préfèrent avant tout le *chènevis*, et ramassent le *maïs* avant le froment ; cela prouve qu'ils mangent avec discernement, c'est à-dire avec goût, mais à cause de la non-mastication des aliments, il faut croire que le sens du goût, chez le pigeon, n'est pas très développé. Soit dit incidemment l'odorat est également peu développé chez cet oiseau.

La nourriture que les pigeons avalent traverse l'œso-phage qui, à la partie inférieure se dilate et forme une poche, nommée le *jabot*. Cette première poche reçoit les aliments avalés qui s'y ramollissent et passent dans une autre poche, plus petite, se trouvant au-dessous du jabot. Cette seconde poche, appelée *ventricule succenturié*, renferme des cryptes qui produisent le suc gastrique nécessaire à la digestion. Elle s'ouvre immédiatement dans une troisième poche, à couche musculaire, très développée, représentant l'estomac proprement dit. On désigne cette poche sous le nom de *gésier*. C'est dans l'intérieur du gésier que les aliments sont comprimés et triturés. On y trouve, en effet, des cailloux et de petites pierres que le pigeon ramasse et qui servent à faire dans cet organe la trituration dont il s'agit. Quand les aliments sont suffisamment digérés ils sont entraînés dans l'intestin pour être évacués par le rectum sous forme de résidu, appelé fiente.

Espèces de nourriture, qualité et distribution.

Le choix de la nourriture et la manière de la distribuer sont deux choses d'une grande importance. On sait que le régime alimentaire exerce une influence marquée sur la santé des pigeons, sur leur développement physique, sur l'élevage et les dispositions de ceux qu'on destine aux concours. Ces points sont développés ci-après aux chapitres qui les concernent.

La nourriture de fond pour les pigeons voyageurs est, dans notre pays, la petite *féverole* et la *vesce*. On peut à certaines époques de l'année, pour le mélange, la variation ou d'autres motifs, se servir de petites *lentilles*, de *maïs*, de *froment*, de millet rond et millet plat, de riz, de sarrasin, d'avoine, de seigle, d'orge mondé, de graines de lin et de colza, de chènevis et de navette.

La féverole. — La petite féverole de Hollande mérite la préférence : elle doit être uniforme, bien remplie, sans grains noirs, rabougris, ou rongés par des vers.

La vesce. — La grosse vesce noirâtre, pesante et sphérique, récoltée en Belgique, si elle est farineuse, luisante, sèche et *bien saine*, constitue, mélangée à d'autres graines, un bon aliment tonique. Si on peut l'obtenir dans ces conditions, on ne doit pas craindre de la servir comme nourriture aux pigeons.

La vesce belge s'altère et se moisit plus vite que la petite vesce grisâtre, qui nous arrive de l'Allemagne, des environs de Dantzig ; on appelle cette dernière graine « *vesce grise* ». Lorsqu'elle est saine et bien sèche, les amateurs la recherchent et la préfèrent, parce qu'elle peut servir de nourriture à toute époque de l'année.

Lorsque les vesces qu'on distribue aux pigeons sont de mauvaise qualité, humides ou moisies, elles produisent toujours un effet laxatif et morbide.

La lentille. — La lentille est une graine farineuse orbiculaire à couleur plus ou moins roussâtre.

Il y a la grande et la petite lentille.

On utilise la plus grosse pour la nourriture humaine et la petite pour nourrir les pigeons.

La lentille, bien que moins azotée que la vesce, fournit pour les pigeons un excellent aliment substantiel et de facile digestion. Elle a en outre l'avantage de pouvoir se conserver pendant plusieurs années sans altération.

Après un an de récolte on peut la servir utilement pour le manger des pigeons.

La gesse angulaire ou *pois jarat*, qu'on récolte en France, sert également de nourriture aux pigeons ; nous recommandons de mélanger la gesse à d'autres graines.

La féverolle n'existant pas en Amérique, nous avons recommandé à nos amis transatlantiques, de la remplacer par la fève de leur pays, appelée en anglais *Soy beans*.

Le *maïs* et le *froment* plaisent beaucoup aux pigeons ; on s'en sert pour les mélanger avec d'autres graines, parce que, à l'état pur, ils engraissent les pigeons sans leur donner du nerf. On choisit de préférence le petit maïs de *cinquantino* et le froment indigène. En dehors des époques de l'élevage et de la mue nous ne donnons que très peu de maïs à nos pigeons.

Le *petit millet rond*, le *dari* ou *grand millet rond* blanc des Indes et le *millet plat* sont des graines farineuses, douces et légèrement excitantes. Elles conviennent aux pigeons qui relèvent d'une maladie et à ceux qui rentrent épuisés d'un voyage ardu.

Le *riz*, le *sarrasin*, l'*avoine*, le *seigle*, l'*orge mondé*, servent aussi au mélange des aliments de fond. Nous devons cependant faire remarquer que l'avoine est très échauffante.

Les graines de *lin* et de *colza* sont légèrement relâchantes. L'emploi de ces graines est indiqué où il convient, dans cet ouvrage.

Le *chènevis* et la *navette* sont des graines très échauffantes et doivent être servies avec modération.

On doit être extrêmement sévère dans le choix des graines et ne les acheter qu'après les avoir examinées attentivement dans les sacs ou dans les tas. Les graines seront toujours de première qualité, fraîches et franches de toute odeur. On s'assure qu'elles sont sèches, lorsque en les mâchant, elles ont un gout farineux et naturel ; en les flairant, elles ne doivent pas sentir le moisi ; au moindre mauvais goût ou à la moindre odeur de moisi, on doit les rejeter impitoyablement. On sait que les *graines moisies, humides et malpropres*, occasionnent aux pigeons *des maladies de toute nature*.

A l'exception de la lentille, après six mois de récolte les graines peuvent être servies comme nourriture aux pigeons. On ne doit pas faire une provision pour plus d'un an : mieux vaut la renouveler à la fin de chaque année par de bonnes graines de la dernière récolte.

Par une belle journée de printemps, on étale au soleil les féveroles, les vesces et les autres graines ; on les étend à quelques centimètres d'épaisseur sur des draps de lit ou des toiles à voiles ; on les remue et on les froisse à la main, puis, on les passe soigneusement par un tamis pour les avoir complètement saines et nettes de poussière. Plus tard, vers la fin de l'été, on renouvelle cette opération ; c'est le vrai moyen d'avoir un manger constamment sec et propre. On doit veiller alors à le conserver sans altération.

A cet effet, on se sert d'un ou de plusieurs *garde-manger,* qu'on fait construire en bois de pitch-pine, à dimensions au gré de l'amateur avec des couvercles à charnières.

On garnit les faces latérales, moins le côté qu'on adosse à la muraille, de toile métallique très serrée, pour que l'air puisse y pénétrer. On les place dans un endroit sec.

La quantité et le genre de nourriture à servir aux pigeons, dépendent de l'époque de l'année, de la température et de certaines circonstances sportives. Nous divisons le mode d'alimentation en quatre catégories.

L'alimentation en hiver.

Pendant l'hiver, alors que les pigeons n'élèvent point, on ne donne aux vieux sujets qu'un *repas par jour*, servi le matin immédiatement après la volée. Nous disons, après *la volée*, parce que cet exercice leur est très salutaire. En effet, au moment de la distribution de la nourriture on voit les pigeons séquestrés, se lever instinctivement, battre des ailes et voler dans le colombier avant d'entamer le repas. Cette observation nouvelle a sa valeur au point de vue de l'hygiène de ces oiseaux.

Le repas dont il s'agit consiste en un mélange de froment, d'orge mondé ou d'autres graines saines pour les *trois quarts* avec des féveroles et des vesces, ou l'une de ces deux graines, pour le *quart restant.*

Trente grammes environ par jour et par tête de pigeon suffisent amplement. Cependant si, pendant les longues nuits d'hiver, le froid est vif, on donne vers le soir comme ration supplémentaire une poignée de féveroles. Par contre, si la température est douce, et qu'on remarque une trop grande vivacité parmi les pigeons ou une vélléité de reproduction, on la réduit au minimum. A cette époque, il suffit de maintenir les pigeons dans un parfait état de santé et de conserver toutes leurs forces.

Il y a lieu de faire exception pour les jeunes pigeons tardifs et pour ceux de l'année qui n'ont fait qu'une mue partielle. Ceux-là doivent être nourris séparément. Il faut que les pigeons de cette catégorie reçoivent, pendant l'hiver, une alimentation saine, tonique et abondante, afin de ne pas arrêter leur développement physique.

Finalement, on ne doit jamais, sous aucun prétexte, *pas plus en hiver qu'à une autre époque de l'année*, servir aux pigeons des aliments avariés ou de médiocre qualité.

L'alimentation pendant l'élevage.

A l'époque de l'élevage, on sert aux pigeons trois repas par jour, le matin, à midi et vers le soir, et l'on observe les indications particulières contenues au chapitre de « *l'élevage* ». Il faut alors, pour leur développement constitutionnel, une nourriture saine, abondante et variée. Des féveroles, de petites vesces ou des lentilles pour le tiers ; du froment et du petit maïs sain pour les deux autres tiers, voilà une nourriture parfaitement indiquée. On peut y ajouter, de temps à autre, une petite quantité de riz, de millet rond ou plat, et même donner aux nourriciers de la mie de pain. Il y a des amateurs qui, pendant l'élevage, se servent d'une mangeoire pour avoir une nourriture permanente à la portée des pigeons.

Les pigeonneaux, se trouvant au colombier de sevrage, doivent avoir au début leur nourriture à demeure. Elle doit être facile à avaler et à digérer, telle que du froment, des vesces et des lentilles ; on y ajoute plus tard d'autres graines, comme on en donne aux vieux sujets.

L'alimentation pendant la saison sportive.

Lorsque le moment des entraînements et des concours est arrivé, on n'a plus tant à soigner l'élevage des pigeons, et alors il est indispensable de donner à nos chers volatiles une nourriture forte et substantielle. L'alimentation de fond doit avoir la priorité, parce que les pigeons dépensent beaucoup de forces dans les fatigues des voyages et notamment dans ceux de long cours. Un mélange de féveroles, de vesces ou de lentilles, pour les deux tiers, et du froment pour le tiers restant doit constituer la nourriture principale. On peut donner de temps à autre, comme condiment ou stimulant, quelques graines de chènevis ou de navette. Trop de graines échauffantes et excitantes provoquent la soif. On fait deux, ou trois distributions par jour et à *heure fixe*. Ce *modus agendi* rend le pigeon plus actif et le dispose mieux au vol.

Il ne faut pas, à l'époque des concours, varier beaucoup la nourriture ou la mélanger avec plusieurs espèces de graines farineuses dont les pigeons sont très friands et qui excitent constamment leur appétit ; ils en mangent avec avidité, deviennent gras, mous, paresseux, et, par suite, incapables de traverser les airs avec toute la rapidité désirable. Comme nous l'avons déjà dit dans nos publications flamandes, les pigeons qui voyagent doivent, comme les chevaux de course, être nerveux, mais ils ne doivent pas être gras. Il leur faut donc une nourriture riche en azote et rationnée au strict nécessaire, car le trop nuit autant que le trop peu. Tout ce qui dépasse la ration ne profite pas à l'oiseau. Pour ce motif, aussi longtemps qu'il reste de la nourriture non consommée au colombier, on n'en distribue pas d'autre. On ne doit cependant pas donner exclusivement des féveroles ; il convient de les mélanger avec du froment ou d'autres graines dans le sens indiqué plus haut. Pendant les fortes chaleurs on doit diminuer la quantité de féveroles, pour éviter des attaques d'apoplexie.

L'alimentation pendant la mue et l'arrière-saison.

On entend par arrière-saison, l'époque de l'année où les concours ont pris fin ; c'est-à-dire, vers le mois de septembre. Les pigeons sont alors en pleine mue et font ordinairement le champ. Il est difficile de déterminer exactement la quantité de nourriture à donner à ce moment, parce que ceux qui vont aux champs, en trouvent parfois à profusion ; il n'en faudrait pas du tout pour ceux-là. Seulement, parmi le nombre, il y en a qui ne vont pas aux champs ou n'y trouvent pas une nourriture suffisante. Pour ces motifs, il est indispensable de servir tous les jours, vers le soir, une quantité de nourriture suffisante pour maintenir les forces des pigeons, mais pas au delà, afin d'empêcher toute velléité de reproduction. On doit à l'époque de la mue, varier la nourriture, car, comme chez l'homme, l'estomac des animaux demande la variation. Une nourriture variée et facile à digérer favorise la mue. Pour ces motifs, supprimez les féveroles en partie et ajoutez-y un mélange de maïs, de lentilles, de froment ou de sarrasin. N'oubliez pas de donner tous les huit jours une bonne poignée de graines de lin. On ne doit pas abuser de cette graine laxative.

Il faut constamment au colombier de l'eau fraîche comme boisson, d'après les instructions données au chapitre de « *l'hygiène* » sous la rubrique « *la boisson* ».

Le champ.

Quoique les pigeons reçoivent au colombier une nourriture variée et abondante, de la verdure, des matières calcaires et du sel, on ne saurait empêcher la plupart

d'entre eux, de se rendre au champ, notamment aux époques de l'élevage et de la mue. Cette tendance irrésistible
s'explique par un besoin naturel qu'éprouvent les pigeons
de chercher au champ les substances de toute nature que
l'amateur ne connaît pas et qu'il ne peut leur procurer
qu'en partie. Nous nous rappelons parfaitement, lorsque
les *préparations chimiques* n'étaient pas employées pour
engraisser les terres, que les pigeons étaient rarement
atteints de maladies. Le champ présente, en outre, des
avantages sportifs et hygiéniques réels et multiples, mais
il offre, par contre, des inconvénients nombreux. Nous
allons examiner ces deux points.

AVANTAGES :

Les pigeons qui font le champ y trouvent les petites
pierres dures nécessaires aux fonctions digestives et, ainsi
que nous l'avons dit, mille autres substances favorables à
leur santé et à leur progéniture. De plus cet exercice
développe le vol ; favorise la mue, rend les pigeons plus
forts, plus résistants que ceux qui ne font que des circon-
volutions en l'air autour de leur demeure. Ces pigeons se
trouvent, en outre, dans des conditions particulièrement
avantageuses pour participer aux voyages de long cours.
Un pigeon peut être engagé pour un voyage lointain et ne
rentrer qu'au bout de quelques jours. Un autre pigeon
peut s'égarer en cours de route. Un troisième est obligé
d'interrompre son voyage par suite d'un épais brouillard,
d'une pluie torrentielle ou d'un fort orage. Si ces pigeons
ont l'habitude d'aller au champ, ils y trouveront de quoi
se nourrir et se désaltérer et regagneront leur logis. On
sait que le pigeon résiste moins longtemps à la soif qu'à
la faim et que l'épuisement par l'absence de matières
liquides se manifeste plus vite que par le défaut d'aliments

solides. Par contre, le pigeon qui ne fait pas le champ, et ne connaît que son gîte pour manger et boire, pressé par le besoin, s'aventurera dans le premier colombier venu pour se sustenter et s'y laissera prendre. Il est un fait indéniable, c'est qu'en certains cas, les pigeons engagés à un concours lointain qui ont l'habitude du champ, ont un avantage notable sur leurs concurrents ailés qui ne le connaissent pas.

INCONVÉNIENTS :

A côté des avantages, il y a malheureusement, comme nous l'avons dit, des inconvénients.

Le pire ennemi des amateurs de pigeons est, dans certaines contrées de la Belgique, *le champ*, notamment dans les provinces flamandes, où les cultivateurs font usage de *nitrate de soude*, de compositions chimiques et toxiques pour engraisser leurs terres. Heureux les colombophiles qui n'habitent pas ces contrées, et qui, par conséquent, n'ont pas à craindre cet ennemi de tous les jours.

Les pigeons sont, on le sait, friands de toute matière qui contient du sel ; ils avalent avec avidité le nitrate de soude qu'ils trouvent aux champs et s'empoisonnent. Lorsque, à leur rentrée au colombier, on s'en aperçoit à temps pour prodiguer les secours indiqués au chapitre des maladies, sous la rubrique « *Empoisonnement aux champs* », on peut les sauver, mais très souvent on arrive trop tard.

Voici un petit conseil qui intéresse surtout ceux des amateurs qui ont à craindre ce genre d'empoisonnement.

Lorsque les pigeons vont aux champs, l'amateur doit inspecter le colombier, au moins deux fois par jour, pour voir si dans le nombre, il n'y en a pas d'empoisonnés. C'est le seul moyen de ne pas arriver trop tard.

Par un temps pluvieux et humide, les graines que les

pigeons ramassent aux champs peuvent provoquer une diarrhée épizootique.

Outre ces graves inconvénients, beaucoup de pigeons tombent aux champs sous le plomb meurtrier des braconniers ; d'autres sont pris dans les filets que leur tendent des personnes malveillantes, ou deviennent la proie des chats ou des oiseaux rapaces.

De jeunes pigeons célibataires font souvent aux champs la connaissance de sujets étrangers ; ils s'apparient avec eux et les suivent à leur colombier. C'est le cas de dire qu'*il n'y a pas de roses sans épines*. Il y a donc lieu de limiter parfois la liberté à donner à nos pigeons pour éviter les inconvénients du champ.

Nous devons faire remarquer cependant qu'il y a deux mois pendant l'été où l'empoisonnement aux champs n'est pas à craindre. C'est à partir du mois de juin jusqu'au premier août ; alors les récoltes sur pied sont en pleine croissance et pas encore coupées.

Les amateurs doivent profiter de cette époque favorable pour accorder à leurs coursiers ailés la plus grande somme de liberté possible [1].

Les pigeons font-ils du tort aux récoltes et aux terres ensemencées ?

Habitant la Flandre Occidentale, une contrée essentiellement agricole, nous avons interrogé, à ce sujet, plusieurs cultivateurs et tous sont unanimes à dire que, si les pigeons ne s'abattent pas sur le champ avant que les graines soient recouvertes de terre, ils n'y font aucun mal : au contraire, ils y font du bien.

Du reste, les cultivateurs tiennent eux-mêmes des pigeons qui vont se pourvoir au champ, ce qui paraît être une

[1] Voir au chapitre de « la mue » la rubrique « *quelques considérations particulières* ».

preuve évidente qu'ils ne font pas du tort aux récoltes ni aux terres ensemencées.

L'homme qui tue le pigeon, cet oiseau inoffensif, sous prétexte qu'il cause des dégâts aux récoltes, use de malveillance et commet une cruauté ; il ne calcule pas le dommage important et souvent irréparable qu'il peut causer au propriétaire ; un bon procréateur ou un vainqueur aux concours vaut très souvent cinq cents francs et au delà. La perte d'un pareil sujet peut encore priver l'amateur de la souche de sa meilleure race pigeonnière.

Le braconnage.

Il n'y a point d'amateur qui n'ait été victime de braconnage. En effet, on trouve souvent au colombier des pigeons rentrant de voyage ou de la campagne mortellement blessés. L'institution de sociétés protectrices des pigeons voyageurs et pour la répression du braconnage, dont la direction du journal « *L'épervier* » de Bruxelles a pris l'initiative, a été bien accueillie par tous les bons amateurs. Ces sociétés se réorganisent actuellement en divers endroits. Les colombophiles, sans exception, se feront un devoir de contribuer à leur maintien. Dans ce but, ils interviendront pécunièrement, afin de pouvoir allouer des primes aux personnes qui abattent les oiseaux de proie, ainsi qu'aux gardes-chasse, aux gardes-forestiers et aux autres agents de la force publique qui constatent des contraventions par des procès-verbaux réguliers.

Le code rural belge.

Le code rural belge du 7 Octobre 1886 ne contient pas en faveur du pigeon voyageur des mesures de protection assez larges. Il ne donne aux colombophiles qu'une satisfaction incomplète. Il ne tient pas un compte suffisant de la valeur de ce pigeon ni des services signalés qu'en mainte circonstance il peut rendre.

Mr Leclair, avocat et colombophile distingué à Anvers, s'est efforcé de faire admettre par le législateur des mesures plus efficaces. Dans ce but il donna des conférences et organisa un pétitionnement général. Malheurcusement les louables tentatives de son zèle ne furent point couronnées de succès.

Espérons que la législature reviendra sur son œuvre et apportera à la loi précitée des modifications de nature à donner entière satisfaction à la grande famille colombophile.

CHAPITRE V.

DES MODES DE SE PROCURER DE BONS PIGEONS.

L ne suffit pas à un colombophile d'avoir des pigeons voyageurs ; l'essentiel c'est de posséder la bonne race. A cet effet il convient de procéder avec réflexion et circonspection.

Pour peupler convenablement un colombier, nous conseillons à l'amateur débutant d'adopter la méthode que nous avons mise en pratique avec succès et que nous exposerons brièvement.

Si c'est possible, il se procurera en *confiance*, chez des amateurs renommés, un beau mâle primé et une superbe femelle classée de variétés différentes. Il accouplera ces deux races types pour réunir les meilleures qualités physiques, intellectuelles et instinctives. Puis, pour combiner d'autres croisements, il tâchera de trouver, en un colombier réputé, à la bonne saison, vers le mois d'avril ou un peu plus tard, quelques jeunes pigeons d'*excellente race.* Ces jeunes pigeons doivent être en âge de pouvoir se nourrir, et pour pouvoir les adduire plus facilement, ils ne doivent pas avoir quitté le toit natal.

Nous soulignons les mots d'*excellente race*, parce que l'expérience démontre que sans la vraie bonne race, les amateurs les plus capables et les plus expérimentés, n'obtiennent pas de bons résultats.

Un autre moyen qu'il faut recommander au jeune amateur, c'est de se procurer un ou deux couples de bons

6

pigeons *reproducteurs* bien connus. Il les trouvera difficilement, car celui qui les possède ne s'en dessaisira pas volontiers ; si cependant, l'amateur débutant a la bonne fortune d'en trouver, il essaiera de les adduire après en avoir obtenu un certain nombre de produits. En temps utile, il croisera ces produits avec les autres races qu'il s'est procurées.

Il suivra à cet égard les préceptes contenus dans les chapitres relatifs à « *l'art de croiser les races* », à « *la consanguinité pigeonnière* », et à « *la sélection* ». Donc pas de demi-mesures. L'amateur doit puiser à la bonne source et savoir s'imposer des sacrifices plutôt que de perdre du temps et de l'argent, pendant plusieurs années sans aucun résultat.

Après les entraînements et par les résultats des concours, il connaîtra les souches qui lui ont donné les meilleurs produits ; il les conservera soigneusement pour peupler son colombier et, s'il y a lieu, pour opérer avec eux de nouvelles combinaisons en vue d'améliorer et de propager la race.

Quoique cette façon de procéder paraisse un peu longue, nous la recommandons cependant tout spécialement. Malheureusement, la patience fait fréquemment défaut aux jeunes amateurs; c'est souvent pour eux un motif d'insuccès. Il faut parfois attendre deux à trois ans avant de posséder quelques pigeons capables de donner de beaux résultats aux concours.

CHAPITRE VI.

LES ACCOUPLEMENTS.

Accoupler, *appareiller*, *apparier*, ces trois termes, synonymes en colombophilie, désignent l'acte de rapprocher, de réunir des pigeons de sexe différent dans un but de procréation, de multiplication (¹).

On peut accoupler très facilement les pigeons voyageurs à toute époque de l'année. Pour cela on les enferme au colombier, autant que possible dans la case qui leur est destinée, et ordinairement, au bout de peu de temps, l'union est conclue. Il y a cependant des pigeons qui ne s'accouplent que chez eux ou avec leur ancien conjoint, l'expérience nous l'a démontré. M. Lagae, d'Ingelmunster, nous prêta naguère un mâle, de grand renom, pour opérer un croisement ; nous procurâmes en vain, à ce mâle, plusieurs femelles, il resta indifférent ; en lui rendant son ancienne compagne, l'union s'établit immédiatement. Pareil entêtement est extrêmement rare.

Quand un amateur reçoit d'un ami un sujet de valeur pour faire un croisement avec un pigeon de son colombier, il est recommandable de suivre le conseil suivant :

Supposons que l'oiseau soit une femelle. Il est absolument nécessaire de l'habituer au compartiment du colom-

---

(¹) L'accouplement de pigeons dans un but sportif réclame beaucoup de soins, d'études et d'observations. (Voir les chapitres de *l'art de croiser les races ; — de la consanguinité pigeonnière* et de « *la sélection* »).

bier avant de l'accoupler avec le mâle qui lui est destiné.
Quelques jours suffisent pour cela.

Si la femelle en question ne se plait pas dans la pièce où
elle est recluse *avant son appariement*, en d'autres termes,
si l'accouplement est forcé, cette circonstance influencer
défavorablement sur la progéniture et le but désiré
pourrait ne pas être atteint.

Dans les accouplements, c'est le mâle qui fait les premières déclarations, par des roucoulements prolongés, en
tournant et trépignant autour de la femelle. Celle-ci, surtout si elle a été accouplée avec un autre mâle, repousse
d'abord l'amoureux à coups de bec et d'ailes et reste parfois un ou deux jours sans répondre aux avances du préten-
dant. A la fin elle cède, et les ailes entr'ouvertes et la queue
traînante, large ouverte, elle va caresser le mâle et le
becqueter. Après ces démonstrations galantes, la femelle,
à demi baissée, reçoit le mâle et l'œuvre fécondante s'accomplit. Cet acte à peine consommé, on voit souvent le
couple se rapprocher de nouveau, pour goûter encore les
jouissances de l'hyménée.

A moins que l'amateur n'en dispose autrement, les pigeons restent généralement unis par les liens conjugaux
durant toute la vie. Nous disons *généralement*, parce que
nous avons vu plus d'une fois un mâle quitter volontaire-
ment sa femelle pour préférer une autre compagne et,
réciproquement, une femelle s'attacher à un autre mâle
et quitter définitivement le domicile conjugal. La *mono-
gamie* n'est donc point une règle fixe parmi les pigeons
voyageurs. Ceux qui prétendent le contraire versent dans
l'erreur.

Mœurs des pigeons voyageurs.

Les anciens poètes considéraient la *tourterelle* en particulier, et les *pigeons* en général, comme l'emblème de la

douceur et de la fidélité conjugale. De nos jours les personnes non initiées aux mœurs des pigeons, leur prêtent encore, à tort, cette constance. L'amateur, qui observe, constate souvent que les pigeons voyageurs ne sont pas si fidèles et n'ont pas les mœurs si douces qu'on le croit ; il remarque au contraire, qu'ils sont batailleurs et que, le mâle notamment, se permettra des infidélités au vu et au su de sa compagne. Les écarts conjugaux existent aussi chez la femelle, mais ils sont plus rares et n'ont lieu le plus souvent, que quand le mâle est en voyage ou qu'il fait une absence plus ou moins prolongée.

Femelle qui perd son mâle.

Il arrive qu'une femelle, ayant des œufs ou des jeunes, devient tout-à-coup veuve, parce que le mâle ne rentre plus de voyage ou qu'il lui est arrivé un accident. Dans ce cas, on aura de la peine à appareiller de nouveau la malheureuse délaissée. Avant de lui donner un autre compagnon, on devra la séquestrer pendant quelques jours pour qu'elle oublie son deuil, ou bien attendre jusqu'à ce que les jeunes soient âgés de quinze à vingt jours. Si le mâle qu'on lui destine a aussi été uni à une femelle du même colombier, on agira sagement en éloignant cette dernière pendant deux ou trois semaines, et en ne l'y remettant que lorsqu'elle aura un autre conjoint ; sans cette précaution, elle retournerait à son premier compagnon et livrerait un combat acharné à la femelle qui occupe son ancien nid.

Accouplements libres et changement de couples.

Si des accouplements se font librement au colombier, à l'insu de l'amateur, il faut immédiatement procurer au couple une case et un nid, pour éviter que la femelle ne s'épuise par des pontes successives sur le parquet ou dans un coin quelconque.

S'il est nécessaire de fournir une nouvelle demeure à quelques pigeons, ou de changer les couples, on le fera, autant que possible, à la fin des concours. On choisit de préférence cette époque de l'année, pour éviter, lors de la réunion des sexes, en février ou en mars, des querelles et des rivalités de toute nature.

CHAPITRE VII.

L'ART DE CROISER LES RACES.

Définition.

ROISER une race ou une variété est, en langage colombophile, accoupler un pigeon avec un sujet de race différente ou d'un autre milieu, dans le but d'améliorer la race sous le rapport physique, sanitaire et sportif. On pourra ainsi corriger dans les produits des défauts physiques et moraux, modifier ou équilibrer les formes, et transmettre, par voie d'hérédité, les qualités sportives qu'on désire voir prédominer.

Le produit d'un croisement de pigeons s'appelle un *croisé*, une *sous-race* ou une *sous-variété*. On appelle le produit des pigeons, déjà croisés de *race différente*, un *métis*; et le produit de *deux espèces différentes*, un *hybride*.

Résultats des croisements.

Il est établi par la partie historique :

Qu'avec les pigeons anversois qui s'égarèrent à Gand et qui y furent capturés, croisés avec les courts-becs de Mr C. De Bast de cette ville, on obtint de magnifiques pigeons voyageurs.

Que M^r De Bast précité n'obtint aucun résultat aux concours avec les courts-becs ou smerles liégeois, de race pure, tandis qu'avec les *croisés* il gagna tous les premiers prix.

Que les meilleurs pigeons de Gand sont issus de *croise-ments* opérés avec le smerle blanc de Mr Seghers et des pigeons de race aversoise (p. 13).

Que les meilleurs résultats sportifs obtenus par Mr Van-derlinden de Gand furent dûs aux croisements de ses pigeons, de race flamande, avec les verviétois de race pure de M. M. Voos et De Trooz.

En un mot que les anversois, en *croisant* les pigeons de leur culture avec la race liégeoise-verviétoise, obtinrent toujours les meilleurs résultats et vice-versa, que les amateurs les plus renommés de Liége, Verviers, Dison et d'autres endroits du pays wallon, en opérant des *croisements* de leurs pigeons avec ceux de la race flamande, eurent aussi toujours de bons résultats à enrégistrer.

Que plus tard les amateurs de Belgique ont dû combiner des *croisements* nombreux pour obtenir une race pigeonnière idéale et que toujours leurs meilleurs sujets sont issus des pigeons du pays de Liége *croisés* avec les pigeons du pays flamand.

Un jour, en visitant le colombier célèbre de Mr O. Groo-ters à Bruxelles, cet amateur d'élite nous déclara que le sang liégeois et verviétois dominait parmi ses hôtes. Son *Narbonne* était un verviétois presque pur sang.

Il en était de même chez Mr Leclair, l'amateur renommé de Ninove.

Notre ami Mr G. Gits d'Anvers, qui depuis plus de trente-huit ans, par ses beaux succès, se tient à la tête de la colombophilie belge, a eu un pigeon appelé en flamand « *Den Donkeren* » (le foncé) dont nous donnons la photo-graphie ci-après. Ce pigeon, qui a remporté un si grand nombre de prix, et qui a laissé une si brillante descendance était de l'aveu même du propriétaire un *croisé anversois-verviétois*.

Den Donkeren (Le foncé).

La race pigeonnière de Mr Van Praet de Machelen, jadis si renommée, provenait d'un mâle rouge verviétois capturé chez lui, *croisé* avec une femelle de race anversoise.

Nous avons possédé le mâle en notre colombier, pour en élever; c'était un vigoureux smerle *(snol)* à bec court et large. Il existe encore un courant de sang de cette race parmi nos pigeons à robe rouge.

Mr Van Praet possédait également une femelle bleue biset, appelée en flamand « *Velle* », dont il a obtenu, par le *croisement*, d'excellents produits.

La race Lagae d'Ingelmunster, si distinguée, a été obtenue par deux mâles courts-becs liégeois appelés « *Buyse* » et « *l'Ours* », ce dernier en flamand « *den Beer* », *croisés* avec des pigeons de la race anversoise et d'une petite femelle jabotée également à bec court.

Les *Buyse* et les *Ours* ont contribué à former, par le *croisement*, notre race pigeonnière actuelle.

Nous reçumes, vers 1876, de notre collègue Mr Nizet, secrétaire communal à Chaudfontaine, six pigeons courts-becs, dont trois jabotés en échange de six autres de notre colombier. Nous avons obtenu, d'un mâle noir de cette race *croisée* avec une de nos femelles, d'excellents pigeons voyageurs.

Nous pourrions citer mille autres exemples de ce genre.

Il résulte donc, à toute évidence, de ce qui précède, que les *croisements* ont joué un rôle prépondérant dans la création du pigeon voyageur belge ; que c'est par les croisements et les sélections successifs, qu'on est parvenu à améliorer et à perfectionner cet oiseau d'élite.

La zône d'habitat peut elle exercer une influence sportive défavorable sur les pigeons voyageurs ?

Il y a des amateurs qui soutiennent que les pigeons voyageurs liégeois, quoiqu'on les trouve croisés partout, *ne sont bons* que dans *la contrée qu'ils habitent.*

Si cette allégation était fondée, le pigeon voyageur *anversois,* de son côté, ne pourrait être bon que dans les *contrées flamandes ;* cependant, il est avéré que la race *anversoise* réussit très bien dans le pays wallon.

Si, comme on le prétend, *l'aire géographique* exerçait une influence sportive défavorable sur le pigeon *liégeois* qu'on adduit ou qu'on élève dans la contrée flamande, la même influence devrait se faire sentir aussi chez le pigeon *anversois* qu'on introduit dans le pays de Liége. C'est clair comme le jour.

Les pigeons voyageurs belges qui habitent la Hollande, la France, l'Allemagne, l'Angleterre, l'Italie, la Russie et d'autres pays de l'Europe, ne s'en ressentent pas.

Comment voulez-vous que nos pigeons s'en ressentent, eux qui habitent un pays si peu étendu et où la différence atmosphérique et climatérique est si peu sensible ?

Dans les Flandres, il y a beaucoup d'amateurs, et nous sommes de ce nombre, qui réussissent on ne peut mieux sous le rapport sportif par le croisement de nos pigeons avec ceux du pays de Liége. Si d'autres amateurs n'ont pas le même succès, ce n'est assurément pas aux influences régionales ou au changement du climat qu'il faut l'attribuer, mais particulièrement au peu de succès de leurs combinaisons sportives.

Le croisement des races au point de vue physique et sportif.

Croiser une race par fantaisie n'est pas un art ; c'est à la portée du premier venu, mais croiser judicieusement les races et faire des combinaisons sportives, constitue *un véritable art* que peu d'amateurs possèdent à fond.

Pour opérer judicieusement un croisement nouveau, il faut au préalable s'être renseigné sur l'origine des pigeons qu'on veut unir, connaître les mérites déployés par leurs ascendants au point de vue du sport et ne pas se contenter d'informations douteuses. Pour les sujets eux-mêmes qu'on veut utiliser, il importe de s'enquérir de leurs qualités physiques, morales, de leur santé, des défauts de caractère ou sportifs qu'ils peuvent avoir et qui sont transmissibles par la génération : tels sont les dispositions farouches et capricieuses, l'habitude de pousser des cris de frayeur, de faire le toit ou de rentrer mal au retour des voyages. Les qualités générales ou spéciales qu'on a le désir de voir marquer la variété nouvelle à créer, doivent également fixer l'attention dans cet examen. On voit donc que pour mener à bonne fin un croisement projeté il faut faire preuve d'une adresse avisée dans l'annotation et la combinaison d'un grand nombre d'éléments.

Le choix des procréateurs.

Prenez comme procréateurs des pigeons sains, vigou-

reux, exempts de maladies congénitales et des défauts
cités ci-dessus. Donnez toujours la préférence à ceux qui
possèdent une grande renommée sportive. Faites vos accouplements ou croisements avec des sujets âgés de deux
à cinq ans. Les jeunes que vous obtiendrez dans ces conditions seront généralement bien constitués et solides, ils
auront le sternum et le système osseux très développé.

S'il faut croiser des pigeons de certain âge, procédez
comme suit : Supposons une *bonne* femelle âgée de six à dix
ans, sa fécondité et ses forces physiques ont diminué (on
sait que la femelle perd les facultés procréatives plus tôt
que le mâle), dans ce cas trouvez-lui un mâle de la *meilleure
race,* sain et solide, âgé d'un à trois ans révolus. Procédez
de la même manière à l'égard des mâles. En croisant toujours les meilleurs sujets entre eux, les plus jeunes avec les
plus vieux, on obtiendra sûrement d'excellents résultats.

Si l'on tient particulièrement à la reproduction *d'un type,*
on procède par voie de consanguinité avec des pigeons
sains et vigoureux.

La valeur des bons reproducteurs.

Si un amateur possède un ou plusieurs couples de bons
reproducteurs, il doit les conserver uniquement pour peupler son colombier, c'est sa force, sa fortune. Si le temps
est favorable, il peut soumettre annuellement ces pigeons,
pendant l'été, à quelques voyages de faibles distances :
ces exercices sont très utiles à leur santé et au développement des qualités sportives. Pareils reproducteurs ont
souvent une valeur très importante.

Quand de bons procréateurs, de même race, sont appariés depuis deux ou trois ans, il est recommandable de
changer les couples pendant une saison, car, sans cette
mesure, les produits deviennent plus petits et tendent à
s'affaiblir. Cette observation vient à l'appui de notre thèse

concernant les effets produits par *l'influence du milieu*
dont nous parlerons plus loin.

Défauts moraux et sportifs susceptibles de modification par l'action des croisements.

Lorsqu'un pigeon de vitesse, qu'on doit accoupler, est
farouche, craintif ou rentre mal au retour des voyages,
le moyen de corriger ce défaut dans la progéniture est
de croiser ce pigeon avec un sujet d'une variété étrangère,
familier et rentrant vite. On doit savoir, nous le répétons,
que ces défauts peuvent se transmettre par la génération
tout autant que les qualités morales et sportives.

Précautions indispensables.

Lorsqu'on veut croiser un couple de pigeons de grande
valeur, on les isolera dans un compartiment spécial. Les
pigeons se jalousent et l'on sait ce qui arrive quand un
mâle couvre sa femelle en compagnie d'autres pigeons :
ceux-ci s'élancent vers lui, durant l'accouplement et en
empêchent la consommation. Par l'isolement des producteurs, cet inconvénient disparaît et l'on évite la ponte
d'œufs non-fécondés, ainsi que l'abâtardissement de la
race.

La beauté, les formes élégantes et bien équilibrées,
procurent à l'amateur le p'aisir de posséder de beaux sujets et des types réunissant toutes les aptitudes pour les
voyages. On visera donc à obtenir, par les croisements, ce
double résultat. L'amateur aboutira assurément, s'il possède les éléments nécessaires et si, en faisant une sélection
artificielle bien coordonnée, il a la patience d'agir progressivement et avec discernement.

Opérer des croisements dans les conditions sus-indiquées,
c'est toujours améliorer les

qualités physiques

pour la raison que les produits sont, en général, plus *vigoureux*, plus *beaux* et plus *sains* que leurs auteurs.

L'amateur doit croiser et chercher jusqu'à ce qu'il possède des reproducteurs d'élite avec lesquels il puisse élever des sujets capables de se distinguer aux concours. Lorsque ce résultat est obtenu, il doit viser à multiplier sa race et adopter pour cela la méthode la plus certaine : il tâchera de conserver et de propager cette race par des combinaisons consanguines et sportives que nous ferons connaître au chapitre suivant. Pour être plus clair, disons qu'un amateur qui a la bonne fortune de posséder des *reproducteurs parfaits*, ne doit pas les croiser avec des éléments inconnus, car les croisements inconsidérés et trop fréquents, sont nuisibles au point de vue *sportif* et peuvent empêcher les succès des meilleurs amateurs. Il doit donc élever de cette race d'élite et la conserver aussi pure que possible et aussi longtemps que l'inévitable loi de

l'influence du milieu (¹)

ne se fait pas sentir dans la colonie ailée, ou que les degrés de parenté ne se sont pas trop rapprochés entre eux.

L'amateur s'aperçoit de cet état de choses quand il se

(¹) Comme nous l'avons dit dans nos ouvrages flamands, nous entendons par *influence du milieu* les effets produits par les *causes morales* suivantes : L'amateur qui élève uniquement et continuellement avec les pigeons du *même milieu*, c'est-à-dire du *même colombier*, quoique de *races différentes*, verra un jour la santé de ses oiseaux minée profondément. Les descendants deviendront faibles, il se produira une diminution dans la taille et une modification défavorable dans leur plumage.

Malgré les meilleurs soins d'entretien, la plus stricte observance des lois hygiéniques et la sélection la plus sévère, les mêmes effets funestes se manifesteront indubitablement après un certain nombre d'années, par *l'influence d'une similitude de vie*. Les pigeons qui vivent sous le même toit, sont soumis au même régime alimentaire, à la même direction et aux mêmes habitudes en général.

produit une dégénérescence parmi les hôtes du colombier ; alors ces sujets manquent de vigueur, de vivacité et de gaieté Les produits deviennent petits et chétifs. C'est le moment de remédier à cet état de choses.

Moyens de remédier aux effets morbides causés par une influence débilitante.

Lorsqu'il est ainsi devenu nécessaire de remédier aux conséquences morbides de la consanguinité ou de l'influence du milieu, et qu'il faut introduire au colombier un élément nouveau afin de s'assurer pour l'avenir des produits parfaits sous tous les rapports, l'attention du colombophile doit se fixer sur le choix de sujets jeunes, sains et vigoureux, pris dans un autre milieu et doués autant que possible des mêmes caractères et qualités qui distinguent ceux des reproducteurs avec lesquels il veut les croiser. Les croisements doivent donc être combinés de façon à ne pas s'écarter des types de la race souche.

Règles générales applicables aux croisements.

Au sujet des croisements et de l'équilibration des *qualités physiques* des pigeons voyageurs, il faut, en règle générale, que le mâle retrouve dans la femelle ce qui lui fait défaut par rapport à la conformation, les forces et la richesse du plumage et, réciproquement, que la femelle se complète par le mâle en ce qui lui manque. C'est le vrai moyen d'obtenir des produits parfaits et irréprochables.

Une femelle de *grande vitesse*, rentrant toujours première quand le temps est favorable, peut être unie à un mâle de fond qui ne se distingue que lorsqu'il voyage par un vent contraire. Pareil croisement, cela se comprend, peut équilibrer les qualités morales et aussi les facultés de locomotion.

Beaucoup d'amateurs ne tiennent pas assez compte des

qualités morales et sportives

des pigeons voyageurs. Cette question primordiale ne leur
paraît que secondaire. C'est une erreur ; en effet, le plus
beau pigeon du monde peut parfois n'être qu'un piètre
voyageur par défaut de qualités instinctives et intellectuelles. Il faut la réunion des qualités physiques et morales
pour avoir un sujet de sport d'élite.

Lorsqu'un amateur doit opérer un croisement, il s'attachera à trouver, autant que possible des reproducteurs
dans les conditions indiquées sous la rubrique « *Le choix des
procréateurs* ».

Nous sommes entièrement convaincu de cette nécessité,
parce que les entraînements et la participation aux concours développent chez les coursiers ailés l'esprit *de retour
et l'attachement au colombier*. Ces qualités sportives peuvent,
du reste, se transmettre par la génération.

Lorsque, par exemple, nous possédons *deux frères* de
race d'élite, bien conformés, dont l'un des deux seul s'est
distingué aux concours, nous préférons élever uniquement
de celui-là. En agissant comme nous venons de le dire, on
a dix chances contre une d'obtenir des produits ayant
hérité des qualités sportives dominantes des parents. Et
si sous ce rapport, les jeunes qui en proviennent directement ne répondaient pas à l'attente de l'amateur, le plus
souvent il réussira à merveille avec les *sous-races*. Les
amateurs expérimentés savent aussi que tous les produits,
quoique originaires de la meilleure race, ne sont pas toujours de bons voyageurs. On remarque souvent que des
pigeons de tel plumage posséderont les qualités sportives
de leurs parents, tandis que ceux d'un autre plumage ou
ayant la coloration de l'iris des yeux différente, n'en
auront rien hérité.

Il arrive aussi que des pigeons de *bonne race*, n'ayant aucune aptitude pour les voyages, produisent d'excellents

sujets qui remportent constamment de brillants succès aux concours. Toutes ces exceptions aux lois d'hérédité proviennent de l'atavisme.

Atavisme et hérédité (¹).

Il est reconnu en effet qu'il existe une tendance chez les descendants des animaux à ressembler à leurs aïeux, ou, comme le dit plus clairement M. Rodenbach, « une disposition héréditaire d'après laquelle un pigeon ressemble à un de ses aïeux, soit dans sa forme, sa couleur ou ses aptitudes, soit même dans sa diathèse. Elle agit en traversant occultement une, deux ou trois générations pour reparaître à la génération suivante ou subséquente ». (*Consanguinité* p. 48).

Pour mieux comprendre la signification des effets de l'atavisme qu'on observe si souvent chez les pigeons, nous citerons quelques exemples.

Effets de l'atavisme.

A. La couleur des yeux.

On sait que les pigeons voyageurs anversois de race primitive, avaient généralement les yeux à iris blanc autour de la pupille et le restant légèrement sablé de rouge ; que la race primitive liégeoise se caractérisait par l'iris jaune vif, rouge ou brun, avec la pupille entourée d'une petite lisière de couleur plus pâle (²).

Aujourd'hui on trouve encore les couleurs précitées se maintenant dans l'iris des bons pigeons. Il importe donc d'en tenir note.

Une observation vigilante nous permet de dire que les croisements successifs des races anversoises et liégeoises ont produit, dans l'iris jaune ou rouge vif de certaines races, un filet mince blanchâtre autour de la pupille, ce qui,

---

(¹) *Atavisme* et *hérédité* ne sont pas absolument synonymes, mais comme les explications à fournir sur leurs diverses influences présentent une grande analogie, nous les avons données sous une seule et même rubrique.

(²) Voir le chapitre « *Sélection pigeonnière* ».

à notre avis, provient d'une transmission congénitale de l'iris blanc du pigeon anversois primitif.

Cette particularité dénote chez les pigeons de bonnes qualités sportives et notamment celle de *vitesse* (¹).

Nos meilleurs pigeons de sport ont l'iris des yeux dans les diverses nuances relatées ci-dessus.

Un pigeon voyageur atteint de morve à l'état chronique peut, par suite de cette maladie, perdre la couleur naturelle de l'iris et, de jaune ou de rouge vif, devenir *pâle*. Quand le sujet n'est pas guéri radicalement, ordinairement la faiblesse visuelle lui restera et il sera incapable de participer aux concours avec succès.

Hormis ce cas exceptionnel, on doit considérer la couleur des yeux comme un signe originaire de race, résultant des effets de l'atavisme.

Nous possédons un couple d'excellents pigeons, ayant les yeux à iris jaune vif. Le père de la femelle, grand vainqueur, a des yeux blancs sablés de rouge. Tous les produits ayant les yeux blancs de *l'aïeul*, se distinguent aux concours, tandis que ceux avec l'iris jaune de leurs parents n'ont presque aucune valeur sportive.

B. *La couleur du plumage.*

Nous avons observé chez nos pigeons les cas suivants :

1º Les produits d'un mâle roux-écaillé, marié à une femelle bleu-écaillé, ayant le plumage *roux-écaillé* de leur père, furent tous de bons voyageurs, tandis que ceux d'un autre plumage n'eurent qu'une valeur médiocre.

2. Un couple de reproducteurs dont le mâle, bleu-uni issu d'un père de même plumage de race d'élite, uni à une femelle bleu-écaillé, produisit presque toujours des jeunes bleu-écaillé sans la moindre valeur pour les voyages ; mais quand nous eûmes la bonne fortune d'obtenir des

---

(¹) Le « *Donkeren* » de Mr Gits, vainqueur aux longs cours, avait les yeux blancs sablés de rouge. (Voir la photographie à la page 89).

jeunes ayant la robe *bleu-unie* de *leur père* ou *aïeul*, ils remportèrent toujours les plus beaux résultats aux concours.

Nous pourrions citer par centaines des cas analogues. Il résulte de ce qui précède, qu'on peut très souvent reconnaître à la robe des pigeons et aux nuances de leurs yeux la valeur de la progéniture.

Les amateurs sont parfois étonnés d'obtenir des produits *jabotés* ou *pattus*, alors que les parents ne possèdent pas ces caractères ; ce sont là encore des effets de l'atavisme ; c'est qu'un aïeul ou un bisaïeul furent, ou bien jabotés ou bien pattus.

La puissance héréditaire. — Observations personnelles.

On voit parfois chez les pigeons, comme dans l'espèce humaine, que l'hérédité psychologique est sexuellement croisée, cela veut dire que la progéniture mâle ressemble à la mère et la descendance femelle au père.

Lorsque durant l'élevage l'amateur voit se produire ce phénomène, c'est que réciproquement le mâle et la femelle possèdent une égale puissance de transmettre leur individualité à la progéniture, c'est-à-dire, la reproduction de leurs caractères et de leurs qualités. Généralement cette puissance héréditaire est un signe de race supérieure. Le propriétaire de pareils reproducteurs doit les tenir en grande estime.

Ces cas ne se présentent que très rarement et pour ce motif il ne peut être question, dans l'espèce, d'une *règle fixe.*

Voici un exemple : Nous possédons un mâle à robe fauve légèrement nébulée, provenant d'un père d'une haute origine et de même plumage. Ce mâle, appelé le « *Duister* », dont nous donnons la photographie ci-après, ayant à son actif un brillant palmarès, fut accouplé à une femelle bleue également de race d'élite. Nous obtînmes de ce couple une couvée de deux pigeonneaux sexuellement croisés : un mâle ayant la robe bleue de sa mère et une femelle à plumage fauve comme son père.

De la femelle fauve en question, accouplée avec un mâle renommé de notre colombier et d'une autre variété, appelé « le plomb » ([1]), sont issus, deux années de suite, un couple de pigeonneaux sexuellement croisés; les mâles ont la robe fauve de leur mère, de leur aïeul et bisaïeul et les femelles la robe bleue de leur père (plomb).

Ce sont ces deux mâles fauves qui ont remporté en 1904, l'un le 9e et l'autre le 68e prix au concours national de Dax.

Le « Duister ».

Tous les produits, a peu d'exceptions près, obtenus en ligne ascendante et ancestrale des reproducteurs en question, possèdent les mêmes caractères essentiels de leurs

([1]) Voir la photographie à la page 36.

aïeux et se distinguent généralement aux concours de moyenne et de longue portée.

D'après Mr Chapuis, on n'est pas d'accord sur le point de savoir quelle est la part du mâle dans la génération et quelle est celle de la femelle. D'après cet auteur, la question n'est pas résolue et ne peut l'être d'une manière absolue : « trop de circonstances de tempéramment, de constitution, d'âge, de puissance, trop de dispositions accidentelles, de vigueur, de maladie, d'irritabilité nerveuse, influent dans la génération sur le produit futur, pour qu'il soit possible d'établir une *règle générale*. (Pigeon voyageur belge, page 51).

Encore quelques observations personnelles.

On remarque généralement que les reproducteurs de complexion faible ne transmettent que très rarement leur sexe à la progéniture. Lorsque donc l'amateur n'obtient ordinairement, de chaque couvée, que des femelles, cela tient le plus souvent à la constitution chétive du mâle. Les producteurs débiles sont généralement très prolifiques ou d'une grande ardeur sexuelle.

Nous remarquons souvent, que dans la génération les produits *n'héritent pas régulièrement des qualités physiques et morales des parents*. Un mâle de mérite transmet avec telle femelle ses qualités physiques, intellectuelles et instinctives à la progéniture, tandis qu'avec telle autre les produits n'en héritent guère. La même chose arrive dans les unions avec une femelle de race supérieure, et cela s'explique : outre les considérations émises ci-dessus, le pigeon voyageur étant un produit de *diverses races*, il y a lieu de tenir compte des effets de l'atavisme et d'autres circonstances dont Dieu seul possède le secret.

Ainsi que nous l'avons dit dans notre précédent ouvrage « *La colombophilie moderne* », nul ne peut savoir d'avance si un pigeon voyageur de la meilleure race sera *un bon* ou *un mauvais reproducteur ;* si en accouplant un mâle avec telle ou telle autre bonne femelle, ses caractères propres, sa conformation, la couleur de sa robe, vont se fixer dans la descendance et si celle-ci héritera de ses qualités sportives ; c'est seulement *par l'expérience,* après l'élevage, qu'on peut connaître ces particularités en jugeant de *l'état physique* et de la *valeur sportive* de la progéniture.

Comme on le voit les mystères de la génération s'enveloppent toujours pour l'homme d'un voile presque impénétrable, à travers lequel cependant une observation réfléchie et patiente finit par surprendre quelques secrets. C'est notre longue étude des pigeons qui nous a dicté les règles tracées dans le présent chapitre et dans les chapitres qui suivent. L'amateur qui s'attachera à les suivre y trouvera, nous osons l'espérer, plaisir et profit.

CHAPITRE VIII.

LA CONSANGUINITÉ PIGEONNIÈRE.

A consanguinité, ou l'union entre parents, est en colombiculture une question à la fois très importante et très controversée. Voici comment, d'après nous, elle doit être posée :

Faut-il pour obtenir des résultats sportifs, les meilleurs possible, favoriser les accouplements entre parents et à quels degrés de parenté peut-on permettre ces accouplements ?

L'auteur d'un récent ouvrage fait l'apologie de la pratique *consanguine exclusive*. Il estime que c'est la seule méthode qui puisse conduire à un succès durable.

A l'appui de sa thèse, il expose des théories nombreuses et fournit des comparaisons aussi variées qu'étendues. Naturellement ces comparaisons sont toutes favorables à son système, mais un grand nombre d'entre elles ne concernent en rien les pigeons voyageurs.

Les plus belles théories du monde, les comparaisons les plus érudites valent-elles pour l'amateur colombophile des résultats pratiques, constants, certains ? Les phrases valent-elles des faits ?

Un autre auteur, que nous citerons plus loin, recommande la pratique consanguine à peu près dans le même sens.

Nous ne sommes pas d'accord avec ces auteurs. Nous croyons qu'en matière de colombophilie, la vraie science, la seule bonne, est celle qui provient d'une expérience réfléchie. C'est en nous basant sur cette expérience déjà longue et sur les résultats pratiques obtenus dans notre élevage de pigeons, que nous allons exprimer notre opinion au sujet des alliances consanguines.

Nous le ferons le plus clairement possible sans vouloir imposer nos idées à personne. Le lecteur comparera entre eux nos arguments et ceux de nos adversaires. Son jugement dictera ses préférences et déterminera sa conduite.

Après ces préliminaires indispensables nous abordons notre sujet.

Mʳ Laperre-Deroo, dans son ouvrage sur la consanguinité, pose en principe que non seulement les alliances consanguines ne sont pas nuisibles, mais qu'elles améliorent progressivement les races, même quand il s'agit d'accouplements *successifs* entre ascendants et descendants, c'est-à-dire, entre *père* et *fille, mère* et *fils.* C'est donc adopter la pratique consanguine à tous les degrés et à l'infini.

Nous réprouvons ce système pour les motifs expliqués ci-après.

Mʳ Rodenbach, adversaire en principe de la pratique consanguine, a publié, en 1893, un ouvrage par lequel il a réfuté péremptoirement et de main de maître, le système soutenu par Mʳ Laperre-Deroo.

L'opinion émise par Mʳ Rodenbach, a été partagée par plusieurs écrivains et colombophiles distingués.

En ce qui nous concerne, nous n'avons jamais changé d'opinion au sujet des unions consanguines. Nos principes émis successivement dans notre premier ouvrage flamand « *De Reisduif* », paru en 1878, et dans nos livres subséquents, sont restés debout. Dès le début de notre carrière colombophile qui date de 1869, nous avons admis pour le fond de notre élevage, la pratique consanguine limitée, au point, qu'après plusieurs générations les produits obtenus par une sélection consciente, appartenant à une *race-souche d'élite,* sont, pour ainsi dire, tous apparentés entre eux, dans la limite d'un quart, d'un huitième, d'un seizième et parfois d'un trente-deuxième du même sang ([1]).

Cependant, lorsque, par exemple, nous obtenons un couple de pigeons de grande valeur, fut-il père et fille, ou mère et fils, que nous tenons à propager, ou lorsqu'il s'agit de conserver une variété dont, par suite d'accidents ou de pertes, il ne nous reste plus que deux ou trois sujets, et qu'ainsi cette race menace de s'éteindre, nous n'hésitons pas un instant à faire, en pareille occurence, des accouplements aux plus proches degrés, sauf à croiser les produits obtenus avec des sujets bien connus d'une variété complètement étrangère et de faire ensuite des combinaisons sportives ([2]).

Les *unions variées* ou le croisement des races font également partie de l'ensemble de nos combinaisons en matière d'élevage ; nous dirons pourquoi nous aimons à recourir à ce *modus procedendi.*

Notre pratique consanguine limitée a été indiquée, sans développement, à la page 90 de la seconde édition de notre ouvrage « *La colombophilie moderne* » ; nous l'expliquons plus loin sous la rubrique « *La consanguinité limitée et ses avantages sportifs* ».

Les écrivains colombophiles ne doivent pas tous professer les mêmes opinions sur des questions qui prêtent à controverse.

Nous respectons toutes les théories qui ne sont pas dangereuses dans leur application ou en opposition avec la saine pratique.

La théorie exposée par Mr Laperre-Deroo dépasse les

([1]) Nous donnons, à titre d'indication, les degrés de parenté de cette manière, afin d'être mieux compris des lecteurs en général.

([2]) Voyez la rubrique « *Combinaisons consanguines et sportives pour la propagation et la conservation d'une race pigeonnière d'élite* ».

limites de la saine pratique. Pour ce motif, nous considérons comme un devoir de la combattre dans l'intérêt de la
science colombophile.

Nous n'admettrons jamais en thèse qu'il faille recourir
au système préconisé par Mr Laperre-Deroo pour améliorer progressivement les races.

Nous appuyant sur *nos expériences personnelles,* et sur les
résultats défavorables obtenus par la pratique consanguine prolongée chez un grand nombre d'amateurs de
notre voisinage, nous avons, au contraire, la conviction
profonde, que la *consanguinité continuée* entre *ascendants* et
descendants, conduit à la détérioration de la race pigeonnière, parce qu'elle affaiblit le sang et la constitution de la
progéniture, la rend petite, capricieuse et fait naître des
vices moraux.

Notre ami M. G. Gits d'Anvers a écrit, depuis 1866,
dans le journal *L'épervier* et en ces dernières années dans
le « *Moniteur colombophile* » de Bruxelles, dont il est le
collaborateur, plusieurs articles très intéressants concernant la consanguinité pigeonnière. L'opinion de M. Gits,
au sujet des unions consanguines, s'accorde à peu près
complètement avec la nôtre.

Voici maintenant, à titre complémentaire,

l'opinion de Darwin.

Mr Darwin, Charles-Robert, naturaliste et physiologiste
anglais, né à *Shrewsbury* en 1809, mort en 1882, dans son
ouvrage intitulé « *L'origine des espèces par voie de sélection
naturelle* », partage l'opinion générale des éleveurs, à savoir, « que le *croisement communique de la vigueur à la
descendance* et favorise la fertilité ». Il ajoute : « la reproduction consanguine, à *un degré trop rapproché,* diminue la
vigueur et la fécondité ».

Considérations générales sur la pratique consanguine.

L'opinion du juriste *Portalis* et les allusions faites aux médecins, qui avaient émis leurs avis au sujet de la *nocivité* des mariages consanguins appliqués à l'espèce humaine, ainsi que les résultats de nos expériences personnelles, ont été publiés dans la seconde édition de notre ouvrage *La colombophilie moderne,* pour faire ressortir, par voie de comparaison, le danger réel que présente dans son application le système absolu de Mr Laperre-Deroo.

Nous l'avons fait aussi, parce que, en fait de science colombophile, il ne suffit pas de faire l'apologie exclusive d'un système d'élevage proprement dit, et de faire voir le beau côté de la médaille, il faut aussi en montrer le revers.

Nous l'avons fait pour répondre à un but d'intérêt général. Dans cet ordre d'idées, notre étude démontre les avantages sportifs qu'on peut obtenir par la pratique consanguine, *telle que nous la préconisons,* ainsi que les effets néfastes qu'en certaines circonstances elle peut faire naître.

Nous indiquons aussi les moyens d'y remédier.

Le lecteur peut, de cette façon, s'instruire à fond et se former une conviction sérieuse.

Cette explication nous ramène à la suite de notre étude.

La pratique consanguine *illimitée* ou *malsaine* ne produit pas toujours de la même façon, ni en même temps, ses conséquences fâcheuses dans les produits ainsi obtenus.

Telle couvée d'un couple consanguin échappera à l'action de la consanguinité, telle autre en ressentira les effets délétères. Et tantôt ce sera le caractère des produits qui en souffrira, tantôt leur santé, leur conformation physique et toujours en proportion des conditions hygiéniques favorables ou défavorables du milieu où ils se trouvent.

On découvre dans toutes ces exceptions les effets curieux de l'atavisme. (Voir pages 97 et suivantes).

Par la sélection consanguine on peut obtenir de bons pigeons de concours comme on en obtient par les unions variées. Les deux méthodes peuvent donner réciproquement de bons et de mauvais résultats, parce que, en vertu des lois de l'atavisme et de l'hérédité, la transmission des caractères et des qualités sportives n'est jamais certaine.

Il existe chez les éleveurs une présomption en faveur de la pratique consanguine. Ils espèrent obtenir, par ce moyen, *une double chance* de la transmission des qualités sportives. Ils n'ont pas tort : cependant, si la consanguinité n'est pas limitée ou réglée avec connaissance de cause, elle expose à une foule de dangers dont les conséquences sont parfois lentes et difficiles à réparer.

En colombiculture il y a tant de mystères et il se produit tant de choses occultes, que pour les raisons indiquées au chapitre de « *l'art de croiser les races* », il est impossible, nous le répétons, de déterminer *des règles générales*.

Dans les premières éditions de nos livres précédents, nous avons prouvé par des exemples que, lorsqu'on opère des accouplements consanguins avec des pigeons atteints d'un vice moral, d'une tare héréditaire ou d'une affection congénitale, ces défauts augmenteront, le plus souvent, chez la progéniture *dans des proportions doubles*.

En appariant les mêmes pigeons avec un sujet sain et vigoureux, de race différente ou d'un autre milieu, l'expérience démontre que l'impression du vice s'amoindrira, et que les germes de la maladie congénitale ou héréditaire diminueront dans les produits, et disparaîtront même complètement, *par le sang nouveau* des croisements successifs.

Il est avéré que, si l'on n'introduit pas du sang nouveau et régénérateur parmi la gent ailée, ce résultat favorable ne peut être obtenu ; au contraire, par des accouplements consanguins *consécutifs* et l'effet débilitant de *l'influence du milieu* qui vient s'y ajouter, on n'obtiendra généralement que les résultats défavorables indiqués à la page 106.

Ce qui précède, prouve à l'évidence que l'opinion émise par Mr Laperre-Deroo est exagérée et que les *croisements judicieux seuls peuvent améliorer l'état physique et moral de la gent pigeonnière.*

Nous le démontrerons par un exemple pris entre mille :

Influences néfastes produites par les alliances consanguines répétées. Vices moraux.

Nous possédons la race pigeonnière pure de Mr Lagae d'Ingelmunster. Par la culture de cette race, nous avons obtenu de brillants succès. Tenant, d'une part, à la multiplier et, d'autre part, voulant faire une nouvelle expérience sur la consanguinité, nous en élevâmes, pendant trois années consécutives, de douze à quinze couples par an, avec des sujets entre lesquels il existait des liens de parenté à divers degrés.

Nos résultats, sous le rapport physique, après la sélection ordinaire, furent satisfaisants, car parmi le nombre il y eut de très beaux pigeonneaux. La jeune tribu ailée habitait un colombier spécial et n'était nullement dérangée dans ses habitudes ; jamais aucun jeune oiseau ne fut pris en mains ; ils n'étaient du reste ni farouches ni turbulents. Nous n'eûmes presque pas de pertes à la première sortie de nos jeunes élèves, mais à la fin de chaque saison, il ne nous restait plus un seul bon sujet. Ceux qui nous restaient furent des sujets sans valeur, les autres se perdirent dans les circonstances suivantes : les jeunes oiseaux voltigeaient et fendaient tous les jours les airs pendant que les vieux pigeons restaient enfermés. Après cinq à six semaines d'adduction il commençait à se produire des vides dans leurs rangs. Etonné de ces pertes insolites, nous renfermâmes, par mesure de prudence, nos jeunes volatiles pendant quelques jours au colombier et aucune liberté ne fut plus donnée aux femelles avant leur appariement.

Malgré ces soins les jeunes femelles abandonnèrent leur famille et quittèrent le toit natal. Nous perdîmes les jeunes mâles, restés fidèles au colombier, durant les voyages d'entraînements.

Nous avons perdu, de cette façon, le fruit de notre élevage issu d'unions entre proches, de trois années consécutives. Au total *soixante dix jeunes pigeons* d'une race de grande réputation.

L'amateur est très sensible à ces pertes, parce qu'elles ont pour conséquence fâcheuse de jeter le désarroi dans ses calculs sportifs. En effet, comment remporter des succès aux concours lorsqu'on n'a pas de sujets à mettre en lice ?

Mr Lagae nous a avoué lui-même dernièrement, qu'après la vente partielle de ses pigeons, forcé de multiplier sa bonne race en pratiquant des alliances entre les proches parents qui lui restaient, il a perdu successivement presque tous ses jeunes pigeons dans les mêmes circonstances que celles relatées ci-dessus. En 1900, vingt-quatre magnifiques jeunes sujets, sur vingt-sept, ont quitté son colombier.

Mr Duvosquel, excellent amateur à Ingelmunster, nous a confié aussi, que tous les pigeonneaux élevés en 1900 de la race Lagae, par voie de consanguinité, au nombre de dix-sept, ont quitté le toit natal dans des circonstances analogues.

MM. Dewulf, Bonte et d'autres excellents amateurs à Ingelmunster, ont rencontré très souvent le même triste cas avec la race pigeonnière de Mr Lagae, par la pratique consanguine prolongée.

Nous attribuons particulièrement ces pertes nombreuses à *des vices moraux*, conséquence de faiblesse du système nerveux ou de simples agitations nerveuses, survenues chez les pigeons par l'influence néfaste de la *consanguinité continuée.*

Ces vices se caractérisent particulièrement par une excessive susceptibilité : frayeur subite, battements vifs du cœur quand on prend les sujets en main, caprices, désertion du toit natal.

Une preuve à l'appui de notre assertion, c'est que *ces vices moraux n'existaient pas* dans la race de Mr Lagae *avant la pratique itérative de la consanguinité.*

Une autre preuve est la suivante : En croisant, pendant les années subséquentes, les parents de ces mêmes pigeons avec des variétés étrangères, ces vices ont complètement disparu dans la progéniture. Nos jeunes oiseaux sont restés fidèles au toit natal et sont devenus plus beaux et plus vigoureux. (Voyez *défauts moraux sportifs* à la page 93).

Influences héréditaires.

L'expérience nous a démontré que l'influence de l'hérédité est telle chez les pigeons, que si, par exemple, on accouple de proches parents ayant de petites plumes sur les doigts des pattes, on verra à chaque accouplement incestueux, si les produits naissent pattus, ces plumes se développer et grandir.

Précautions à prendre pour la pratique consanguine.

L'amateur qui veut pratiquer la consanguinité doit, comme nous l'avons dit dans nos précédents ouvrages, être très sévère dans le choix des reproducteurs, ceux-ci doivent être

sains, vigoureux et dans la force de l'âge.

Il doit encore s'entourer de tous les renseignements dont il est question au chapitre de « *l'art de croiser les races* » (pages 91 et 92), et surtout se garder d'opérer des alliances consanguines entre les pigeons ayant des défauts moraux ou sportifs, ainsi qu'entre ceux pui portent des tares héréditaires ou des germes de maladies congénitales, c'est-à-dire de pigeons qui sont issus de parents atteints d'arthrite, de goutte, de paralysie, de consomption. Les jeunes nés de pareilles unions sont prédisposés à contracter ces maladies à un degré plus élevé pour la raison, déjà dite, que la pratique consanguine *développe notablement les germes morbides*.

Comme nous avons été le premier à la dire, l'éleveur ne doit jamais pratiquer la consanguinité pigeonnière avec des reproducteurs qui sont captifs, car cette manière de procéder aurait pour conséquence inévitable de créer un nouvel effet débilitant chez ses oiseaux. L'expérience prouve que la *reclusion prolongée* engendre des *maladies diverses* et produit toujours un affaiblissement général ([1]).

Les pigeons, accouplés entre parents, doivent absolument vivre en liberté si l'on veut obtenir une progéniture saine et de bonne venue.

Comparaisons.

Puisque les comparaisons en cette matière semblent goûtées, il nous sera permis d'en relever quelques unes aussi, sans d'ailleurs y attacher d'autre importance que

---

([1]) Voyez à la deuxième partie « *Maladie de l'aile* » sous la rubrique « *La reclusion prolongée* ».

celle d'un appoint à notre argument principal qui est celui
irréfutable des faits.

Dans la nature toutes les races soumises à la domesticité, qui ne se croisent pas dégénèrent. Le règne végétal
même nous en fournit des preuves. En effet, on sait que
pour les plantes il faut des produits sélectionnés et que
ceux-ci doivent, comme les graines, *être déplacés chaque
année*, si le cultivateur et l'horticulteur veulent obtenir des
fleurs ou des végétaux perfectionnés.

Malgré le peu de rapport que présentent les plantes avec
les animaux, il est cependant utile d'attirer l'attention sur
cette comparaison.

Ainsi que nous l'avons dit au chapitre de « *l'art de croiser les races* », si *l'influence du milieu* peut miner lentement
la santé des pigeons voyageurs, quelle décadence ne doit
pas produire la pratique consanguine à tous les degrés et
à l'infini ? Nonobstant le choix des *reproducteurs* les plus
parfaits et la *sélection la plus sévère*, l'amateur qui pratique
la consanguinité, dans le sens de Mr Laperre Deroo, ne
pourra que

retarder

les effets délétères qui en résultent, mais il lui sera impossible de les éviter.

Peut-on comparer les pigeons voyageurs aux animaux vivant à l'état sauvage ou en liberté ?

Nous avons établi dans la partie historique de notre ouvrage, que le pigeon voyageur belge n'est pas un produit
de *sang pur* mais qu'il a été obtenu par la culture intelligente de

plusieurs souches différentes.

Il est donc aisé de concevoir que les oiseaux et autres
animaux *vivant à l'état sauvage* ou en liberté, ne peuvent,

8

sous le rapport de la reproduction, par voie de consanguinité, être *comparés aux pigeons voyageurs*, parce que ces derniers subissent constamment, par leur vie domestique, *les
effets débilitants de l'influence du milieu* (¹) et sont, de ce chef,
plus faibles que les *animaux sauvages* ou d'autres *animaux*
non sou.nis à la domesticité.

De plus, il y a chez les pigeons voyageurs des *qualités
physiques* et *sportives* à *maintenir*, tandis que chez les espèces
chevalines, bovines, et autres animaux, il n'y a pas de
pouvoir d'orientation à cultiver.

Pour ces diverses raisons, il est indispensable d'introduire, de temps à autre, du sang régénérateur dans la
grande famille pigeonnière.

Il le faut, nous le répétons, pour *maintenir les qualités*
essentielles de nos intéressants messagers ailés.

Une expérience personnelle de trente-cinq ans nous
autorise à parler ainsi.

La consanguinité et les unions variées.
Une poignée de vérités.

Tous les amateurs colombophiles, quels qu'ils soient,
n'ont qu'un but, qu'un idéal : remporter de grands succès
dans les concours, être toujours en progrès. Les uns
espèrent arriver à ce but en achetant des pigeons voyageurs
de grande valeur, de la main à la main, ou dans les ventes
publiques, les autres, en empruntant ou en échangeant de
bons sujets pour les croiser et en élever.

Chacun sait qu'il se perd chaque année, à la première
sortie, aux entraînements et aux concours, un grand nombre de jeunes et de vieux pigeons ; ces volatiles élisent
domicile chez des amateurs parfois peu délicats, qui les

(¹) Voir la note au chapitre de « *l'art de croiser les races* » (page 77).

détiennent ou qui les vendent aux colombophiles ou sur les marchés.

Le nombre d'amateurs colombophiles augmente chaque année dans de fortes proportions ; il en est de même des ventes publiques des pigeons voyageurs, sur tous les points de la Belgique. Tous les volatiles vendus et capturés sont éparpillés dans les différentes contrées du pays et, après un certain temps, soit par pertes, soit par dons, reventes, prêts ou échanges, les descendants de ces races sont encore une fois disséminés chez un grand nombre d'amateurs belges et même des pays étrangers.

Les croisements opérés avec ces pigeons ont, de rechef, pour conséquence naturelle de créer *des affinités partout entre eux.*

Il résulte du mélange de ces bonnes races pigeonnières, censées être toutes apparentées entre elles, qu'on ne doit plus tant agir par tâtonnements, car les amateurs qui se proposent d'opérer un croisement, dans le vrai sens du mot, pratiquent le plus souvent la *consanguinité*, sans le vouloir et sans le savoir.

Par suite de toutes ces circonstances, il y a d'excellents pigeons voyageurs partout. Il faut maintenant, pour cueillir des palmes, choisir les meilleurs d'entre les bons. Ce n'est qu'avec ceux-là que le succès est assuré.

Ainsi que nous l'avons déjà dit, l'auteur de l'ouvrage paru récemment, recommande la consanguinité *exclusive* et donne à ce sujet les indications pratiques suivantes : On se procure trois couples de pigeons voyageurs de races différentes, A, B et C et l'on pratique dans chaque lignée, avec les produits de ces trois couples, *tous les ans,* des unions entre *père* et *fille, mère* et *fils, frère* et *sœur, cousin* et *cousine, grand'père* et *petite-fille, grand'mère* et *petit-fils.*

Il dit que, par l'application de ce système, un amateur adroit et sévère peut se maintenir pendant *toute une carrière,* sans jamais devoir introduire un sujet étranger dans sa collection et ne voir ses hôtes présenter la moindre dégénérescence.

La démonstration devrait ici se joindre à l'affirmation, nous semble-t-il.

Et d'abord une question : Qu'est-ce qu'une carrière colombophile ?

Est-elle de cinq, dix, vingt, quarante ou cinquante ans ? L'auteur ne le dit pas et ne cite aucun exemple pour le prouver. On se trouve donc dans le vague et dans l'inconnu ; on ne sait à quoi s'en tenir.

Jetant un coup d'œil rétrospectif dans notre ouvrage, ne voyons-nous pas que c'est par le croisement successif des races que le pigeon voyageur a été formé et amélioré progressivement ?

Qui va nous dire si par des combinaisons et des croisements intelligents, on ne pourrait plus perfectionner les qualités sportives des pigeons voyageurs de nos jours ?

Nous voyons ce fait se confirmer presque chaque année au sein de notre colombier.

Or, en n'élevant uniquement qu'avec les membres d'une même famille et d'un même milieu, d'après les indications données par les partisans de la consanguinité exclusive, les succès, s'ils en obtiennent, ne peuvent durer que quelques années, car malgré tout ce qu'ils feront, ils ne pourront jamais éviter les *effets débilitants de l'influence du milieu*. Il y a plus, un consanguiniste converti nous a affirmé qu'en pratiquant les accouplements consanguins entre proches et *en les prolongeant* pendant plusieurs années, *les produits* issus de pareils mariages finissent par devenir stériles ou, en d'autres termes, par tourner au sexe neutre.

Nous n'avons jamais prolongé la consanguinité au point de pouvoir vérifier la véracité de cette assertion, cependant nous y ajoutons entièrement foi car plusieurs auteurs écrivent dans ce sens.

Une autre chose non moins importante à noter, c'est que par ce système exclusif, de ne jamais introduire un sujet étranger au colombier, on reste toujours dans le *statu quo* et le progrès est impossible, tandis que par des sélections et des croisements intelligents, d'après nos indications, on n'a ni stérilité ni décadence à craindre parmi les hôtes du colombier. En outre on conserve toujours des chances réelles d'obtenir des résultats sportifs supérieurs.

L'expérience qui est la meilleure des écoles, nous l'a prouvé, car, répétons-le, nous devons tous nos succès successifs à notre système d'élevage.

Voilà pourquoi, à *côté de notre pratique consanguine,* nous aimons à varier les unions, *dans certaines limites,* avec des sujets de race étrangère, en nous écartant le moins possible des types de la race-souche.

Nous fournirons une preuve des résultats obtenus par ce système.

A la suite des pertes subies, avec les produits consanguins de la race Lagae, dans les conditions relatées aux pages 109 et suivantes du présent chapitre, nous avons croisé cette race de grande vitesse avec des sujets du pays wallon.

A ces fins, nous avons échangé des pigeons avec notre ami Mr G. Schoonbroodt de Liége, déjà cité dans cet ouvrage. Il nous a procuré, entre autres, un mâle bronzé de la vieille race pure de Mr Hansenne de Verviers et une femelle bariolée provenant d'un couple, dont le père fut surnommé « *La vache* » ([1]), ayant appartenu à Mr C. Stenheuse d'Ensival.

([1]) « *La vache* », (qui n'est pas le nom d'un mâle), était un pigeon bariolé blanc et rouge. Ce champion célèbre a été décrit dans le journal « *L'estafette* » de Liége *(numéro du 23 décembre 1899).*

Nous avons obtenu, de cette union, un mâle et une femelle.

Le mâle en question a été accouplé à une productrice de la race Lagae. Nous avons obtenu de ce couple, en 1896,

Mr Gustave Schoonbroodt,
ancien président et président d'honneur de la société
l'Hirondelle (Pont-St-Nicolas) à Liége.

deux superbes mâles à robe *plomb* qui ont été entraînés, pendant l'année de leur naissance, dans la direction *sud* (la France), à une distance de 154 kilomètres. L'année suivante, en 1897, nous les avons engagés aux concours généraux organisés dans le *sud-est;* l'un des deux remporta successivement le 2ᶜ prix à Libramont et le 2ᶜ prix à Marbehan. Les deux frères gagnèrent, la même année, le 1ᵉʳ et 2ᵉ prix au concours d'Arlon et, huit jours plus tard, le 1ᵉʳ et le 4ᶜ prix au concours de Luxembourg.

En 1898, nous avons retenu l'un des deux mâles comme

reproducteur et l'autre, surnommé « *le plomb* », a été entraîné de nouveau dans une direction opposée (la France).

Malgré ce changement de direction, notre « *plomb* » ([1]), bien connu de tous les amateurs des environs, remporta plusieurs premiers prix. Il en fut encore de même en 1899 et en 1900. Pendant cette dernière année, il gagna, sur dix concours, neuf prix de vitesse.

Nous attribuons ce résultat supérieur à l'amélioration des qualités physiques et sportives de la race Lagae, affaiblie par suite de la consanguinité prolongée. Nous répétons que par le croisement qui a été opéré avec du sang régénérateur, les descendants ont gagné en vigueur, en force, en beauté et surtout un grand développement de leurs qualités sportives.

Les pigeons de la même race, que nous avons croisés avec d'autres variétés étrangères, nous ont donné également, dans les diverses lignées, des sujets avec lesquels nous obtenons constamment de beaux résultats aux concours. Ceci prouve qu'il existe partout des affinités dans la grande famille pigeonnière.

Il résulte de ce qui précède, que l'introduction périodique d'un sang nouveau parmi la famille ailée est indispensable, quand les degrés de parenté sont devenus trop rapprochés entre eux, ou lorsqu'on constate que l'influence du milieu fait des progrès débilitants ([2]).

Du reste, il est indéniable que les produits obtenus par des croisements de races différentes, sont plus vigoureux et acquièrent généralement une plus grande vitesse, résistent mieux aux fatigues des longs voyages, s'usent moins

---

[1] Voir la photographie à la page 36.
[2] Voir les rubriques : « *Influence du milieu* » et « *Moyens de remédier aux effets morbides causés par une influence débilitante* ». (Pages 94 et suivantes).

vite, et sont moins malades que les sujets provenant d'*unions consanguines prolongées.*

Notre race pigeonnière au colombier et dans d'autres zônes d'habitat.

Les sujets qui peuplent en ce moment notre colombier sont devenus par nos combinaisons une race *particulière* et *propre.*

Ils proviennent de la race pure et croisée de Mʳ Lagae d'Ingelmunster. La race pure et croisée de Mʳ Gits d'Anvers, (descendants Pittevil, Soflé d'Anvers, et Janssens de Bruxelles). La race croisée de Mʳ Vekemans d'Anvers. La race pure et croisée de Mʳ Schoonbroodt de Liége, (descendants Hansenne de Verviers, Nizet d'Herstal et Stenheuse d'Ensival). La race pure et croisée de Mʳ Hillaert de Gand. La race de Mʳ Putman de Courtrai et quelques beaux sujets de notre ancienne race.

En 1895, 1896 et 1899, nous avons cédé quelques jeunes pigeons de notre colombier à deux amateurs du pays wallon qui les ont fait voyager. Les succès obtenus aux concours généraux, sont, non seulement splendides, mais ils ont fait placer ces amateurs au premier rang du sport colombophile de leur contrée.

Les jeunes pigeons en question provenaient de combinaisons sportives nouvelles.

Les résultats obtenus par Mʳ G. Schoonbroodt de Liége, avec les pigeons échangés de notre colombier, sont tout aussi brillants. Les prouesses de son « *petit bleu* » ont été mentionnées au journal « *L'estafette* » de Liége. Ce qui précède prouve à l'évidence que les sujets de *bonne race* sont de bons pigeons dans toutes les contrées de notre pays et que la zône d'habitat n'exerce sur eux aucune influence sportive défavorable.

LA CONSANGUINITÉ LIMITÉE ET SES AVANTAGES SPORTIFS.

Combinaisons consanguines et sportives pour la propagation et la conservation d'une race pigeonnière d'élite.

Les vrais praticiens inventent souvent des combinaisons sportives de toute nature qu'ils ne dévoilent à personne, dans l'espoir de pouvoir supplanter leurs concurrents. Il y a des colombophiles qui, pour atteindre ce but, s'imposent de grands sacrifices d'argent et malgré tous ces efforts ne réussissent pas dans leurs entreprises.

D'autres amateurs, plus heureux, obtiennent parfois, sans efforts et sans grands frais, de nombreux succès.

A quoi faut-il attribuer ces résultats ? Très souvent à la réussite dans l'élevage. Nous répétons que, sous ce rapport, la chance joue un grand rôle.

Chacun sait qu'il est excessivement rare d'obtenir parmi le grand nombre de jeunes élevés et restés fidèles au logis, un champion qui fasse florès et qui arrive toujours à la tête des concours. Pareils sujets sont clair-semés.

Lorsque pour propager ou conserver une race d'élite, une union entre proches est devenue nécessaire et que par cette union on obtient des produits qui se distinguent aux concours, on ne change pas le couple tant que les effets sont bons. C'est là un résultat sportif exceptionnel par lequel l'amateur atteint son but. Mais il doit nécessairement s'arrêter à ce seul accouplement incestueux pour suivre ensuite nos indications au sujet de la pratique consanguine.

Parmi les diverses combinaisons, une des plus importantes est de savoir propager et entretenir une variété dans de bonnes conditions de *force et de santé* et d'obtenir, le plus sûrement possible par l'élevage, la transmission

aux descendants des qualités sportives des procréateurs.
La *pratique consanguine limitée* ([1]), qui, comme nous l'avons
déjà dit, va de pair avec le croisement des races, répond
favorablement à cette combinaison. Les amateurs qui
possèdent plusieurs variétés dont ils connaissent l'origine
et l'essence, se trouvent dans les *conditions voulues* pour la
pratiquer. Ceux qui ne se trouvent pas dans ces conditions,
ne peuvent opérer qu'avec les éléments qu'ils possèdent.
Pour ces motifs, ainsi que pour les raisons indiquées dans
le présent traité, on comprend l'impossibilité absolue de
donner à ces fins des exemples pratiques complets.

Pour l'intelligence des lecteurs nous expliquerons comment on obtient les différents degrés de parenté par les
unions sexuelles.

Il faut d'abord se former des souches en croisant deux
ou trois couples de pigeons de *races différentes.*

A. *Générations :* Les jeunes provenant du premier couple
appartiennent à la première génération.

En croisant par exemple un de ces jeunes avec un sujet
du second couple, les produits obtenus appartiendront à la
deuxième génération.

En continuant ce procédé on arrive à des générations
toujours plus éloignées ([2]).

B. *Dégrés de parenté :* L'accouplement du père avec sa
fille donne trois quart de sang paternel. On l'appelle
parenté germaine.

Le fils apparié avec sa mère produit l'inverse, c'est-à-

([1]) Généralement les colombophiles appellent la pratique consanguine
ou les unions entre pigeons de même famille, n'importe à quel dégré :
consanguinité.

([2]) Les produits obtenus de la première génération sont désignés vulgairement par les amateurs sous le nom de *demi-sang ;* ceux de la deuxième
génération, sous celui de *quart de sang ;* ceux de la troisième génération
sont qualifiés *huitième de sang,* et ainsi de suite.

dire, trois quart de sang maternel. On l'appelle alors *parenté utérine.*

Le frère germain uni à sa sœur germaine (nés du même père et de la même mère), produit des demi-sang.

Lorsqu'on veut éloigner les degrés de parenté, on accouple les cousins germains à leurs tantes et les cousines germaines à leurs oncles. Dans ce cas, on obtient de part et d'autre trois huitième de sang paternel et maternel et un quart de sang étranger.

On éloigne davantage les degrés de parenté en accouplant les cousins germains avec les cousines germaines. Cette union donne un quart de sang paternel et un quart de sang maternel, plus un quart de sang mâle étranger et un quart de sang femelle étrangère.

Les amateurs qui possèdent, comme nous, plusieurs souches de races totalement différentes, sont à même de pratiquer la consanguinité à des *degrés limités* et de se créer des lignées remarquables qui leur permettent de faire chaque année des combinaisons sportives nouvelles. Avec de pareils éléments, quand on ne pousse pas la consanguinité à l'excès, c'est-à-dire, en suivant notre pratique limitée et en introduisant de temps à autre un élément étranger dans sa colonie ailée, comme nous l'indiquons au chapitre de « *l'art de croiser les races* », on doit nécessairement arriver à des résultats splendides et constants parce que, avec notre procédé, on n'appauvrit pas le sang de la progéniture et on ne détériore pas ses qualités physiques et sportives.

Pour conserver ou propager une race-souche, on revient, s'il le faut, à la base et l'on pratique des accouplements consanguins, n'importe à quels degrés jusqu'à ce que le résultat désirable soit obtenu.

L'éleveur doit attacher un grand prix aux descendants qui ressemblent à la race originaire ; généralement il conserve ces sujets pour la procréation, parce que la transmission des caractères physiques est presque toujours un indice que la progéniture a hérité des qualités morales et sportives de la race-souche.

Notre méthode a fait, depuis longtemps, de nombreux prosélytes. Les amateurs qui l'ont adoptée ont plusieurs cordes à leur arc et l'avantage de pouvoir maintenir leurs succès sportifs, non seulement pendant quelques années, mais d'une façon ininterrompue si, bien entendu, des malheurs ou des contretemps colombophiles ne viennent y mettre obstacle.

La consanguinité entre les gallinacés.

Nous tenons d'un aviculteur expérimenté le récit suivant :

Dans une basse-cour de son voisinage vivait un coq avec une quinzaine de poules. Au bout de quelques générations, ce coq finit par être le père de toutes les poules, car il est d'usage de sacrifier annuellement celles qui sont âgées de plus de trois ans.

Un jour, rencontrant le propriétaire de la volaille, celui-ci se plaignit de ce qu'une dégénérescence avait envahi subitement toutes ses poules. Les pontes étaient devenues rares ; les qualités physiques s'étaient émoussées visiblement ; la forme et le plumage même des sujets avaient changé défavorablement.

L'aviculteur intelligent saisit immédiatement la cause de cette dégénérescence qui était due à la *consanguinité* devenue *entière*. Pour y remédier, il conseilla de changer immédiatement de coq, et de procéder ainsi tous les deux ans, pour introduire un sang étranger parmi sa volaille. Ce sage conseil fut suivi. Depuis ce moment, le voisin n'a plus eu à se plaindre des conséquences fatales qu'entraine la *consanguinité continuée*.

Les amateurs de coqs de joute de la race Lombarde, dite

combattante, sont parfaitement d'accord sur la nécessité de renouveler le sang. Ils pratiquent des croisements judicieux et évitent soigneusement les *alliances consanguines* répétées.

Conclusion :

En fait de *sport colombophile*, l'amateur doit, pour atteindre son but, son idéal, profiter de toutes les combinaisons suivies d'un bon résultat, quelles que soient leur dénomination.

En matière *d'élevage*, il résulte de nos études et de nos expériences réitérées, que les *unions continuées entre proches parents, sont nuisibles à la santé* ainsi qu'*aux qualités physiques* et *morales* des pigeons voyageurs et de la volaille en général.

La consanguinité pigeonnière, comme nous l'avons vu, n'est pas la cause unique de dégénérescence chez ces oiseaux ; il faut y ajouter *les effets débilitants* et *inévitables de l'influence du milieu.* Voilà deux raisons, d'un ordre supérieur, qui nécessitent l'introduction périodique de sujets étrangers parmi la gent volatile, pour régénérer le sang, et pour éviter par ce moyen les conséquences néfastes que nous avons fait connaître.

La pratique consanguine saine et limitée, dans le sens que nous lui donnons, procure aux amateurs les avantages énumérés dans le présent chapitre. Ces avantages sont indubitablement, sous le rapport physique et sportif, parmi les plus importants qu'on puisse souhaiter.

LA CONSANGUINITÉ & LES PIGEONS VOYAGEURS DANS LES COLOMBIERS MILITAIRES.

L'institution des colombiers militaires est chose trop importante pour ne pas en dire quelques mots.

Les pigeons voyageurs qui peuplent ces colombiers sont de vrais auxiliaires stratégiques et militaires, destinés, en cas de guerre ou d'investissement d'une enceinte fortifiée, à être utilisés comme messagers aériens. On les charge adroitement de toutes espèces de messages, sans les gêner dans leur vol. Les vaillants voyageurs en retournant au gîte avec la rapidité qui leur est propre, accomplissent, sans le savoir, une mission de la plus haute importance.

La *vitesse* ne doit pas être la qualité dominante des pigeons militaires. Il faut à ces pigeons *l'endurance* et *la fidélité au retour*. Ils doivent, en outre, *être forts, bien constitués, et doués d'une intelligence et d'un instinct d'orientation très développés*. On trouve la réunion de ces qualités dans le pigeon voyageur belge, et notamment dans celui ou l'ancienne race liégeoise domine. La préférence est donnée aux pigeons qui ont le plumage foncé, pour la raison que les blancs ou les pâles peuvent être aperçus de loin et sont, par suite, plus exposés à servir de point de mire à l'ennemi ou à devenir la proie des éperviers.

On peut conseiller aux Directeurs des colombiers militaires de viser constamment au perfectionnement des qualités physiques et morales des pigeons qui leur sont confiés, en évitant autant que possible toutes les causes pouvant amener la dégénération des races. On peut y obvier en rassemblant dans chaque station pigeonnière des pigeons de race totalement différente, et en croisant entre eux les sujets de ces *milieux éloignés ;* c'est le moyen le plus pratique de conserver et de propager les races dans les meilleures conditions de force et de santé. On peut recommander aussi de remplacer annuellement les vieux pigeons et les invalides par une progéniture nouvelle et sélectionnée.

Les pigeons militaires devant être aguerris, il est indispensable de les laisser vivre en état de liberté, *tant en hiver qu'en été*. De cette manière ils s'habituent à toutes les intempéries, et de plus ils apprennent à se soustraire aux piéges des oiseaux de proie. Il est évident qu'il faut en excepter les reproducteurs de grand mérite, auxquels on peut appliquer les indications relatées au chapitre de « *la séparation des sexes* ».

La guerre pouvant éclater à toute époque de l'année, il convient de continuer quelque peu l'entraînement des pigeons *pendant l'hiver*, par tous les temps, et dans *toutes les directions*, et ce pour en retirer les avantages qu'on en attend, et pour connaître les sujets les mieux appropriés au but qu'on se propose.

De ce qui précède, il résulte que les pigeons militaires, comme nous les avons dénommés dans notre ouvrage flamand, doivent être robustes et sains. Pour les avoir dans ces conditions physiques, on ne peut assez dire et répéter qu'on doit éviter soigneusement la *pratique consanguine continuée*, ainsi que les *causes morales de dégénération*, dont il a été question dans le présent chapitre et dans celui de « *l'art de croiser les races* ».

CHAPITRE IX.

LA SÉLECTION PIGEONNIÈRE.

LE PIGEON VOYAGEUR IDÉAL.

——

La Princesse.
Type pris du colombier de l'auteur ([1]).

A sélection consiste à faire un choix raisonné de procréateurs, en vue d'améliorer et de perfectionner la race pigeonnière et de propager leurs qualités physiques et morales. Il s'agit donc de trier, de choisir et de maintenir ce qu'il y a de plus parfait,

---

([1]) Femelle née en 1902. Premier prix à l'exposition d'Harlebeke. N'a pas été engagée aux concours en 1902 et 1903.

En 1904. — 1º *Étampes* (Thielt) 7e prix. — 2º *Orléans* (Courtrai Flying club) 17e prix. — 3º *Orléans* (Courtrai Saumon) 3e prix. — 4º *Tours* (Courtrai Flying club) prix de société.

et de supprimer ce qui est nuisible ou sans utilité.

La sélection s'applique à toutes les choses colombophiles sans exception. Pour tout en dire, il faudrait remplir un gros volume.

Afin d'agir méthodiquement, nous avons indiqué nos théories sélectives, et les règles particulières à suivre, dans les chapitres auxquels elles se rapportent.

Ainsi la sélection se confond, dans certains cas, avec l'*appariement* et le *croisement des races*. Elle est naturelle ou artificielle. *Naturelle*, lorsqu'on laisse les pigeons s'accoupler librement entre eux. *Artificielle*, lorsque, d'après un plan préconçu et basé sur une application raisonnée des lois de l'hérédité, l'amateur choisit lui-même les procréateurs qu'il unit, dans le but d'élever des types ou des variétés à son gré, de conserver et de propager une race spéciale.

On peut, par la sélection, obtenir des résultats divers, suivant qu'on exerce sur les procréateurs une action modificatrice, soit par le régime alimentaire, soit par les soins hygiéniques, soit par le milieu dans lequel on les place.

Comme nous l'avons déjà dit dans nos publications flamandes, la sélection artificielle doit, en tout cas, être préférée à la sélection naturelle, parce qu'elle offre plus de chances de réussite. Si l'amateur abandonnait les accouplements au libre gré des pigeons, lors même que tous ses sujets appartiendraient à des races d'élite, au bout d'un certain temps, la confusion régnerait dans son colombier, et les bons résultats d'autrefois disparaîtraient.

Le pigeon voyageur idéal.

Pour que l'amateur puisse faire une sélection sévère, avec connaissance de cause, nous ferons connaître, à côté des qualités générales que *le pigeon voyageur* doit posséder, quelques *notions anatomiques* sur l'appareil de locomotion.

9

Le pigeon destiné au sport colombophile doit, dès sa tendre jeunesse, jouir d'une bonne santé et se développer régulièrement. (Voir ci-après le chapitre de l'élevage). Il doit, en outre, avoir la tête suffisamment développée, le corps *court*, *robuste* et *ramassé*; le cou fort et pas trop long ; la poitrine large; le poids du corps en rapport avec la force de l'articulation des membres antérieurs (les ailes).

L'aile du pigeon comprend :

Le bras, formé par l'humérus ;

L'avant-bras, (radius et cubitus) ;

La main, (métacarpe et phalanges).

L'articulation, qui relie l'avant-bras à la main, s'appelle la *carpe*.

A *la main* sont fixées les rémiges *primaires*, en flamand « *de slagpennen* ». Ces rémiges doivent être larges, serrées et proportionnées en longueur au volume du corps.

A *l'avant-bras* sont attachées les remiges *secondaires* ; on les appelle en flamand « *de broekpennen* ». Celles-ci doivent être bien fournies et avoir une longueur suffisante pour recouvrir le plus possible le croupion.

Les bras doivent être forts et vigoureux, car c'est de ces appareils de locomotion que dépend la puissance du vol, partant le succès aux concours.

Si *l'aile* est trop faible, ou n'a pas la richesse en plumes, comme il est dit ci-dessus, ne conservez pas l'oiseau pour le sport aérien, fut-il de la meilleure race.

Le sternum est formé d'un vaste bouclier convexe qui recouvre le thorax et une grande partie de l'abdomen. Il est fortement développé et destiné à l'insertion des muscles de l'aile. Il porte au milieu une crête osseuse longitudinale, appelée *bréchet* ([1]).

([1]) Les mots *sternum* et *bréchet* se traduisent tous les deux en flamand par « *borstbeen* ».

Cette crête sert à donner plus de force aux muscles abaisseurs de l'aile. Il est donc de la plus haute importance que le bréchet soit solide et droit (¹).

Les os du bassin doivent être réunis de façon à ce qu'ils paraissent soudés ensemble à leur extrémité sternale. Ces os ont presque la forme d'un V, ce qui leur a valu le nom de *fourchette.*

Les sujets ainsi conformés répondent au désideratum de l'amateur, car, généralement ce sont ceux-là qui savent se distinguer aux concours de grandes distances.

Les volatiles, dont les os du bassin ne sont pas trop écartés, peuvent aussi être de bons pigeons de sport. On destine ceux-là aux concours à distances moyennes.

Lorsque l'écart des os du bassin est trop grand, ne comptez pas sur des résultats sportifs ; cependant si les oiseaux appartiennent à une race de marque, en les croisant avec des sujets bien conformés on peut en obtenir une excellente progéniture.

La queue du pigeon doit être serrée et avoir une forme proportionnée à la taille de l'oiseau.

La partie charnue, en forme d'un as de pique, à crêtes saillantes pour l'insertion des *rectrices*, en flamand *staart-pennen*, s'appelle *coccyx.*

Il y a divergence d'opinion en ce qui concerne l'influence sportive que peut exercer la conformation de la queue du pigeon voyageur.

Une explication s'impose.

Les pigeons de la race primitive liégeoise, décrits par Mʳ Chapuis, avaient la queue resserrée ne paraissant avoir que la largeur d'une seule rectrice. Cette race comme on le sait n'existe plus.

(¹) Voir au chapitre de « *l'élevage* » la rubrique « *Déviation du sternum* ».

La queue chez l'ancienne race pigeonnière anversoise était plus développée que chez le pigeon liégeois.

L'évolution qui s'est produite par le mélange des races a eu pour résultat, en vertu des lois de l'hérédité et de l'atavisme, de produire parfois parmi les pigeons d'une même famille, des conformations de la queue tout à fait différentes.

Voici à ce sujet un exemple curieux. Ainsi que nous l'avons dit à la page 118, notre « *plomb* » que nos chers lecteurs ont appris à connaître, provient du côté paternel directement d'un couple de pigeons de race liégeoise-verviétoise, croisé avec une femelle de la race Lagae. Dans cette dernière race on rencontre parfois un plus grand nombre de rémiges et de rectrices que d'habitude. La queue de notre plomb renferme treize plumes ; une sœur en a quatorze.

Malgré sa queue, plus touffue que d'habitude, notre plomb a été longtemps le meilleur pigeon de vitesse de tout l'arrondissement de Courtrai et a certainement remporté le plus grand nombre de prix. Nous en avons un fils, appelé « *La plume* », d'une richesse de plumage hors ligne, qui possède dans la queue *seize plumes ;* cela ne l'a pas empêché de se distinguer aux concours et notamment de remporter, en 1904, le 9e prix au concours national de Dax.

Son propre frère appelé « *Furibond* » a la queue ordinaire, composée de douze plumes. Ce pigeon ayant aussi un palmarès respectable, gagna au même concours de Dax le 68e prix ([1]). Nous possédons plusieurs descendants de la race croisée Lagae ayant treize et quatorze rectrices et d'autres avec onze rémiges primaires au lieu de dix. Une grande abondance de plumage constitue un avantage spor-

---

([1]) Voir la photographie au chapitre *des concours.*

tif considérable, car l'expérience démontre que tous nos meilleurs coursiers aériens se caractérisent par cette particularité.

La plume.

Comme on l'a vu, notre « *plume* » avec seize rectrices devança au concours de Dax son frère « *Furibond* » qui en a douze.

Il résulte de ce qui précède que la queue *touffue* ou *mince* chez le pigeon voyageur, n'est ni un défaut ni un avantage, et n'a par conséquent aucune influence sportive ; il suffit comme nous l'avons dit plus haut, qu'elle soit proportionnée à la taille de l'oiseau. Voilà le résultat de nos observations.

Les amateurs seraient, sans contredit, tous heureux de posséder dans leur colonie ailée quelques sujets, qui malgré la différence de la composition de leur queue, arrivent toujours à la tête du jeu.

L'œil du pigeon voyageur doit être bien ouvert, la pupille d'un noir brillant, suffisamment dilatée, le regard vif et intelligent. (Voyez à la page 97 « *Effets de l'atavisme.* » A. La couleur des yeux).

Les pattes des vieux pigeons doivent être solides et d'une couleur rouge.

Le plumage doit être lustré, soyeux, bien lisse et très abondant.

Généralement le *bon* pigeon voyageur n'est pas farouche, il est calme, familier et se caractérise par une pose élégante.

Voilà comment doit être le *pigeon voyageur idéal.*

L'expérience prouve, que peu de sujets répondent à la description de toutes les qualités relatées ci-dessus.

Si, à toutes ces *qualités physiques*, le pigeon voyageur ne réunit pas *l'intelligence* et le *pouvoir d'orientation* à un degré assez développé, il ne sera pas capable de se distinguer aux concours.

Sélection générale annuelle.

Une sélection générale doit se faire chaque année après l'achèvement de la mue. On supprime tous les pigeons qui n'ont pas d'aptitudes spéciales pour les *voyages* ou la *reproduction.* On ne conserve que les oiseaux possédant les qualités physiques énumérées dans le présent chapitre, en un mot, les pigeons qui ont de la vigueur, de l'agilité, de l'intelligence, capables de franchir les plus grandes distances et en état de procréer d'excellents sujets.

Ce *modus procédendi* est entièrement à l'avantage de l'amateur, car chacun sait qu'actuellement il devient de plus en plus difficile de gagner des prix.

CHAPITRE X.

L'ÉLEVAGE DES PIGEONS.

LA mi-février approximativement est l'époque de l'année que les amateurs choisissent, en général, pour commencer l'élevage des pigeons. On fait exception pour les pigeons destinés aux voyages de long cours, auxquels on ne permet la reproduction qu'un ou deux mois plus tard. Toutefois si l'on tient absolument à élever tôt avec des sujets destinés aux voyages de long cours, on doit les accoupler en février. Après en avoir obtenu une couple d'œufs on les séparera jusqu'au moment de l'appariement définitif. (Voir ci-après la rubrique « *Carnet d'annotations* ». — « *Substitution d'œufs* »).

La réunion des couples ; leurs manifestations amoureuses.

Lorsqu'on rassemble les deux sexes (s'ils ont été séparés), toutes les dispositions doivent être prises pour que les couples puissent s'installer dans leurs cases, y trouver leur nid, rester en famille, et élever leur progéniture sans le moindre dérangement.

Le jour de la réunion des couples est toujours pour l'amateur un jour de jouissance et d'agrément. Les manifestations sont les mêmes, quand on réunit un couple ou plusieurs couples, mais à la réunion générale le spectacle est plus intéressant. Il règne une animation extraordinaire au colombier : chaque pigeon va trouver sa case, les mâles recherchent leurs compagnes, ils roucoulent, trépignent, font crépiter leurs ailes et se carrent autour des femelles ; celles-ci manifestent leurs dispositions amoureuses par des allures hautaines. Elles saluent, elles sautillent, elles ouvrent en éventail les plumes de leur queue. Tour à tour les couples visitent leurs nids, les quittent et les regagnent. L'animation dure pendant trente à quarante minutes et quelquefois plus longtemps ; elle diminue alors graduellement pour faire place à un repos, un silence presque absolu. Les conjoints sont définitivement installés. Le mâle se pelotonne dans son nid et manifeste sa joie par un trémoussement d'ailes ; il invite sa compagne à partager sa couche, en répétant le petit cri universellement connu ; celle-ci répond gracieusement ; elle s'approche du mâle en roucoulant légèrement et, quelques moments plus tard, elle prend place à côté de lui. Elle le caresse alors tendrement, jusqu'à ce qu'il quitte le nid et le lui cède tout entier. Cependant nous avons vu, dans des circonstances analogues, des femelles chasser brusquement leur mâle du nid. Dans l'entre-temps on a eu soin de jeter au colombier quelques poignées de paille fraîche, coupée en fétus d'environ dix centimètres. Les mâles enlèvent rapidement ces brindilles et les portent à leurs femelles, qui les disposent soigneusement dans le nid. Il arrive qu'un mâle commet des larcins et vide les nids voisins ; pris en flagrant délit, il est attaqué par le propriétaire, qui le chasse à coups de bec et d'aile.

Pendant l'été, on voit parfois le mâle et la femelle revenir des champs, portant dans le bec une légère branche ou une grosse paille destinée à compléter la garniture du nid.

La chasse au nid.

Lorsque le mâle se trouve ardemment porté à la reproduction, il pourchasse sa femelle, la suit sans relâche, l'accable de coups de bec et lui fait ainsi regagner directement sa case. Durant cette chasse, il est utile de mettre quelque nourriture dans la case du couple ; ce n'est que dans cet endroit que la femelle pourra ramasser quelques graines parce que le mâle y mange aussi. Après quelques jours de chasse au nid, la femelle visiblement fatiguée, les ailes légèrement pendantes, le croupion relevé, reste plus tranquille ou se tient souvent sur le nid ; c'est un indice que le moment de la ponte est proche. Quand, la veille ou l'avant veille de la ponte, on manipule le corps de la femelle, on sent parfaitement l'œuf près d'être pondu. Il est cependant préférable de ne pas toucher la femelle à ce moment critique, car la frayeur ou une main trop rude pourrait occasionner une mauvaise ponte.

La ponte.

La femelle pond le premier œuf, en été, entre cinq et six heures du soir ; en hiver, une ou deux heures plus tôt. Le deuxième œuf est pondu le surlendemain, entre midi et deux heures de relevée ; donc environ quarante-quatre à quarante-six heures après.

MM. Chapuis, « *Pigeon voyageur belge* », (p. 63); Laperre-Deroo, « *Le pigeon messager* », (p. 153) ; — André, « *Le pigeon voyageur* », (p. 12) ; Deboeve, « *Traité pratique d'élevage* », (p. 10), mentionnent, dans leurs ouvrages respectifs, que la ponte du *premier œuf* a lieu entre midi et deux heures de relevée, et le *second*, cinquante à cinquante-quatre heures plus tard.

Nous venons de dire que la ponte du premier œuf a lieu *vers le soir*, et non de midi à deux heures, et que l'intervalle, entre la ponte du premier et du second œuf, est de *quarante-quatre à quarante-six heures*, et non de cinquante à cinquante-quatre. MM. Chapuis, — Laperre-Deroo, — André, — et

Deboeve, ont donc tous commis la même erreur d'observation.

Nous avons noté le fait suivant, que nous tenons de M. Honoré Boelens, de Lokeren, un amateur sérieux et digne de foi.

En 1894, il fit lâcher à Tournai plusieurs de ses pigeons et, par inadvertance, il mit au panier d'expédition une femelle de 1893, qui devait pondre le lendemain. Le lâcher eut lieu et tous ses sujets rentrèrent lestement, à l'exception de la dite femelle qui ne rentra que le surlendemain, vers sept heures du matin. Elle se rendit immédiatement à son nid pour y déposer le premier œuf. Ce fait, très rare, prouve qu'une *jeune femelle*, en faisant des efforts, est capable de retarder la ponte d'un demi-jour. On sait qu'ordinairement en pareille circonstance, les femelles entrent dans les colombiers étrangers pour faire la ponte.

Mode de conserver et d'utiliser des œufs de valeur.

Lorsqu'un couple de pigeons de valeur a des œufs qu'on doit déplacer et qu'en ce moment on ne peut les confier à des reproducteurs, il existe un moyen de les conserver pendant plusieurs jours en procédant comme suit :

Enlevez les œufs immédiatement après la ponte, et enfermez-les dans une boîte contenant de la ouate. Placez cette boîte dans un endroit à l'abri des variations atmosphériques jusqu'à ce qu'un couple puisse couver les œufs en question.

L'incubation.

Après la ponte du second œuf, la couvaison définitive commence. La femelle, avec une assiduité inébranlable, couve ses œufs toute la nuit et une partie de la journée. Lorsque la nourriture est distribuée ou qu'elle éprouve le besoin de manger ou de boire, c'est en toute hâte qu'elle quitte son nid, pour le regagner immédiatement. La femelle ne quitte ses œufs qu'au moment où le mâle vient la relayer, ce qui a lieu ordinairement vers dix heures du matin. Après avoir prudemment tourné les œufs, le mâle les couve jusqu'à trois ou quatre heures de l'après-midi ; c'est l'heure habituelle de l'arrivée de la femelle, pour le relais. En été, l'incubation dure dix-sept jours et demi, à compter de la ponte du premier œuf. En hiver, ou par une température froide, elle dure un jour plus longtemps. Quoique la ponte des œufs se fasse à un intervalle d'environ deux jours, les jeunes naissent à peu près au même moment.

Carnet d'annotations. — La substitution d'œufs.

Le véritable amateur possède un *carnet* pour annoter les dates des pontes ; cette manière de procéder offre plusieurs avantages, que nous allons énumérer (¹) :

1º Elle donne toute facilité pour *substituer les œufs* d'un couple à ceux d'un autre couple de plus grande valeur, lorsque la ponte est à peu près de la même date.

2º Elle fournit les données nécessaires pour prévoir exactement le jour de l'éclosion, ce qui est souvent très important à l'époque des concours.

3º En cas de ponte d'œufs clairs ou hardés, elle permet de remplacer ceux-ci par de bons œufs, pondus à peu près à la même date ; de cette façon le couple peut élever un ou deux jeunes, et on évite l'épuisement qu'entraîne une ponte nouvelle.

4º Lorsqu'une femelle ne pond plus momentanément, par une cause accidentelle ou par suite de grand âge, après que le mâle l'aura poussée au nid pendant six à huit jours, on lui donnera un œuf d'un autre couple, de

---

(¹) L'amateur doit en outre avoir un *registre matricule* sur lequel il inscrit l'origine de ses pigeons, la date de leur naissance ou de l'acquisition, le sexe, les résultats sportifs et tout ce qui peut l'intéresser.

ponte récente, et le surlendemain un second. Le couple les couvera et, après l'éclosion, élèvera parfaitement les petits. De cette façon, on évitera aussi l'épuisement des sujets ([1]).

5° Quand on participe à un concours avec un sujet d'un couple qui couve, le conjoint continuera la couvaison jusqu'au lendemain soir ; si, à ce moment, l'absent n'est pas rentré, généralement les œufs seront temporairement abandonnés, et le troisième jour, ils le seront définitivement.

Lorsqu'on prévoit que l'absence du pigeon peut durer quatre à cinq jours, on enlève le couveur de son nid *dès le second jour* et on l'isole du colombier. Entre-temps on passe les œufs à d'autres pigeons. Au retour du voyageur, on réunit immédiatement les conjoints dans leur case et on leur restitue leurs propres œufs. En pareil cas, ils continuent ordinairement la couvaison.

La substitution d'œufs peut se faire à tout moment, même pendant que le pigeon se trouve au nid.

OEufs fécondés.

A partir du quatrième ou du cinquième jour on peut s'assurer si un œuf est fécondé ou non ; on le regarde devant la lumière ; s'il renferme un germe vivant, on aperçoit vers le milieu une tâche noire entourée de vaisseaux sanguins ressemblant à des stries fines et déliées. Après le sixième jour, l'œuf perd sa transparence et acquiert un teint mat et plombé. Si l'œuf n'est pas fécondé, il conserve un certain degré de transparence et, en le secouant, on entend le choc d'un liquide. Il arrive que des œufs contiennent des germes qui se dessèchent durant l'incubation. Cela provient de ce que la femelle est trop âgée ou trop faible de complexion ([2]) :

---

[1] Voyez au chapitre « *Maladies* » sous la rubrique « *avalure ou hernie de l'oviducte. — Femelles qui cessent la ponte* ».

[2] Voyez « *Maladies de l'embryon* ».

Quelques jours avant l'éclosion, on peut savoir si les œufs renferment des êtres vivants. On les prend en main et on les approche de l'oreille; si les petits vivent on entend parfaitement leurs mouvements.

Ponte d'œufs clairs.

Lorsqu'une femelle pond constamment des œufs clairs, on lui donnera un autre mâle; si elle continue à pondre des œufs non fécondés, c'est une preuve de stérilité, et on la supprimera.

Accident à l'œuf.

Il arrive que, par accident, un œuf de valeur est légèrement fêlé ou qu'il présente une petite bosse, ce n'est pas toujours un motif pour le rejeter. En appliquant sur la fêlure un petit morceau de taffetas, ou de *peau divine*, on peut s'attendre à une éclosion régulière. Nous précisons : il s'agit d'œufs dont la membrane tapissant la partie intérieure est restée intacte.

Pigeons qui abandonnent leur nid et leurs œufs.

L'amateur rencontre parfois cette mésaventure avec des pigeons déjà avancés en âge ou avec des sujets accouplés depuis longtemps. Le colombophile peut en être la cause lui-même en forçant un couple à occuper une case qui ne lui plait pas.

Nous avons vu des jeunes femelles et des jeunes mâles vifs et vigoureux abandonner spontanément leurs œufs pour s'adonner aux plaisirs de l'hymenée.

Si des pigeons ont l'habitude de déserter leurs œufs, l'amateur doit intervenir sans retard pour en rechercher les causes et remédier à cet état de choses.

Si les œufs abandonnés ont de la valeur, il les confie à d'autres couveurs.

Abus dans l'élevage.

Certains jeunes amateurs commettent parfois de vrais abus dans l'élevage des pigeons. Pour obtenir d'une excellente race un grand nombre de jeunes, ils enlèvent, à plusieurs reprises, les œufs pour les faire couver par un autre couple et obligent ainsi la femelle à des pontes successives et rapprochées ; sans nul doute, ils ignorent les conséquences déplorables de cette façon de procéder, car ils conduisent la femelle à l'épuisement. En outre, on l'expose à une paralysie des ailes ou des pattes et à une inflammation de l'oviducte. Le déplacement des œufs ne peut se faire tout au plus qu'une fois par an, au commencement de la bonne saison, et ce uniquement après une couvaison de dix jours.

Femelles de grande valeur à ménager.

Il y a des femelles qui, à cause de leur bonne progéniture, ont une grande valeur ; arrivées à un certain âge, elles pondent moins vite et plus difficilement. Si les mâles, trop ardents, les pourchassent trop tôt après chaque éclosion, s'ils ne leur permettent pas de manger ou de boire et les obligent à des pontes successives, elles s'affaiblissent, deviennent extrêmement maigres et souvent paralytiques. Dans ce cas, il faut soustraire les femelles aux obsessions des mâles et les isoler chaque fois pendant trois ou quatre semaines. Durant cet intervalle, il y aura lieu de leur donner une nourriture saine et variée et de leur administrer un médicament reconstituant. Les pilules *Volatiline* selon notre formule allopathique, une le matin et une le soir, pendant trois jours, sont dans ce cas parfaitement indiquées. On peut faire suivre ce médicament de nos pilules *Spéciale*, une par jour, pendant trois à quatre jours consécutifs. Si l'on ne prend cette précaution, les qualités procréatrices seront vite épuisées. On doit limiter les couvées des femelles, dans cette condition d'âge et de constitution, à trois ou quatre par an.

Eclosion.

Un ou deux jours avant *l'éclosion*, les œufs fécondés présentent une boursoufflure avec de légères fissures. Par ces fentes, l'air arrive abondamment au petit, ses poumons se dilatent et son corps se développe au point que la coque se divise en deux parties et le laisse sortir librement de l'œuf. Voilà une éclosion régulière.

Eclosion irrégulière ou laborieuse.

Il y a plusieurs causes d'éclosion irrégulière ou laborieuse, notamment les suivantes :

La faiblesse ou l'état maladif des procréateurs ou de l'un deux ; — la séquestration prolongée ; — le changement brusque de température (froid vif et courant d'air) ; — la nourriture trop peu azotée ou distribuée en quantité insuffisante ; — le défaut de substances calcaires et salines ; — la malpropreté du colombier ; — les œufs trop salis dans les nids ; — une écaille trop dure.

Si les amateurs veulent réussir dans l'élevage, ils doivent éviter soigneusement toutes ces causes.

Un excellent moyen pour parer à l'inconvénient de l'éclosion irrégulière consiste à administrer

Une purge

à tous les pigeons du colombier, quinze jours environ avant l'élevage annuel ; on procède de la manière suivante :

Laissez les pigeons à jeun pendant un jour. Le lendemain administrez à chacun d'eux, à jabot vide, une pilule *Débutante* et le jour suivant une pilule *Secondaire*.

En ce qui concerne la nourriture, suivez nos indications à la « *note particulière*. (Voir au chapitre *des Maladies*).

Une parfaite santé est indispensable chez les reproducteurs si l'on veut obtenir dans les œufs des germes fécondés, sains et vigoureux et, comme conséquence, une éclosion régulière et des pigeonneaux de bonne venue.

Moyens pour faciliter l'exclosion laborieuse.

Lorsqu'un œuf qui renferme un pigeonneau vivant n'éclot pas à terme et que, par conséquent, il reste plus longtemps dans la coquille qu'il ne faut, soit par suite de faiblesse ou d'une coquille trop dure, l'éclosion sera laborieuse ou n'aura pas lieu. Dans ce cas on constate parfois un petit trou dans l'œuf par lequel on voit sortir la pointe du bec du petit être qui y reste prisonnier. On doit, dans l'occurence, l'aider en pratiquant, avec beaucoup de prudence, une petite fêlure circulaire dans la coquille, puis on enlève doucement de petites parties de celle-ci, sans mutiler la membrane qui en tapisse la partie interne et qui sert d'enveloppe au pigeonneau. Si la petite créature a une conformation complète et est assez vigoureuse, en la remettant ainsi dans le nid, la nature achèvera son œuvre et généralement quelques heures plus tard l'éclosion aura lieu.

Si par contre, en voulant délivrer un pigeonneau de la manière indiquée plus haut, la membrane de l'abdomen se déchire à la partie ombilicale et qu'il s'en échappe un liquide jaunâtre, le petit mourra, parce que, par suite de faiblesse congénitale, il n'a pu obtenir le développement corporel nécessaire.

Une autre cause d'éclosion laborieuse provient d'une couche malpropre qui recouvre souvent les œufs, empêchant ainsi l'air d'y pénétrer par les pores de la coquille et qui peut amener l'asphyxie du pigeonneau.

Par conséquent l'amateur doit surveiller soigneusement l'incubation et l'éclosion. Il doit en outre veiller constamment à ce que les nids soient tenus propres et que les œufs ne soient point salis de fientes ou d'autres matières.

Des pigeonneaux.

Les pigeonneaux naissent les paupières closes, et simplement couverts d'un léger duvet. Ils n'ouvrent les yeux que quatre ou cinq jours après leur naissance. Les plumes, devant leur servir de couverture, n'arrivent à une croissance suffisante, et capable de les protéger contre l'action du froid, que dix à douze jours après l'éclosion. Durant tout ce temps, les parents couvrent soigneusement de leur corps ces jeunes créatures pour les réchauffer.

La bouillie alimentaire.

Les trois ou quatre premiers jours après leur sortie des œufs, les petits êtres, trop faibles et trop délicats pour digérer les grains, sont nourris exclusivement au moyen d'un liquide jaune pâle, qui se condense et devient pâteux, c'est ce qu'on appelle la *bouillie alimentaire*, en flamand *pap*, que les parents dégorgent dans le bec des petits ; puis, vers le quatrième jour, cette sécrétion alimentaire se mélange avec les aliments des nourriciers, et disparaît complètement vers le huitième.

Nos diverses expériences nous ont prouvé qu'aux derniers jours de l'incubation les glandes des muqueuses du jabot sécrètent la bouillie, tant chez le *mâle* que chez la *femelle* ; que cette sécrétion se produit toujours, lors même que les œufs ne renferment pas d'êtres vivants.

Dans un ouvrage colombophile paru récemment, l'auteur soutient que chez les pigeons qui couvent, *aucune sécrétion n'a lieu avant l'éclosion.* Il dit qu'il y a simplement préparation de la muqueuse mais que la sécrétion ne commence que lorsque *le pigeon contracte le jabot pour la produire.*

Nous avons dit dans les dernières éditions de notre ouvrage « *La colombophilie moderne* », que la bouillie existe chez les couveurs *avant* l'éclosion. Il résulte même de nos nouvelles expériences, obtenues par des vivisections, qu'à partir du douzième jour les muqueuses du jabot sont engorgées, se rident légèrement et deviennent de jour en jour plus angulaires avec développement des follicules muqueux. La sécrétion d'après nos observations commence vers le quatorzième ou le quinzième jour et augmente graduellement jusqu'au jour de l'éclosion (¹).

Si donc, on confie aux couveurs un pigeonneau à peine né dès le quinzième jour de couvaison, le jeune être (à l'aide de cette sécrétion alimentaire) peut certes déjà être nourri et élevé.

Nos contradicteurs qui disent qu'il n'y a pas de *sécrétion avant l'éclosion,* reconnaissent cependant qu'un pigeonneau qui vient de naître, confié à des couveurs, à partir du 14ᵉ jour d'incubation, sera nourri et élevé à la suite de la sécrétion obtenue par la *contraction du jabot.*

La sécrétion se produit donc, d'après eux, sur le coup, sans existence préalable de la bouillie alimentaire qui n'apparaîtrait soudain que sous une sorte de magique pression du jabot. C'est là une pure hypothèse sans fondement dans les faits. Elle démontre que leurs auteurs ne se sont pas souciés de chercher la vérité en de minutieuses observations physiologiques, comme les vivisections et d'autres opérations, dont les résultats incontestables les auraient nettement convaincus d'erreur.

Nous répétons donc qu'un pigeonneau qui vient de naître,

(¹) Chez les pigeons jeunes et vigoureux la sécrétion se fait plus tôt et plus abondamment que chez d'autres.

confié à des couveurs de quatorze ou quinze jours, sera nourri, comme nous l'avons dit plus haut, parce qu'il y a déjà *sécrétion de la bouillie alimentaire.*

Nous le prouverons :

En admettant l'hypothèse de nos contradicteurs, il en résulterait qu'un pigeon qui couve depuis huit à dix jours, devrait pouvoir aussi élever, dans les mêmes conditions, un jeune à peine né, puisque, par *la contraction du jabot*, la sécrétion devrait pouvoir se faire *sur le coup*, aussi bien au bout des huit ou dix premiers jours qu'au quatorzième. Rien n'est cependant plus faux.

Confiez un pigeonneau, qui vient d'éclore, à un pigeon qui ne couve que depuis une dizaine de jours, il ne sera pas nourri, et cela faute de sécrétion alimentaire ; il mourra de faim. Maints amateurs inexpérimentés ont, par ce procédé, été victimes de leur ignorance.

Du reste mille expériences peuvent démontrer le bien fondé de notre assertion.

Il résulte donc péremptoirement de ce qui précède, et de nos vivisections, qu'à partir du douzième jour de l'incubation, les muqueuses du jabot s'engorgent, se rident et que vers le quatorzième ou le quinzième jour commence la sécrétion des follicules muqueux, donc bien longtemps avant l'éclosion.

Finalement, il est démontré qu'il n'existe chez les couveurs, pendant les dix à douze premiers jours de la couvaison, ni sécrétion ni bouillie alimentaire.

Par conséquent, *la contraction du jabot* ne joue aucun rôle en ce qui concerne la sécrétion alimentaire qui nous occupe.

Quand on passe les œufs nouvellement pondus à un couple qui couve de quatre à cinq jours, l'éclosion arrivera certainement avec un retard de quatre ou cinq jours. Les pigeonneaux pourront être élevés.

Néanmoins dans ce cas les muqueuses qui tapissent les parois internes du jabot des pigeons couveurs seront abondamment gonflés de la bouillie alimentaire qui, n'ayant pu être utilisée à la date voulue par la nature, demeurera cependant, sans grande perte, adhérente au jabot. Elle pourra servir encore à nourrir les petits quatre ou cinq jours après le terme habituel de l'éclosion, et dès ce moment les couveurs retrouveront l'appétit que la présence en eux de la bouillie alimentaire, non utilisée, leur avait enlevé. Ce mode de substituer des œufs est souvent pratiqué par les colombophiles ; il en est de même, en ce qui concerne la substitution des jeunes nés depuis huit à dix jours chez des couveurs qui élèvent des pigeonneaux moins âgés, comme nous le dirons plus loin.

Lorsque les parents sont tout d'un coup privés de leurs jeunes, il peut certainement en résulter des maladies graves, nous l'expliquons au chapitre des maladies sous la rubrique « *pourriture du jabot* ».

Quant à la nature de cette *sécrétion*, nous avons été le premier à poser et à resoudre cette question dans les dernières éditions de notre ouvrage « *La Colombophilie moderne* » ; nous la ferons connaître ci-après.

Dans son ouvrage, le même auteur *pense* « que cette sécrétion n'est pas l'alimentation jaunâtre que nos jeunes pigeons reçoivent au début de la vie mais *un liquide grisâtre* refoulé par les contractions de la muqueuse et qui se coagule dès son arrivée dans le jabot, comme le lait se caille lorsqu'il est introduit dans notre estomac ».

Pareilles assertions sont purement hypothétiques et contredites par l'observation. Elles doivent être combattues parce qu'elles ne peuvent qu'embarrasser et dérouter les amateurs et jeter le désarroi dans la science colombophile.

On est allé jusqu'à soutenir dans le journal « *Le Martinet* » en date du 16 décembre 1893, l'

hérésie scientifique concernant la bouillie alimentaire

suivante :

On y lit, en effet, que « *la bouillie du début ne vient pas des parois internes ; qu'elle provient d'un séjour prolongé des graines dans le jabot* ».

Dans un autre article du même journal, en date du 13 janvier 1894, le signataire G. soutient formellement la citation ci-dessus.

Nos explications démontrent péremptoirement l'énormité de ces erreurs.

Une polémique assez vive s'est élevée entre deux rédacteurs de journaux belges, à la suite d'un article publié par le journal « *La Belgique colombophile* », portant entre autres : que « des nourriciers de race inférieure peuvent, pendant les premiers jours de l'élevage, communiquer à des jeunes provenant d'excellents producteurs qui leur sont confiés, des principes de nature à altérer leurs qualités de race, « ce qui veut dire en d'autres termes, que la bouillie servant de première nourriture, équivaut à du *sang* et que, par conséquent, elle est susceptible *de transmettre aux nourrissons des qualités et des défauts*.

Disons incidemment que toutes les muqueuses renferment des glandes et que toujours les sécrétions proviennent indirectement du sang. La bouillie qui nous occupe en est donc également une émanation. On a vu que cette question, résolue dans des sens divers, a ému quelque peu le monde colombophile. Nous sommes resté dans l'expectative, nous réservant de l'examiner à notre tour. Dans cette intention, et afin de pouvoir faire connaître notre manière de voir avec connaissance de cause, nous avons pratiqué

des vivisections

sur quatre pigeons voyageurs ; en voici le résultat :

A. *Chez une femelle couvant depuis seize jours.* L'ouverture du jabot présentait les parois fortement contractées et plissées ; une légère couche uniforme de bouillie jaunâtre y était adhérente.

B. *Chez une femelle ayant des jeunes à peine nés.* Le jabot était vide, sans aliments, mais la face interne était tapissée d'une couche uniforme de pâte ou de bouillie, épaisse de deux à trois millimètres. Nous en avons trouvé aussi autour de l'orifice inférieur et commun des poches, (cavité thoracique). En enlevant prudemment cette couche, nous avons constaté, que la muqueuse, étant à nu, était plissée, ridée, ressemblant à des mailles triangulaires, et l'on découvrait au moyen d'une loupe, de nombreux follicules, appelés aussi glandes muqueuses. La pâte avait pris la forme des plis et des vides dans lesquels elle avait séjourné ; elle ressemblait à une crême qui sort d'un moule plissé.

C. *Chez un mâle ayant des jeunes de quatre jours.* La muqueuse était moins ridée ou moins spongieuse ; elle ne renfermait plus que des parties irrégulières de bouillie y adhérentes ; d'autres parties étaient mélangées avec les aliments que le jabot renfermait.

D. *Chez une femelle couvant seulement depuis sept à huit jours, à jabot complètement vide.* La muqueuse interne du jabot était tendue, unie, sans ride, ni trace pâteuse.

Disons incidemment que

l'œsophatogomie,

pratiquée sur les quatre pigeons et par après sur d'autres pigeons, ne leur a causé aucune indisposition. Après le rapprochement des bords des plaies, d'après les règles de l'art, au moyen de points de suture, les oiseaux ont été

rendus à leurs nids respectifs et ils n'ont cessé de couver
et d'élever.

Les vivisections dont il s'agit confirment nos observations physiologiques antérieures, et prouvent, jusqu'à
l'évidence, que la bouillie alimentaire jaunâtre est sécrétée
par les glandes muqueuses du jabot, et reste adhérente
aux parois internes de cette poche ; que la sécrétion de la
bouillie existe déjà chez les couveurs avant le seizième jour
de l'incubation. Et répétons-le que cette *alimentation jaunâtre* — mais nullement un liquide grisâtre — sert *exclusivement* de nourriture aux pigeonneaux, les trois ou quatre
premiers jours de leur naissance.

Quelle est la nature de la bouillie sécrétée et son utilisation au point de vue de l'élevage ?

Nous nous bornerons à transcrire, sans rien y ajouter,
ce que nous avons dit dans nos ouvrages précédents.

Jusqu'ici nous n'avons pas soumis ce produit à une ana-
lyse chimique, mais à notre avis, elle se compose de
matières grasses, riches en albuminoïdes, de facile digestion, possédant même une propriété légèrement laxative.

Maintenant, quelle que soit la nature ou la composition
de la bouillie alimentaire, nous appuyant sur notre longue
expérience, nous devons à la vérité de dire, que nous pra-
tiquons chaque année, depuis plus de vingt ans, la substitution d'œufs et le déplacement de pigeonneaux de race
d'élite, sous des couples ne valant rien comme pigeons
voyageurs, sans jamais avoir remarqué que ce mode d'élevage soit préjudiciable aux qualités *morales* des pigeons
qui ont été nourris par ces sujets sans mérite. Il est facile
de comprendre, qu'une alimentation par ce produit naturel,
qui ne dure que quatre jours, ne peut exercer aucune
influence sensible à cet égard; mais par contre, l'expérience
prouve, que cette alimentation peut favoriser l'*état sanitaire*

de ces jeunes êtres ; les pigeons sains et robustes, dans la vigueur de l'âge, sont les meilleurs nourriciers; la sécrétion de la bouillie est plus abondante chez eux que chez les sujets âgés ou de faible complexion ; les pigeonneaux déplacés profitent de cette nourriture naturelle, saine et de facile digestion et elle vient en aide à leur développement constitutionnel. En confiant des pigeonneaux chétifs ou malingres, même déjà âgés de huit à dix jours, à des nourriciers de ce genre, ayant des jeunes éclos d'un à trois jours, on peut en espérer une guérison complète, ou un développement parfait. Ce mode de procéder vaut cent fois les meilleurs médicaments.

Pigeonneaux des premières couvées.

Les pigeonneaux des premières couvées de l'année, sont généralement les plus forts et les plus vigoureux, pour la raison que les parents, ayant été séparés pendant l'hiver, ou les producteurs n'ayant pas élevé durant cette période, ont eu le temps de réparer leurs forces ; d'un autre côté, la gent ailée, née au commencement de l'année, a tout l'été pour se développer (¹).

Nous avons observé, dans notre longue carrière colombophile, que généralement les *premiers jeunes* obtenus d'*un nouveau croisement* de parents de race supérieure, héritent de leurs meilleures qualités. De même, la première couvée d'une première union d'un *jeune mâle*, de bonne race, avec une femelle primée, plus âgée, et réciproquement, les premiers œufs, d'une *jeune femelle*, d'excellente race, appariée

---

(¹) Pour que les reproducteurs ne s'empoisonnent au champ, par les sels toxiques qu'ils y trouvent et qu'ils communiquent à la progéniture, nous les tenons enfermés pendant la première tournée de l'élevage. Par ce procédé, nous avons toujours des jeunes de bonne venue. (Voyez « *Le champ* » p. 75 et suivantes).

avec un bon mâle plus âgé, sont, huit fois sur dix, des produits hors ligne.

Soins de propreté à donner aux pigeonneaux.

On évite de prendre les pigeonneaux en main, si ce n'est quand il y a lieu de nettoyer l'intérieur du nid. Ce besoin s'accuse ordinairement après la première huitaine de l'éclosion ; les petits ne pouvant déposer leurs excréments à l'extérieur du nid, en salissent la partie intérieure. Dans l'intérêt de la santé et pour éviter la vermine, on remplace ce nid par un autre, dans lequel on dépose de la paille fraîche froissée. A partir de ce moment on ne touche plus aux jeunes.

Lorsque les fientes s'accumulent en abondance autour du nid et répandent une odeur fétide, ce qui arrive surtout par un temps humide et pluvieux, on doit, après les avoir enlevées, désinfecter la partie humide en la badigeonnant avec du *sulfure de chaux liquide*, ou avec un autre désinfectant. L'odeur fétide peut aussi provenir d'un nid qui renferme des pigeonneaux atteints de *diarrhée*.

La diarrhée est, dans ces cas, souvent attribuable à l'incurie des parents ou des nourriciers. Parmi ceux-ci, les uns sont trop ardents et pourchassent leur femelle trop tôt après l'éclosion ; les petits qui sont abandonnés gagnent *froid* et par suite une *diarrhée* ; les autres pêchent par excès de soins et d'amour, en nourrissant trop souvent et trop abondamment leurs jeunes ; par la surcharge d'aliments, ils éprouvent une *indigestion* suivie d'une *diarrhée*, à laquelle, très souvent, ils succombent. Les pigeons de cette catégorie sont de mauvais nourriciers. Nous indiquons les remèdes à suivre à la *deuxième partie* de cet ouvrage, sous la rubrique : « *Diarrhée chez les pigeonneaux au nid* ».

Les pigeons de concours peuvent-ils élever les deux jeunes ?

A notre avis, les pigeons peuvent élever, sans inconvénient, les deux jeunes de la première couvée, qui naissent en mars ou en avril, parce qu'à cette époque, les parents ne sont pas fatigués par l'élevage et qu'ils n'ont pas à voyager. Une autre raison, c'est qu'alors la température est souvent froide et que deux jeunes au nid se réchauffent mieux ; or, la chaleur est indispensable à leur développement.

Bien que la loi de la nature impose aux pigeons d'élever deux jeunes, on ne le tolère plus après la première couvée, parce qu'au point de vue sportif, cela présente les avantages suivants :

1º On empêche les pigeons voyageurs de s'épuiser.

2º Un seul jeune reçoit une nourriture plus abondante et se développe mieux que dans l'élevage simultané de deux jeunes.

3º Les pigeons engagés au concours ont autant d'attachement et d'amour pour un jeune que pour deux.

4º En ne laissant élever qu'un jeune par couple, rien n'empêche d'utiliser les deux œufs s'ils ont de la valeur ; à cette fin, l'on procède comme suit : on laisse couver un œuf par le couple dont l'œuf provient et on donne l'autre à un couple ayant eu une ponte vers le même jour. On met, à côté de chacun de ces œufs, un œuf mauvais ou artificiel, de façon qu'un seul œuf éclose dans chaque nid et que les parents n'aient qu'un petit à élever.

Doit-on élever avec les pigeons qu'on engage aux concours ?

Les pigeons qui doivent voyager, ne sont pas, pendant l'époque des concours, en état d'élever dans de bonnes conditions. Durant leur absence du colombier, les produits ne reçoivent ni une nourriture régulière, ni les soins voulus. Les producteurs subissent parfois eux-mêmes des privations et s'affaiblissent par les fatigues des voyages ; dès lors on comprend que, dans ces circonstances, on ne peut guère espérer obtenir des sujets de valeur. Conserver des produits de parents ainsi affaiblis serait imprudent et déraisonnable, parce qu'ils héritent de cet état constitutionnel. Si l'on tient à la progéniture de ces pigeons de concours, on la fait élever par des nourriciers qu'on garde exclusivement à ces fins, et on leur donne d'autres à élever sans valeur.

Cris plaintifs des jeunes au nid.

Quand vous entendez partir d'un nid des cris plaintifs et répétés, c'est qu'il y a des pigeonnaux qui ont faim, qui sont malades ou abandonnés ; dans ce cas, recherchez la cause de cette situation et remédiez-y sans délai.

Progéniture à supprimer.

Si dans un nid renfermant deux pigeonneaux, l'on en découvre un qui, dès les premiers jours de sa naissance, est malingre ou chez lequel la croissance n'est pas régulière, il faut le supprimer. Cette suppression favorisera le développement de l'autre.

Les pigeonneaux qui, dès leur tendre jeunesse, présentent des défauts physiques ou héréditaires doivent être sacrifiés sans délai et sans pitié.

Il ne faut pas conserver non plus les produits provenant de parents affaiblis par des excès génésiques ou par des pontes successives et rapprochées.

Il convient de supprimer aussi la progéniture de jeunes pigeons, de *part et d'autre* âgés de moins d'un an. Cette progéniture est généralement faible, molle, lymphatique, et sans valeur pour les voyages et la reproduction.

Lorsque des deux jeunes au nid, déjà âgés de quelques jours, vous ne voulez élever *qu'un seul*, ce n'est pas toujours le plus grand qu'il faut garder : c'est, le plus souvent le plus petit des deux qui est le mieux conformé et qu'il faut préférer comme pigeon de sport.

Les pigeonneaux sains.

On reconnaît qu'un pigeonneau est sain aux signes suivants :

Lorsqu'il se développe dans des conditions normales et se tient coi dans son nid, sans laisser échapper aucun cri ; s'il a le jabot replet et la digestion régulière. Si, après une bonne nourriture, ses fientes sont épaisses et teintées de blanc. Le duvet de naissance est abondant chez lui et se conserve jusqu'après sa sortie du nid.

L'alimentation des pigeonnaux.

Les pigeonneaux âgés de quinze à vingt jours doivent être l'objet d'une surveillance particulière, car, lorsque le mâle chasse au nid, il oublie parfois de les nourrir ; dans son ardeur, il poursuit la femelle sans trêve ni merci, et ne lui laisse pas le temps de prendre une nourriture quelconque. Les jeunes pigeons ne pouvant pourvoir à leurs propres besoins souffrent de la faim, quittent leur case, poursuivent leurs parents ou d'autres pigeons, les ailes ouvertes et le bec en l'air, pour réclamer la nourriture qui leur fait défaut. Si l'on ne remédie pas promptement à cet état de choses, les affamés s'affaiblissent visiblement, deviennent anémiques et dépérissent. Pour parer à ce mal on mettra, comme nous l'avons déjà dit, des graines dans la case ; les parents y mangeront et y nourriront leurs jeunes ; ces derniers, excités par l'exemple, ramasseront à leur tour quelques graines et reviendront à cet endroit pour manger. Si, vers le soir, l'on remarque que, malgré cette précaution, l'alimentation des pigeonneaux est insuffisante, on leur introduira dans le bec quelques féveroles. On doit veiller à ce qu'ils n'aillent pas dormir le jabot complètement vide (¹).

Pour leur apprendre à boire, on leur plongera le bec dans l'eau de l'abreuvoir.

Nous possédons un mâle qui gorge au colombier tous les jeunes pigeons qui lui réclament de la nourriture. C'est un *nourricier universel,* qui, dans les conditions sus-indiquées, peut être d'une grande utilité. Aux époques des concours, durant l'absence des parents, il lui arrive de substituer ses soins aux leurs.

Substances calcaires et salines.

Les jeunes chiens ont besoin de manger des os pour que leur squelette se développe dans des conditions favorables ; de même les pigeons ont besoin de sels de chaux pour la formation de leurs œufs et pour le développement normal de leur ossature.

Les meilleures préparations et les plus simples sont les suivantes : On prend de la chaux pétrifiée, (du mortier provenant de vieux bâtiments), des écailles d'œufs séchées et l'on pile ces matières. Données ensemble à parties à peu près égales, ces substances fournissent les éléments nécessaires à la formation de l'écaille de l'œuf.

En observant cette prescription, on aura rarement des œufs hardés ou à coquille très faible.

A l'époque de l'élevage nous donnons souvent des coquil-

(¹) Voyez au chapitre de « *La nourriture* » la rubrique « *L'alimentation pendant l'élevage* » (p. 73).

les d'œufs pilées à part, parce que le calcaire des vieux
bâtiments contient parfois de la chaux presque à l'état pur
ou insuffisamment éteinte ; dans ces conditions, cette
matière peut produire une coquille d'œuf trop dure et
rendre l'éclosion laborieuse, tandis que les écailles des œufs
renfermant tous les éléments nécessaires, plus une petite
quantité d'albumine, ne peuvent jamais rendre l'écaille de
l'œuf à pondre plus dure que celle dont elle provient. C'est
donc à tort qu'on prétend le contraire.

Une autre pratique consiste à mélanger les coquilles
d'œufs pilées, avec des écailles d'huitres pilées, ou avec une
poudre d'os, qu'on appelle *os calciné* ([1]). On l'obtient en
broyant des os dépouillés de leurs matières organiques par
calcination. Cette poudre renferme surtout des phosphates
de calcium mélangés à d'autres sels parmi lesquels l'organisme choisit ceux dont il a besoin, tout comme chaque
plante choisit dans un sol riche en matières minérales les
éléments qui lui conviennent le mieux.

Hormis le cas indiqué sous la rubrique « *Les secrets du
sport colombophile* », les préparations calcaires sus-indiquées
et un bloc de *sel gemme* peuvent constamment se trouver
à la portée des pigeons.

Autrefois nous recommandions de mélanger les substances calcaires avec une petite quantité de sel de cuisine ou
de saumure, en y ajoutant des semences aromatiques,
telles que l'*anis* et le *cumin*. L'expérience démontre que les
pigeons abusent souvent des substances calcaires ainsi pré-
parées ; elles peuvent provoquer un dépôt calcaire et être
une des causes principales de la maladie qu'on désigne sous
de nom de « *pierre au pourtour de l'anus* ».

([1]) Ne pas confondre les os calcinés avec *l'os de seiche* qu'on réduit en
poudre et qu'on donne aux petits oiseaux dans les cages pour fournir une
partie de chaux nécessaire à leur organisme. Toutefois on peut donner
aux pigeons l'os de seiche comme condiment.

Soins à donner aux pigeons réservés à la reproduction.

Les pigeons réservés exclusivement à la reproduction, doivent *vivre en liberté* et disposer du meilleur endroit du colombier, à l'abri des vents froids et des *courants d'air ;* ces conditions doivent être strictement observées, si l'on veut bien réussir dans l'élevage, (voyez « la *consanguinité pigeonnière* (p. 112).

Déviation du sternum.

Cette question si intéressante et importante au point de vue sportif, mérite un examen approfondi.

La déviation du sternum provient d'après nos observations, d'une faiblesse congénitale ou d'une cause traumatique.

Les pigeonneaux qui naissent de parents débiles, affaiblis par une alimentation mauvaise, par l'âge avancé, par la consanguinité répétée, ou de pigeons épuisés par des voyages nombreux et ardus, ou enfin, de producteurs qui relèvent d'une maladie sans avoir recouvré totalement leurs forces, ces pigeonneaux en général sont atteints d'une déviation du bréchet ou gagnent cette défectuosité par la suite.

Les jeunes pigeons nés dans les conditions énumérées ci-dessus, ayant le sternum de travers, portent incontestablement une tare héréditaire qui prédispose les descendants à un squelette faible ou à l'ostéomalacie (mollesse et flexibilité des os) qui rend le bréchet mince et sensible au point de se dévier au moindre dérangement, soit dans le nid, soit d'une autre manière.

Une maladie survenue après la naissance, une forte contusion ou un accident causé par la chute du pigeonneau, peuvent aussi amener une fracture du sternum ou une déviation de cet os.

Voilà, à notre avis, les seules causes véritables et plausibles.

On aurait donc tort d'admettre les théories de certains écrivains qui prétendent que dans la plupart des cas la déviation du sternum est accidentelle et provient chez les jeunes bien venus des lattes anguleuses sur lesquelles ils se reposent, des nids dans lesquels se trouvent un gros fétu de paille, des nervures de tabac sêché, des morceaux de bois et autres accumulations. Ces assertions sont dénuées de tout fondement ; nous le prouverons :

En été, nous voyons souvent les *jeunes pigeons de bonne venue* grandir et se développer, alors qu'après les premiers huit jours, il ne se trouve plus le moindre brin de paille dans leur nid ; les petits sont couchés sur un plateau nu, qui à la suite se garnit ou s'encombre presque toujours de fientes durcies par la sécheresse ; ou bien de petits bâtons, de copeaux, ou d'autres corps plus ou moins durs avec lesquels les parents garnissent leur couche ; malgré ces conditions défavorables, ces jeunes, de *bonne venue* et vierges d'une tare héréditaire, ne contractent point dans leur nid une déviation du bréchet. Les lattes anguleuses des perchoirs ne causent pas davantage cette déformation.

Une expérience de trente-cinq ans nous autorise à parler dans ce sens et à démentir toute assertion contraire.

Les jeunes pigeons qui gagnent une déviation du bréchet, soit par des privations, des maladies ou des accidents et qui à la suite se rétablissent et jouissent d'une bonne santé, peuvent plus tard, si l'os du sternum, quoique dévié, est épais et fort, participer aux concours avec chance de succès. L'expérience le prouve.

En tout cas, il est préférable d'avoir les pigeons sans la moindre déviation, n'importe pour quel but, parce que si le sternum est droit et solide, cela prouve que leur ossature en général est puissante et permet aux coursiers ailés de résister aux fatigues des voyages lointains et ardus mieux qu'à ceux ne se trouvant pas dans ces conditions.

Choix des produits de valeur.

Nous avons dit au chapitre de « *l'art de croiser les races* », qu'un amateur expérimenté, possédant de bons reproducteurs, peut souvent reconnaître au plumage et aux nuances des yeux, la valeur de la progéniture ; il y a donc lieu de s'attacher à ces signes caractéristiques pour fixer plus sûrement son choix dans les produits et préférer la *qualité* à la quantité.

Sevrage des pigeonneaux.

Les pigeonneaux sains, qui ont été bien nourris et soignés, sont, après vingt-cinq à trente jours, bien constitués et bien emplumés; à cet âge ils sont à même de se nourrir et d'être séparés des parents. On place les jeunes oiseaux dans un colombier à part pour les sevrer. A défaut d'un colombier spécial, on peut aménager un *compartiment de sevrage*, non loin de la trappe, de sorte qu'ils puissent se familiariser avec la sortie et l'entrée du colombier. L'émancipation des jeunes pigeons est d'une nécessité absolue à leur éducation; c'est en même temps une décharge pour les parents, et de plus, un excellent moyen de ne pas les laisser vagabonder.

A quels signes extérieurs peut on reconnaître le sexe des pigeons?

Les pigeons, comme les oiseaux en général, ont des signes extérieurs qui permettent de distinguer le sexe auquel ils appartiennent. L'observateur le plus expérimenté peut cependant parfois se tromper à cet égard.

A. Chez les adultes :

Généralement chez les pigeons adultes, d'une même variété, le mâle a le corps plus développé que la femelle ; la tête aussi est plus grande et le bec plus fort. Par contre, la femelle, plus petite, a les formes plus fines et plus gracieuses ; chez elle les os du bassin sont généralement un peu écartés. Cet écart s'accentue après la première ponte.

Les pigeons à plumage gris, meunier ou fauve, roux et rouges, ayant une ou plusieurs stries ou tâches noirâtres sur les rémiges ou sur les rectrices, sont généralement des sujets mâles. Cependant il arrive de rencontrer chez des femelles, à robe rouge ou pâle, une plume tâchetée ou panachée d'une couleur bistre. Ces cas du reste sont très rares.

Le plumage du cou, chez les mâles adultes a des reflets bronzés et plus chatoyants que chez les femelles.

B. Chez les pigeonneaux au nid :

On peut reconnaître plus ou moins le sexe des pigeonneaux, âgés de quelques jours, aux signes suivants :

Lorsque les deux petits, se trouvant au nid sont de sexe différent, généralement le mâle a la tête et le corps un peu plus développés que la femelle. En approchant la main du nid, le pigeonneau mâle se dresse sur ses pattes et laisse entendre un léger claquement du bec ; la femelle, au contraire, lève légèrement le corps ou se tient coi.

Dans certaines races, les jeunes êtres, des deux sexes, se dressent sur leurs pattes, sans laisser entendre un claquement du bec.

Manifestation du sexe.

L'époque vers laquelle les pigeonneaux accusent leur sexe diffère assez notablement ; cela tient à la race, à l'ardeur du tempérament et surtout à la nourriture qu'on leur distribue; lorsque celle-ci est substantielle, stimulante, abondante et variée, les facultés procréatives se développent très tôt. On voit souvent dès l'âge de deux à trois mois un couple de jeunes pigeons, sans roucouler ou autres manifestations amoureuses, se becqueter et se couvrir; cela se voit aussi par des sujets de même sexe.

Chez d'autres, les besoins génésiques ne se manifestent qu'à l'âge de cinq à six mois. Alors on reconnaît le mâle à son roucoulement et la femelle à ses politesses et autres signes décrits aux pages 135 et 136 du présent chapitre. Si l'amateur n'intervient pas en diminuant la ration de la nourriture, ces jeunes oiseaux reproduiront et par suite s'épuiseront.

Age de puberté.

L'amateur est souvent embarrassé de ses pigeons adultes, surtout des jeunes femelles qui ont atteint l'âge de puberté; s'il ne les apparie pas, il les perd, et s'il les accouple et les laisse reproduire il les expose à troubler les fonctions des organes reproducteurs. Leur santé et leur avenir en souffrent, car l'élevage arrête leur croissance et leur développement corporel. Finalement, par l'affaiblissement qui en résulte, la mue s'arrête également.

Ainsi que nous avons été le premier à le dire, dans nos ouvrages précédents, il existe un moyen de se soustraire à ces inconvénients: c'est de séparer les mâles des femelles après les étapes d'entraînement et de les reclure dans des volières spacieuses et bien aérées. Les amateurs qui peuvent mettre ce moyen en pratique, pourront, sans danger pour la santé, tenir leurs pigeons séparés jusqu'à la bonne saison de l'année suivante.

Un autre moyen, plus simple et très recommandable, c'est de ne donner qu'une volée par jour aux jeunes pigeons entraînés, habitant un colombier à part ou un compartiment de sevrage. On le fait le matin pendant que les vieux restent enfermés. A leur rentrée au colombier ils trouvent une ration de nourriture pour toute la journée.

Inconvénients de l'accouplement précoce de jeunes femelles.

Il arrive parfois qu'une jeune femelle, qui doit pondre pour la première fois, ne dépose qu'un œuf ou en pond deux de petit volume et que plus tard elle cesse complètement la ponte.

La véritable cause de cette stérilité momentanée et parfois permanente, provient le plus souvent de l'ignorance ou de l'imprudence de l'amateur. Il laisse une jeune femelle, à peine âgée de cinq ou six mois, s'accoupler à un mâle plus âgé et ardent. La jeune femelle est pourchassée et doit pondre avant que sa constitution corporelle soit assez forte et assez développée. De cette façon elle est exposée à une avalure ou hernie de l'oviducte. Pour remédier à ce cas excessivement grave, voici comment il convient de procéder :

Il faut découpler la jeune femelle dès qu'on s'aperçoit qu'elle est pourchassée par son mâle et l'isoler jusqu'à ce qu'elle soit âgée au moins de neuf à dix mois, ou bien aussitôt que le mâle la chasse à nid lui donner des œufs à couver.

Un autre moyen consiste, comme nous l'avons dit plus haut, de l'enfermer et de l'isoler dans une volière.

De cette façon elle ne s'abimera point par une ponte forcée et l'accident qui peut en résulter sera évité.

L'élevage annuel.

Pour devenir ou rester un amateur à succès et avoir par la suite d'excellents sujets, dressés et aguerris, il importe

d'élever annuellement un certain nombre de jeunes pigeons.
Il le faut aussi pour combler les vides occasionnés par les
pertes subies dans la campagne de l'année précédente,
pour remplacer les non-valeurs et les sujets devenus incapables de lutter avec chance de victoire.

On ne doit cependant pas élever à l'excès, car l'encombrement doit être évité. (Voir à la *deuxième partie*, au
chapitre de « *l'Hygiène* », la rubrique « *Encombrement* »).

La réussite dans l'élevage. La joie et le chagrin de l'amateur.

Les succès d'un amateur dépendent indubitablement de
la bonne réussite dans l'élevage. C'est sur ses élèves qu'il
fonde tout son espoir ; s'il obtient des produits sains, forts
et vigoureux et s'il a la chance de pouvoir les garder, il
est heureux et content, parce qu'il peut s'attendre à avoir,
dans le nombre, quelques sujets d'élite.

Si l'amateur ne réussit pas dans l'élevage, ou si, comme
cela arrive malheureusement trop souvent, ses jeunes
pigeons quittent le toit natal pour élire domicile dans un
autre colombier où on les retient, cela le rend triste et le
décourage profondément. C'est ainsi que souvent, à un
moment donné, il n'a plus de sujets capables de participer
aux concours et que, par suite, il est privé, pour quelques
années, de son plaisir favori.

Élevage d'arrière-saison.

Il arrive que des amateurs doivent élever à l'arrière-saison pour avoir des pigeonneaux en octobre et en novembre.
A ce sujet une question s'impose :

Avec quels pigeons faut-il élever ?

Ce n'est assurément pas de ceux qui ont déjà nourri
durant toute la bonne saison, ni avec ceux qui ont voyagé.

Les uns et les autres ont besoin de se reposer et de faire une bonne mue. Voici comment on doit s'y prendre pour avoir quelques chances de réussite :

On élève à l'arrière-saison avec des pigeons nés en automne de l'année précédente. Généralement on n'entraîne ces jeunes tardifs qu'au mois de juillet qui suit leur naissance[1].

Ces pigeons âgés alors d'environ un an, sont aptes à la reproduction. On leur procure un conjoint plus âgé.

Les produits obtenus de pareilles unions, s'ils sont de bonne venue, peuvent se développer sans subir toutes les phases de la mue dans la même année, passer l'hiver et une partie de l'année suivante sans élever. On peut trouver parfois dans cette catégorie de fort bons sujets.

---

[1] Voir au chapitre « *Le dressage* », la rubrique « *Entraînement des pigeons nés à l'arrière-saison.* »

CHAPITRE XI.

LA PREMIÈRE SORTIE DES JEUNES PIGEONS.

Les émotions de l'amateur.

Au moment de la première sortie des jeunes pigeons, quel est l'amateur dont le cœur ne palpite pas d'émotion! La crainte de perdre sa jeune nichée l'inquiète à bon droit. Pour éviter autant que possible tout contretemps, on procède comme suit: Si l'amateur ne possède pas une trappe munie d'une volière, dont il est question au chapitre « *Des modes d'adduire les pigeons* », il doit mettre les petites créatures, sachant à peine voler, deux ou trois fois par jour à l'intérieur de la trappe. Au début, ils semblent avoir peur de l'espace et rentrent tout de suite. Après quelques répétitions de ce genre, les jeunes oiseaux connaissent l'entrée du colombier et ne témoignent plus le même empressement à y rentrer ; ils semblent se plaire en cet endroit et se familiariser avec l'horizon ; ensuite, ils apprennent à reconnaître les objets qui les environnent et les abords de leur demeure : ces épreuves sont suffisantes. Dès ce jour ne les prenez plus en main. Lorsque le temps est calme laissez-les tous les jours en liberté. Quand on observe alors de loin ce qui se passe, on les voit descendre sur le toit ; ils circulent autour de la trappe, trottinent le long de la gouttière ; quelques uns s'élèvent en battant des ailes ; ils semblent vouloir essayer leur vol ; puis, tout à coup, ils rentrent précipitamment l'un après l'autre, dans le colombier, comme s'ils avaient peur de l'inconnu. Quand ils le quittent de nouveau, on remarque qu'ils sont déjà plus hardis ; ils volent de droite et de gauche sur le toit, reviennent sur la trappe, et, finalement, un ou plusieurs d'entre eux prennent leur vol autour de leur demeure ou décrivent quelques spirales en l'air, pour retomber sur le toit. Il y en a même qui se reposent sur un toit voisin avant de revenir au gîte. Le lendemain ils sont plus aguerris, et la majeure partie de la bande prend sa volée. Au bout de quinze à vingt jours, tous s'élancent dans l'espace. Ce moment est aussi critique que celui de la première sortie. Les jeunes pigeons s'effraient d'un rien ; le passage d'un oiseau, un coup de fouet, le bruit d'un jouet d'enfant suffit parfois pour les éloigner de leur domicile. Ainsi effrayés, ils volent à une grande hauteur et restent longtemps éparpillés ; ils s'abattent enfin sur un toit élevé, sur une église, ou vont se reposer sur un arbre. Dans le nombre, il y en a qui reviennent au colombier, mais les autres n'osent plus rentrer. Après avoir erré pendant deux ou trois jours de suite, pressés par la faim et la soif, ils retournent généralement au colombier natal, s'ils ont été familiarisés avec son entrée et ses abords.

Soins et précautions à prendre envers les jeunes pigeons.

Les jeunes pigeons se trouvant au *compartiment de sevrage* (¹) doivent trouver de la nourriture à demeure, et une large provision d'eau fraîche comme boisson.

On ne doit jamais jeter des graines à l'intérieur ou à l'extérieur de la trappe, au moment de la première sortie des jeunes élèves, pour la raison suivante : Lorsqu'un pigeonneau, entraîné par une bande, tombe sur le toit d'un

---

(¹) Voir au chapitre de « *L'élevage des pigeons* » la rubrique « *Le sevrage des pigeonneaux*.

amateur indélicat, celui-ci, quand il s'en aperçoit, s'empresse de jeter des graines dans la trappe pour l'y attirer. Si le jeune oiseau a l'habitude de s'y nourrir chez lui, il se laissera prendre au piége ; s'il n'a pas contracté cette habitude, à moins d'être affamé, il sera méfiant et s'envolera.

Par un temps sec et un vent violent, ne donnez jamais la liberté aux jeunes pigeons, pas même à ceux âgés de plusieurs mois ; ces volatiles s'effraient des coups de vent, peuvent être entraînés au loin, et ne plus retrouver leur gîte.

Pour laisser sortir notre jeune tribu, nous choisissons, comme nous l'avons déjà dit, l'heure de midi ou une ou deux heures plus tard, après avoir constaté la rentrée de tous nos vieux pigeons.

Il y a des raisons très sérieuses de procéder ainsi et voici la principale :

Tout colombophile sait que, pendant la bonne saison, on organise chaque jour des concours et des entraînements de pigeons.

Or, lorsque vous laissez vos pigeonneaux en liberté de bon matin vous vous exposez à en perdre quelques-uns au moins, ce qui peut vous être fort préjudiciable. Supposez, comme c'est le cas très fréquent qu'une bande de voyageurs traverse les airs à l'endroit où vos jeunes élèves s'exercent ; ceux-ci dans leur inexpérience seront tentés de se mêler à la troupe de passage, de faire route avec elle ; ils peuvent ainsi être entraînés loin de leur colombier natal, à une distance de plusieurs lieues, et quand la débandade se produira ils n'en retrouveront plus le chemin.

De cette façon on perd souvent les plus beaux produits de l'élevage sur lesquels ou avait fondé les plus grandes espérances.

Ce contretemps, dont aucun auteur n'a parlé, nous est arrivé. Nous sommes heureux de pouvoir l'exposer pour que nos lecteurs puissent profiter de la leçon.

Pour éviter ces pertes fâcheuses, nous engageons les amateurs à suivre le conseil que nous leur donnons plus haut.

Malgré tous les soins qu'on prend à l'égard de ces jeunes oiseaux, on en perd souvent, et malheureusement presque toujours de ceux auxquels on attache le plus grand prix. Quel heureux jour quand on retrouve au pigeonnier un jeune pigeon qui l'avait abandonné ! On ne sait l'entourer d'assez de soins ; et, si un honnête amateur rend un pigeonneau égaré ou perdu, le propriétaire accorde volontiers en pareille occasion une bonne récompense.

On perd plus facilement les jeunes sujets d'excellente race provenant de liens consanguins. Ceux-ci sont généralement très capricieux et déguerpissent souvent sans esprit de retour.

Lorsque les jeunes pigeons, qui habitent un colombier ou un compartiment de sevrage, sont arrivés à l'âge adulte ou de puberté, alors que le rut s'éveille chez eux, il est recommandable de les réintégrer au colombier principal. On leur y procure une place ou une case dont ils disposent librement et où on peut les accoupler. C'est un excellent moyen pour les rendre plus fidèles au logis et les préparer aux étapes d'entraînement.

CHAPITRE XII.

LA MUE.

Pigeon en mue.

Notions essentielles et scientifiques.

A nature a imposé aux animaux comme loi générale, de renouveler partiellement ou totalement chaque année les plumes ou les poils qui leur servent de couverture ou de fourrure. C'est ce qu'on appelle *la mue*.

Une question très importante et controversée est celle-ci:

La mue constitue-t-elle une maladie chez les pigeons?

Certains auteurs répondent affirmativement.

D'après M. Pelletan, *la mue est une maladie* que font tous les animaux (*Pigeons, Dindons, Oies et Canards*, p. 44). M. Chapuis dit que Boitard et Corbié ont également rangé ce phénomène parmi les maladies du pigeon (*Pigeon voyageur belge*, p. 82). L'auteur d'un ouvrage, paru en 1889, disait aussi que *la mue était une maladie* et non une fonction, parce que beaucoup de pigeons en meurent, etc.

Ces auteurs se trompent et, dans l'intérêt de la science, il doit nous être permis de redresser leur erreur.

La mue n'est pas une maladie,

mais seulement une fonction périodique, naturelle, spéciale et nécessaire de l'organisme vivant.

Nous avons été le premier à prouver que *muer régulièrement* est l'inverse d'être malade, que c'est, au contraire, un *signe de parfaite santé*. Lorsqu'un pigeon ne mue pas, c'est qu'il est dans l'impossibilité de le faire, par faiblesse ou par maladie. Aussitôt qu'un pigeon est guéri de sa maladie, ou rétabli de sa faiblesse, *la mue reprend;* c'est une preuve évidente que le pigeon ne meurt pas de la mue, mais de l'affection dont il est atteint, ou de l'état débile dans lequel il se trouve.

Quand un pigeon est anémique ou faible de complexion, soit par une cause congénitale, soit à la suite d'un mauvais régime alimentaire ou qu'il est atteint d'une affection que certains auteurs et amateurs sont incapables de diagnostiquer, la mue s'arrêtera ou se fera lentement et difficilement, parce que le sujet manque de force et de santé.

Dans ce cas, on doit aider la nature en se conformant aux prescriptions indiquées plus loin. Du moment que le volatile aura récupéré un sang plus riche et que la santé et les forces lui seront revenues, la mue se fera immédiatement dans de bonnes conditions et l'oiseau acquierra son développement complet. On ne doit donc pas dire qu'il n'y

a guère de remède à ce mal que l'on peut appeler la *maladie du pigeon.*

Chez les pigeons qui nourrissent, la mue se ralentit, non
pas parce qu'ils en deviennent malades, mais parce que
ces volatiles, pendant qu'ils élèvent, subissent certains
phénomènes naturels qui les affaiblissent et les fatiguent.
Voilà pourquoi la mue est momentanément retardée sans
qu'elle porte le moindre préjudice à l'élevage. Si la mue
leur était préjudiciable il n'y aurait que très peu de jeunes
pigeons qui deviendraient adultes dans de bonnes conditions.

La mue dans les ailes.

On sait que la mue commence par la chute des grandes
pennes des ailes, vers le mois d'avril ou de mai, selon que

Aile de pigeon.

l'on élève tôt ou tard. Si cette mue partielle se fait régulièrement et par conséquent naturellement, elle prouve la
bonne santé des parents et, généralement, dans ce cas, loin
de faire du tort à la progéniture, celle-ci naît robuste et se
développe à souhait. Tous les vrais praticiens possèdent
par expérience ces notions scientifiques.

L'aile du pigeon est composé de *vingt deux* plumes, dont
dix grandes, appelées rémiges *primaires* et douze moins

longues, nommées rémiges *secondaires* ('). Ces dernières
viennent à l'arrière des primaires. Il y a aussi des plumes
bâtardes fixées à l'os du pouce, et des plumes *scapulaires*,
attachées à l'humérus. On appelle plumes *uropygiennes*,
les plumes qui recouvrent le croupion, et *tectrices*, les petites plumes qui recouvrent les racines des pennes des ailes
et de la queue.

Lorsque la mue commence dans les ailes, c'est la plus
courte des dix rémiges primaires, en comptant de dehors
en dedans, qui tombe la première. Environ un mois après,
la seconde rémige se détache, alors la première a repris à
peu près tout son accroissement. La deuxième atteint la
moitié de sa longueur lorsque le pigeon perd la troisième.
Arrive alors le tour des sept autres rémiges primaires, qui
se détachent successivement à des intervalles qui varient
d'après les circonstances d'élevage, de force et de santé.
Après la chute de la cinquième ou de la sixième rémige, la
mue se porte sur les plumes attachées à l'humérus et sur
celles de l'épaule. Après la chute de celles-ci, ce sont les
couvertures des ailes qui tombent, et quelques jours plus
tard, on peut s'attendre à voir la mue devenir générale.

Quand un pigeon nourrit des petits avant qu'une rémige
des deux ailes ait acquis sa longueur totale, il n'en perd
généralement aucune autre aussi longtemps que les pigeonneaux ne sont pas à même de pourvoir à leurs propres
besoins. La mue reprend aussitôt que les parents ne nourrissent plus leurs jeunes.

Il arrive que, par l'élevage excessif, la mauvaise alimentation ou une autre cause quelconque, la mue est empêchée
ou retardée. Du moment que cette cause n'existe plus, la
nature semble vouloir rattraper le temps perdu, et c'est

(¹) Nous possédons dans notre colombier des pigeons avec onze rémiges
primaires.

ainsi que souvent, vers la fin de la saison, deux ou trois rémiges tombent à la fois.

Nous avons vu un cas remarquable de ce genre.

Au mois de septembre 1885, les frères Lagae d'Ingelmunster confièrent à nos soins un pigeon malade : un mâle d'élite, connu sous le nom de « *Le Buyse de Lagae* ». Ce volatile présentait les symptômes du coryza, d'une inflammation de la glotte, et d'une hépatite débutante ; il était en outre arrivé à un degré d'épuisement avancé par des excès de voyage et de reproduction. La mue, complètement suspendue, avait été irrégulière et mauvaise. Les deux ailes étaient garnies de quatre nouvelles rémiges primaires malades, à peine arrivées à la moitié de leur longueur normale. Après des soins prolongés, nous parvînmes à guérir complètement le volatile ; il devint fort et bien portant, la mue reprit d'une façon générale et, chose étrange, les quatre rémiges malades en question disparurent d'un coup des deux ailes, et de nouvelles pennes saines et parfaites repoussèrent. Ainsi donc, chez ce pigeon une double mue partielle s'était faite dans la même année ; chose rare, extraordinaire, et peut-être unique dans les annales pigeonnières.

La mue dans la queue.

La queue du pigeon voyageur se compose généralement de douze pennes, il y en a six de chaque côté, qu'on appelle *rectrices*. Ainsi que nous l'avons dit au chapitre de « *la consanguinité pigeonnière* », nous avons plusieurs pigeons dans notre colombier qui ont treize et quatorze rectrices et un mâle, né en 1900, qui en a *seize*. Ce sont des cas exceptionnels.

. La mue de la queue commence ordinairement quand les ailes du pigeon ont perdu sept à huit grandes pennes ; elle se fait généralement d'une manière régulière et suit à peu près la marche de dedans au dehors, comme la mue des ailes. Les deux premières pennes qui se détachent sont celles qui suivent immédiatement les médianes ou pennes du milieu de la queue. Lorsque ces pennes sont arrivées aux trois quarts de leur longueur, les médianes tombent ; celles-ci poussent déjà lorsque la quatrième, puis la troisième penne vient à tomber. C'est alors le tour de la première. La seconde ou l'avant-dernière ne se détache, des deux côtés, qu'en dernier lieu.

Nous avons souvent remarqué que, comme pour les ailes, deux ou plusieurs pennes de la queue tombent à la fois, ou à peu d'intervalle. Ces cas exceptionnels ne se présentent généralement qu'après un élevage prolongé et tardif, ou après le rétablissement d'un pigeon malade.

La queue, de même que l'aile, est un organe de locomotion très important ; elle sert au pigeon de gouvernail pour se diriger dans les airs. Cela est si vrai, qu'un voyageur ordinairement vainqueur aux concours de grandes distances, du moment qu'il est privé de sa queue, se laissera distancer de loin par ses concurrents. Nous en avons fait l'expérience à différentes reprises.

Par la chute successive et intermittente de chacune des rectrices dont se compose la queue du pigeon, la nature prévoyante ne le prive, en aucun temps, de l'usage qu'il doit en faire.

La mue chez les jeunes pigeons.

La mue des jeunes pigeons dépend de l'époque de leur naissance, des conditions sanitaires dans lesquelles ils se trouvent, des soins hygiéniques et du régime alimentaire qu'on leur procure. Les jeunes sujets, nés au commencement de l'année, feront, au préalable, une mue partielle des plumes de la tête et du cou, pour faire plus tard, vers l'automne, une mue générale. Il en sera de même des pigeonneaux qui ne quittent le nid qu'à la fin du mois de juillet, s'ils sont bien nourris, s'ils jouissent d'une bonne santé et ne reproduisent pas. Les pigeonneaux, nés après le mois d'août, ne font qu'une mue incomplète, conservent quelques rémiges primaires et quelques rectrices, jusqu'à l'été de l'année suivante. Ces pennes sont plus mates que les nouvelles et n'ont pas tout leur développement.

La mue générale.

La vraie mue générale et successive des vieux pigeons et de ceux qui sont nés au commencement de l'année, n'a lieu qu'en automne. Elle ne change pas, à proprement parler, la couleur du plumage, mais les nouvelles plumes sont plus vivement colorées, plus longues et plus larges que les anciennes. Un jeune pigeon n'est parfaitement développé qu'après une mue complète. Nous savons par expérience que les pigeons ne renouvellent pas, chaque année, toutes leurs petites plumes. Ceci est du reste sans importance. La mue régulière et totale dans les ailes et la queue est la seule chose importante et nécessaire au point de vue sportif.

Danger d'arracher des remiges primaires.

Un amateur colombophile nous posa, en 1891, la question suivante :

« Lorsqu'à la fin de l'année la mue s'arrête naturellement, par suite de grands froids ou parce que la saison de la mue a pris fin, peut-on, quand il ne reste plus qu'une ou deux rémiges primaires à tomber, les arracher, en vue d'obtenir le renouvellement complet des grandes pennes de l'aile ? »

Voici notre réponse.

La mue peut être comparée au mouvement de la sève chez les végétaux. Au printemps, la circulation de cette sève produit le développement des bourgeons, des feuilles, des fleurs et des fruits ; la force d'ascension de la sève est d'autant plus considérable que la plante est saine. En automne, les végétaux se dégarnissent de leurs feuilles et de leurs parures, parce que, privés de sève et d'une température propice, leur vie est réduite à un état latent qui dure jusqu'au printemps suivant.

La mue des pigeons est subordonnée à des phases quasi semblables. Elle commence à se faire partiellement vers le printemps et s'achève en automne. S'il s'agit de jeunes pigeons nés tardivement, elle ne s'accomplit pas totalement, il reste alors souvent, vers la fin de l'année, des rémiges qui ne tombent que dans le courant de l'été suivant.

Lorsque la mue s'arrête naturellement, c'est que la sève fait défaut. Arracher à ce moment une ou deux rémiges, quand la substance qui doit leur donner la vie et les faire croître n'existe plus, c'est courir le risque de ne plus les voir repousser. Nous avons fait trois expériences dans les conditions que nous venons de relater, et deux fois elles nous ont été fatales. La mue des rémiges s'était arrêtée, pour chacun des cas, vers la fin du mois de décembre. La neuvième penne avait atteint sa longueur totale, lorsque nous arrachâmes la dernière ou l'extérieure. Quelques jours plus tard, nous constatâmes que cette penne ne repoussait plus, l'alvéole d'où elle devait sortir, étant dépourvue de l'élément naturel et indispensable à sa formation, produisit un bourgeon protubérant, dont il sortit une plume mince et petite. La mue subséquente n'apporta aucun changement à cet état de choses, et le pigeon resta privé d'une aile complète, ce qui le rendit impropre aux luttes aériennes.

Des deux autres expériences nous obtînmes, pour l'un des pigeons un résultat identique à celui que nous venons d'indiquer et, pour l'autre, un résultat plus favorable, mais ce dernier pigeon était extrêmement fort et vigoureux.

Il résulte de ce qui précède, qu'on ne doit jamais forcer la nature, ni arracher les plumes des ailes. Il est vrai qu'en arrachant une grande penne trois mois après l'arrêt naturel de la mue, un contretemps est moins à craindre, mais c'est toujours une opération imprudente (¹).

Moyens de provoquer et d'activer la mue.

Le docteur Chapuis recommande à cette fin « de renfermer le pigeon dans une loge, dont le fond sera recouvert de graines de foin légèrement humides ». (*Pigeon voyageur belge*, p. 90).

Une parfaite santé étant requise pour que la mue se fasse régulièrement et complètement, on ne doit se soucier que de la conservation et de l'entretien de la santé. A cet effet, on observera tous les soins hygiéniques, entre autres l'exercice journalier. On évitera soigneusement les excès d'élevage et les fatigues des voyages. De cette manière on obtiendra, *sans aucun autre moyen*, une mue régulière et, en temps opportun. Cependant, si, malgré tous ces soins, la mue ne s'effectue pas, se fait lentement, difficilement ou s'arrête, on doit, dans ce cas, rechercher les causes, et comme nous l'avons déjà dit, aider la nature. S'il s'agit d'une maladie, on s'attachera à la guérir. Si l'amateur ne connaît aucune cause ou s'il y a faiblesse, il peut administrer les médicaments suivants :

Une pilule *Volatiline* le matin et une le soir pendant trois jours; puis, pendant quatre à cinq jours une pilule *Spéciale* par jour.

(¹) Nous avons été le premier à fournir ces explications qui ont une importance particulière.

Ce simple traitement est généralement suivi des meilleurs résultats.

Les mêmes prescriptions sont applicables aux gallinacés.

Moyens de retarder la mue.

Après la chute de la dernière rémige primaire, on ne laissera plus élever les pigeons jusqu'à la bonne saison suivante. C'est un point important à observer et un moyen sûr de *retarder la mue*.

On peut également retarder la mue en rassemblant tardivement les couples.

Quelques considérations particulières.

On sait que l'exercice est nécessaire à l'entretien de la santé. C'est surtout durant la période de la mue qu'il faut le faire prendre aux pigeons ; aussi le recherchent-ils instinctivement en battant la campagne.

Tout semble indiquer que c'est pour eux une époque de continence, pendant laquelle ils fortifient leur constitution et refont leurs parures.

Pour ne pas empêcher *la mue générale et successive*, ne laissez plus les pigeons de concours ni voyager ni élever depuis la fin *du mois d'août*. A ces fins, enlevez leurs nids ou laissez les couver sur des œufs artificiels (¹).

Si l'empoisonnement n'était pas à craindre aux champs, il serait d'une utilité incontestable que les pigeons y aillent, *en pleine liberté*, pour les raisons suivantes :

1º Leur absence du colombier empêche les tendances à la reproduction.

(¹) On ne doit pas abuser de la couvaison *prolongée* sur des œufs artificiels, parce que quand cela arrive trop souvent les couveurs perdent l'amour de leur nid, leur énergie et leur courage. Nous ne la permettons, à nos pigeons qu'une fois par an, à la fin de la campagne sportive, pendant l'époque de la mue.

2° L'exercice quotidien, au grand air, facilite la circulation du sang, active la mue, favorise la chute des grandes pennes et le développement des nouvelles rémiges, rend le plumage vigoureux et luisant.

L'amateur doit souvent reclure ses pigeons à l'époque de la mue, par mesure de prudence, pour éviter les inconvénients et les ravages signalés sous la rubrique « *Le champ. — inconvénients* » (p. 75 et suivantes).

Il doit cependant, si le temps est favorable, leur donner autant que possible une volée par jour afin d'obtenir les bons résultats indiqués ci-dessus.

Cette volée ne peut avoir lieu dans la matinée comme nous le recommandons au chapitre de « *la séparation des sexes* ». Voici pourquoi :

Si, à cette saison, il fallait donner la liberté à vos pigeons, de bon matin, vous ne pourriez pas limiter la durée de la volée, ni, malgré toutes vos précautions, les empêcher d'aller au champ, et vous savez alors à quel danger vos meilleurs sujets seraient exposés.

Or, pour ne pas avoir des pertes à déplorer, la volée si salutaire doit, dans l'occurrence, être accordée dans l'après dîner, alors que les pigeons sont plus ou moins rassasiés, ou vers le déclin du jour, car, répétons-le, elle est indispensable pour que l'achèvement de la mue se fasse dans les meilleures conditions sportives possibles.

Quant à la nourriture observez les prescriptions indiquées sous la rubrique « *L'alimentation pendant la mue et l'arrière-saison* » (p. 75).

On doit aussi, à cette époque de l'année, éviter soigneusement les courants d'air au colombier, afin de ne pas exposer les sujets à des paralysies ou à la maladie de l'aile.

Le bon amateur examinera, au moins une fois par semaine, ses coursiers ailés, notamment les vainqueurs aux voyages de long cours, pour s'assurer si la mue de ces oiseaux de grande valeur se fait régulièrement et s'ils ne présentent pas de traces de maladie, car le moindre symptôme de nature à entraver ou à empécher la mue doit être aussitôt combattu et traité jusqu'à guérison complète.

Il est également recommandable de soumettre ces pigeons et tous les autres du colombier à

une cure de fin d'année.

A cet effet, administrez leur les médicaments indiqués au chapitre de « *l'élevage* » sous la rubrique « *La purge* » à la page 143.

Cette cure est indispensable pour prévenir une foule de maladies qu'on observe si souvent à l'époque de la mue.

Lorsque les bons pigeons ont fait une mue régulière et complète, on peut présager d'excellents résultats aux concours de l'année suivante. Il est donc de la plus haute importance de surveiller cette fonction.

La mue chez les gallinacés.

La mue des gallinacés a ordinairement lieu en automne; les poules nées au commencement de l'année muent toujours plus facilement que celles nées plus tard.

Observer les règles de l'hygiène, veiller à la santé des sujets, leur distribuer une nourriture variée et de bonne qualité, voilà ce qu'il faut faire pour obtenir une bonne mue parmi les gallinacés.

CHAPITRE XIII.

DE L'ADDUCTION DES PIGEONS.

ADDUIRE les pigeons signifie, en langage colombophile, les habituer à un nouveau colombier ([1]).

Il existe beaucoup de moyens pour adduire les pigeons.

Nous exposerons brièvement ceux que nous connaissons :

1° Lorsqu'il s'agit d'adduire plusieurs pigeons d'un colombier à un autre, on accouple ceux qui ne le sont pas. Quand tous les couples sont définitivement installés, depuis quelques jours, et qu'ils semblent se plaire au nouveau colombier, on les laisse en liberté ; ils retourneront à leur ancienne demeure. On les y prendra et on les réintégrera au nouveau colombier.

Le lendemain on les laisse sortir de nouveau. Alors la trappe de l'ancien colombier doit être fermée et on doit chasser les pigeons qui y retournent. Si les jours suivants il y a encore des obstinés qui ne quittent pas l'ancien toit ou qui y retournent, on peut, au besoin, les laisser entrer une dernière fois, puis on retire la trappe et comme nous l'avons dit dans les deux premières éditions de notre ouvrage « *La colombophilie moderne* », on arbore, au même endroit, un chiffon ou un petit drapeau pour effrayer et éloigner définitivement ceux qui ne parviennent pas à oublier le toit natal.

([1]) « Adduire » du latin « *adducere* ».

2° Pour adduire un seul pigeon (mâle ou femelle), on l'accouple avec un sujet qui vole en liberté et on lui procure une case et un nid ; puis, pour mettre l'oiseau dans l'impossibilité de prendre son vol, on se sert d'un des modes qui suivent :

A. On lui coupe les rémiges primaires de *l'une* des ailes.

B. On rase les barbes des grandes pennes *d'une* des ailes.

C. On enduit de savon noir les grandes pennes *d'une* des ailes.

D. Ou bien, on attache, à *l'une* des ailes du pigeon, une petite *épaulière* en cuir léger. Il y a des appareils pour l'aile droite et pour l'aile gauche.

Laissez élever le couple et placez parfois le pigeon à adduire dans la trappe pour le familiariser avec l'entrée et la sortie du colombier. Généralement, lorsque le nouvel hôte aura séjourné pendant deux ou trois mois au colombier, il ne s'en éloignera plus ([1]).

Trappe avec adaptation d'une petite volière.

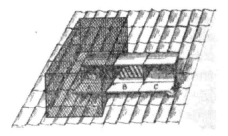

Le dessin ci-dessus représente la trappe avec volière d'un de nos colombiers.

Cette volière est construite en treillage de fil de fer galvanisé. On la place sur le toit et on l'adapte, par un des côtés, à la trappe, de façon à donner communication à l'intérieur du

([1]) Les pigeons d'une bonne race intelligente sont ceux qu'on peut adduire le plus facilement.

colombier. Les pigeons qui s'y trouvent pour être adduits, doivent voler à l'intérieur de la trappe pour pénétrer par une des ouvertures dans la volière où ils peuvent séjourner en plein air et retourner au colombier à volonté.

La trappe, proprement dite, est construite d'après le modèle de notre trappe nouvelle dont il est question au chapitre « *Du colombier et ses accessoires* » (p. 45), avec cette différence qu'il y a trois ouvertures au lieu de deux :

A. L'ouverture pour pénétrer dans la volière.

B. L'ouverture qui sert de sortie aux pigeons qui volent en liberté.

C. L'ouverture pour la rentrée des pigeons au colombier.

Les deux premières overtures (lettres *A* et *B* du dessin), sont munies d'une porte mobile en fer, à claire-voie, qu'on lève pour ouvrir et qu'on descend pour fermer. Il y a, en outre, des planchettes mobiles pour fermer les trois ouvertures.

Cette petite volière présente de nombreux avantages :

1° Les jeunes et les vieux pigeons à adduire se familiarisent avec la trappe et s'habituent au colombier ; ils vont se poser dans la volière où ils respirent le grand air et apprennent à y connaître les alentours de leur demeure.

2° Il n'y a aucun inconvénient à tenir, au même colombier, des pigeons vivant en liberté. Quand on veut laisser sortir ces derniers, on retient les pigeons non adduits captifs dans la volière. Il suffit, à ces fins, de descendre la petite porte mobile.

3° Lorsqu'il s'agit d'un mâle à adduire, déjà habitué au colombier et à la volière, on l'apparie avec une femelle qui vole en liberté. Pour le laisser sortir, on choisit le moment où il chasse au nid. On éloigne les autres pigeons du colombier, pour que ce couple, étant seul, ne soit pas dérangé dans ses manifestations amoureuses.

Lorsque la femelle quitte le colombier, le mâle la suit et retourne avec elle au colombier.

L'oiseau est adduit.

4° On agit de même à l'égard d'une femelle qu'on doit adduire ; on ouvre la trappe et on laisse l'oiseau en liberté dans les conditions susdites au moment où le **mâle** la poursuit au nid.

Neuf fois sur dix, la femelle retournera à sa nouvelle demeure et ne la quittera plus.

5° Lorsqu'un amateur se procure des *jeunes pigeons* il suffit qu'il les retienne pendant quelques jours dans la volière, pour les adduire facilement et ne pas les perdre.

Lorsqu'on se sert d'une volière pour l'adduction des pigeons, les modes décrits en tête de ce chapitre ne doivent plus être mis en pratique.

CHAPITRE XIV.

LA SÉPARATION DES SEXES ET DES COUPLES.

FAUT-IL séparer les sexes et les couples pendant l'hiver ?

C'est une question sur laquelle les amateurs ne sont pas d'accord. Il y en a qui séparent leurs pigeons, d'autres ne le font pas ; il y a même des amateurs qui sont dans l'impossibilité de les séparer, parce que leur colombier ne s'y prête guère. Les amateurs qui se trouvent dans ce dernier cas, ainsi que ceux qui ne désirent pas séparer les sexes, *enlèvent les nids* vers la fin du mois d'août, ou ils laissent couver ces oiseaux sur des œufs artificiels. Un autre moyen consiste à diminuer la nourriture pour empêcher la tendance à la reproduction.

Généralement, nous ne séparons nos pigeons que pendant le mois qui précède le commencement de l'élevage, c'est-à-dire, vers la mi-janvier de chaque année.

Pour faire une séparation, on doit pouvoir enfermer les pigeons dans un colombier spacieux, divisé au moins en trois compartiments d'après le plan que nous donnons ci-après.

Ces compartiments sont disposés de telle façon que les mâles et les femelles ne peuvent se voir durant leur séparation. Au moyen de cette disposition particulière du colombier, on peut donner alternativement la liberté aux deux sexes le même jour, ou bien, le premier jour aux uns et le second aux autres, en procédant de la manière suivante :

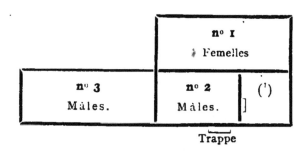

Trappe

La volée journalière.

Il s'agit ici de la volée pendant l'hiver.

Pour donner la liberté aux femelles, on fait entrer les mâles qui occupent le compartiment n° 2 dans celui portant le n° 3 et l'on ferme la porte.

On ouvre le compartiment n° 1, occupé par les femelles. On les fait partir sur un signal ou un cri quelconque, car les pigeons doivent être disciplinés et obéir à leur maître. Les femelles s'envolent par la trappe, que l'on referme après qu'elles sont toutes sorties. Une fois rentrées, on les réintègre dans le compartiment qui leur est destiné. Cette opération terminée, on ouvre la porte du compartiment n° 3, où les mâles sont confinés et ceux-ci reviennent occuper leur place ordinaire. On n'a qu'à ouvrir la trappe quand on veut les laisser sortir.

Si la neige ne couvre pas les champs et les toits et que le temps est clair, c'est-à-dire sans brouillard, nous donnons tous les jours la liberté à nos pigeons séparés ou non, de la manière indiquée ci-dessus.

A cet effet nous choisissons l'aurore pour la sortie, avant de donner la ration quotidienne ; d'ordinaire les pigeons ne volent pas plus de quinze à vingt minutes. *Une volée par jour* suffit amplement pour entretenir la santé des volatiles. (Voyez la rubrique « *L'alimentation en hiver* », page 72).

---

(1) Compartiment de sevrage.

Si, dans le nombre, il y a de jeunes femelles en chaleur, ce qui arrive par un temps favorable, on les retient durant quelques jours au colombier pour ne pas les perdre, et on réduit leur nourriture à la portion congrue.

Chaque amateur a sa manière de procéder quant à l'heure de la sortie momentanée des pigeons. Il y en a qui préfèrent l'heure du midi, d'autres l'après-midi. En hiver nous laissons sortir nos pigeons de bonne heure, parce que l'on n'a pas à craindre alors les ravages de l'épervier. Rarement ce forban de l'air commence sa chasse avant neuf ou dix heures du matin. En suivant cette pratique et en évitant les dangers en temps de neige ou de brume, nous n'avons jamais à déplorer la perte d'un pigeon.

A propos des dangers que peuvent présenter le *brouillard* et la *neige* pendant l'hiver, nous ferons connaître les contretemps qui peuvent en résulter.

Contretemps par le brouillard en hiver.

Lorsqu'on ne donne aux couples, séparés ou non, qu'une volée matinale par jour, on ne doit jamais le faire par un brouillard épais, parce qu'on s'expose à perdre des pigeons dans les circonstances suivantes :

Il suffit que les pigeons, qui quittent brusquement le colombier par un fort brouillard, aperçoivent dans les airs un épervier ou des corbeaux qu'ils croient être des rapaces, pour s'en effrayer ; alors ils volent en bande serrée à une grande hauteur et s'éloignent parfois à des distances de plusieurs lieues de leur gîte.

Ne pouvant s'orienter à cause du brouillard, il arrive un moment où une débandade a lieu et maint bon sujet ne retrouve plus son colombier.

On peut perdre de cette façon d'excellents reproducteurs qui n'avaient pas voyagé pendant la bonne saison et d'autres pigeons de sport de grande valeur.

Nous en parlons par expérience.

Ce contretemps n'a pas lieu lorsque les pigeons volent constamment en liberté.

Contretemps par la neige.

Si pendant l'hiver les pigeons n'ont pas l'habitude de voler en liberté du matin au soir, il faut les tenir enfermés lorsque les toits et les champs sont couverts de neige ou pendant qu'il neige.

M. Raymond Vandenpoel de Wacken, un excellent amateur de notre voisinage qui ne donne à ses pigeons qu'une volée matinale par jour, avait commis l'imprudence de la leur donner pendant qu'il neigeait. Survint tout à coup une tempête de neige qui entraîna fort loin ses oiseaux de leur colombier. Le soir il constata que trente-trois beaux sujets sur trente-sept avaient disparu.

Pas un seul n'est retourné plus tard au gîte.

On voit qu'il s'agit d'être prudent avec les pigeons non aguerris.

Il se présente ici une autre question :

A quelle époque et pour combien de temps doit-on séparer les pigeons ?

Il y a lieu de séparer les pigeons plus tôt que d'habitude, lorsque la température est trop douce et qu'on ne peut les empêcher d'élever.

En dehors de ce cas, nous conseillons vivement de suivre notre manière de procéder indiquée plus haut.

Généralement les amateurs de la campagne, qui ne participent qu'aux concours de vitesse, séparent leurs pigeons pendant deux mois.

Ils commencent l'élevage dès les premiers jours de l'année.

Les partisans des voyages de long cours élèvent de la façon indiquée à la page 135.

Il est difficile de tenir les jeunes pigeons longtemps séparés. En effet, on voit parfois deux jeunes femelles à peine âgées d'un an, après une séparation de quelques semaines, surtout à l'approche de la bonne saison, se caresser, se becqueter comme les pigeons accouplés. Elles se blotissent dans un coin quelconque et y pondent toutes les deux. Quand vous vous apercevez de cet état de choses, laissez les jeunes femelles couver pendant une dizaine de jours, enlevez alors leurs œufs, et isolez-les pour éviter des pontes réitérées.

Pigeons non-accouplés. La continence et la jalousie.

Lorsque, au moment de l'élevage, il est nécessaire de désappareiller ou d'isoler des pigeons voyageurs (mâle ou femelle), on les éloigne du colombier de façon qu'ils ne puissent rien voir de leur ancienne habitation, parce que ces oiseaux sont d'une jalousie excessive ; or, la jalousie et la continence trop longtemps prolongées, sont très nuisibles à leur santé et peuvent causer la mort.

Voici ce qui nous est arrivé naguère :

Nous accouplâmes une jeune femelle de notre colombier avec un mâle étranger. Après avoir élevé leurs deux jeunes, nous rendîmes le mâle à son propriétaire.

N'ayant pas, à ce moment, un mâle disponible, nous enfermâmes la jeune femelle dans un compartiment contigu à celui où elle avait eu son nid, et qui n'en était séparé que par un treillage en fil de fer. Cette femelle pouvait donc voir son ancien nid et tout ce qui se passait à ses côtés. Elle grimpait constamment sur la clôture et faisait de vains efforts pour entrer dans le colombier principal.

Après un mois d'isolement nous trouvâmes la femelle morte. L'autopsie ne révéla rien d'anormal, ni au foie, ni au cœur, ni aux poumons. Auparavant elle ne présentait aucun symptôme morbide.

Nous attribuons la mort de cet oiseau à une apoplexie cérébrale, causée *par l'isolement prolongé* au moment de l'élevage, et par *l'envie et la jalousie.*

Avantages de la séparation des couples.

Quand *pendant l'hiver* on sépare les pigeons, les avantages qui peuvent en résulter sont les suivants :

1º Les pigeons qui n'ont pas fait une mue parfaite, n'élevant plus, la feront sans inconvénient.

2º Ils regagneront, par ce repos hivernal, les forces qu'ils avaient perdues pendant la saison précédente par la reproduction et les fatigues des voyages.

3º L'exercice répété tous les jours, lors de la volée matinale, est très favorable à leur santé.

4º Ils produiront, à la bonne saison, des jeunes plus sains et plus vigoureux.

5º Lorsque les pigeons ont été séparés, si l'on désire changer le couple, on pourra le faire aisément, car par la séparation les pigeons perdent plus ou moins le souvenir de leur conjoint primitif et s'accouplent immédiatement avec un autre.

6º Comme nous l'avons dit au chapitre de « *la nourriture* », on a peu de soins à donner aux pigeons qui sont séparés. Un repas par jour suffit en hiver.

7º En dehors des avantages, des facilités et de l'économie que présente notre manière de conduire les pigeons pendant l'hiver, en procédant comme nous l'avons dit, on n'aura pas à craindre les contretemps que nous avons signalés, et, pour la campagne suivante, nos coursiers ailés seront dans les meilleures conditions possibles pour élever et pour participer aux concours avec espoir de remporter de nombreux et de beaux résultats.

CHAPITRE XV.

LE DRESSAGE OU L'ENTRAINEMENT DES PIGEONS VOYAGEURS.

Le pouvoir d'orientation.

Nous abordons ce chapitre par la question suivante :

Comment le pigeon voyageur lâché à plusieurs centaines de kilomètres de distance retrouve-t-il son gîte ?

IVERS auteurs ont exprimé à cet égard leur manière de voir. Nous ferons aussi connaître la nôtre, basée sur nos observations constantes et sur notre longue expérience en colombophilie.

Le pigeon voyageur retrouve son gîte par le remarquable pouvoir d'orientation dont il est doué.

Nous attribuons ce pouvoir aux causes suivantes :

1º L'entraînement ou l'exercice ;

2º La sensibilité atmosphérique ;

3º La vue, l'intelligence et la mémoire.

L'entraînement, d'autres disent *l'éducation,* est un exercice intelligemment conduit et souvent répété, qui consiste à lâcher les pigeons à des distances de plus en plus grandes, dans le but d'augmenter les forces musculaires de ces volatiles, de développer la vue, la mémoire, le vol, l'intelligence et, par conséquent, leur *pouvoir d'orientation.* Par cet exercice, les pigeons se familiarisent avec les objets qu'ils rencontrent en route ; ils en conservent le souvenir

au point qu'ils s'en servent comme points de repère pour
se guider dans leur vol.

La *sensibilité atmosphérique* est, sans nul doute, aussi
une des causes essentielles de l'orientation des pigeons.
Nous avons appris par expérience que les pigeons sont
très sensibles à toutes les impressions de l'air. En effet, à
l'approche d'une variation atmosphérique et notamment
de la pluie ou d'un orage, nos aimables coursiers aériens
manifestent le désir de se laver ou de se baigner. On les
voit se placer et même se coucher devant la fontaine ou
l'abreuvoir ; ils y plongent le bec et secouent les plumes,
comme s'ils se trouvaient dans une vraie baignoire. C'est
un signe de pluie. Voilà un baromètre qui trompe rarement. Cette observation prouve que *le pigeon est sensible à
l'atmosphère*, puisqu'il sent *d'avance* la variation qui va se
produire. L'impressionnabilité, dont le pigeon est si fortement doué, peut se développer dans une grande mesure par
l'exercice. En voici une preuve :

Quand on lâche un pigeon pour la première fois, même
à courte distance de son colombier, il décrit de nombreuses
spirales, vole longtemps de tous côtés avant de se reconnaître et de trouver la direction qui le mène à son logis.
Cela seul prouve qu'il ne vole ni *machinalement* ni *instinctivement*. Après plusieurs lâchers consécutifs dans une
même direction, lors même qu'on augmente les étapes
à des distances assez fortes, on constate, si le temps
est favorable, que le *bon pigeon* ne perd plus de temps à
s'orienter. A peine est-il en l'air, que le *simple sentiment
atmosphérique* semble lui indiquer le droit chemin, car, sans
hésiter, sans décrire des cercles, il s'élance comme une
flèche dans la direction qu'il a l'habitude de prendre et qui
le conduit à sa demeure.

Nous devons conclure de ce qui précède que la *sensibilité
atmosphérique* joue un grand rôle dans l'orientation du
pigeon.

Nous avons été le premier à acter ce fait dans nos ouvrages précédents.

Mr Jules Cras (¹).

M. Jules Cras, directeur de l'agence de convoyage de Waereghem, et Mr Arthur Vleurinck, convoyeur de la société « *De Vriendenbond* » de Gand, deux amateurs compétents et dignes de foi, nous ont fait connaître beaucoup de particularités qui concordent entièrement avec l'exposé que nous venons de faire ; ils disent entre autres, que quand, par un beau temps clair, ils lâchent des pigeons bien entraînés, même aux *étapes les plus éloignées*, ils consta-

(¹) Une fête mémorable a été organisée à Waereghem, en 1903, en l'honneur de M. Jules Cras, l'innovateur du mesurage aux différents hameaux et colombiers des communes et fondateur de l'agence de convoyage.

tent que la majeure partie, à peine arrivée à une certaine élévation, sans aucune circonvolution, vole droit et vite dans la *bonne direction*. Un petit nombre de pigeons reviennent au lieu du lâcher, volent en tous sens et cherchent longtemps avant de trouver le bon chemin (¹).

Lorsque, immédiatement après, ils opèrent un second lâcher pour une autre société, l'intervalle ne fût-il que d'une à deux minutes, la grande masse des derniers pigeons lâchés ne regagnera plus les premiers, tellement la vitesse est grande.

A titre d'essai, M. Cras fit un jour, par un temps favorable, placer les paniers avec les ouvertures au *sud*, direction opposée à celle que les pigeons devaient prendre. A peine furent-ils lâchés qu'ils se dirigèrent d'un trait dans la direction du *nord* et partirent à tire-d'aile.

Lorsque le temps est couvert, sombre ou brumeux, les pigeons ne partent pas avec célérité ; ils tracent des spirales en l'air et semblent devoir consulter l'atmosphère avant de se lancer dans la bonne direction.

Par un *brouillard léger et non élevé*, les pigeons s'élèvent jusqu'à ce qu'ils arrivent au-dessus de la couche brumeuse; alors ils partent lestement.

On pourrait soulever la question suivante :

Un pigeon de la Belgique, exclusivement entraîné dans la direction *sud* (la France), jusqu'à la distance d'Orléans (345 kilomètres d'Hulste), retrouvera-t-il son gîte, lorsque du coup il est transporté à Bordeaux (730 kilomètres)?

Notre réponse est affirmative pour les raisons suivantes :

La vue, l'intelligence et *la mémoire* jouent incontestablement un grand rôle dans l'orientation du pigeon. On ne peut cependant pas admettre que c'est la vue seule qui

---

(¹) Ces derniers pigeons, moins doués du pouvoir d'orientation, n'appartiennent pas à la race intelligente.

dirige son vol, puisqu'il a été mathématiquement établi, « qu'en raison de la sphéricité du globe, un pigeon doit s'élever à une hauteur de 785 mètres pour voir à une distance de 100 kilomètres (20 lieues belges). » (Laperre-Deroo, « *Le pigeon messager* » p. 202).

Disons incidemment, qu'il n'y a aucun pigeon qui s'élève à cette altitude. Il y a donc impossibilité absolue et matérielle à ce qu'un pigeon, lâché à Bordeaux, puisse découvrir par la vue la ville d'Orléans, distante de 385 kilomètres. On sait cependant que les pigeons belges, n'ayant fait que l'étape d'Orléans, lâchés à Bordeaux, reviennent parfaitement de cette dernière ville à leur colombier, et que très souvent ils traversent la France sans s'arrêter. La *vue* et la *mémoire* ne peuvent pas, dans l'espèce, entrer en ligne de compte pour l'orientation, ces pigeons n'ayant jamais parcouru le pays qui sépare Orléans de Bordeaux. Il faut donc que d'autres causes guident le pigeon dans les régions qui lui sont inconnues, et ces causes, nous le répétons, sont à notre avis la *sensibilité atmosphérique* et *l'intelligence*.

Les pigeons qui ont participé aux concours, organisés en Belgique sur Rome, Calvi, Ajaccio et Madrid, n'avaient fait, pour la plupart, que le voyage de *Bordeaux*.

Ces réflexions nous amènent à une seconde question.

Un pigeon qui a constamment voyagé du *sud* au *nord* et qui d'un bond est envoyé dans une direction contraire, le *nord* par exemple, à une distance de 200 à 300 kilomètres ou plus, pourra-t-il, par la même faculté, retrouver son nid?

Cette question doit également être résolue affirmativement.

L'expérience démontre qu'un pigeon de bonne race et bien entraîné, retrouve son gîte de *tous les points de l'horizon* quoi qu'on *le lâche* d'un trait *à une grande distance*, dans une *direction opposée* à celle qu'il a l'habitude de parcourir, malgré la sphéricité du globe, les montagnes élevées et d'autres obstacles qui empêchent de découvrir par la vue des objets connus. Le climat du *nord* diffère considérablement de celui du *sud*. Le pigeon habitué de voyager du sud au nord, par la délicatesse de ses sensations, en d'autres mots, par l'impressionnabilité de l'air qui agit sur lui, trouve également, par cette cause, la direction opposée, *le sud*. Guidé par cette sensibilité et entraîné par son *instinct naturel*, peu importe l'endroit où il est lâché, le *bon pigeon voyageur* traverse l'espace jusqu'à ce qu'il découvre des lieux qu'il a parcourus ou des objets qu'il se rappelle. A partir de ce moment il agit avec discernement ; il déploie toutes ses facultés ; la vue, l'intelligence, la mémoire, tout concourt chez lui pour examiner, chercher et observer. S'il doit lutter contre des vents contraires, il varie son vol d'après les besoins ; il choisit les couches d'air les plus favorables, vole tantôt très haut, tantôt très bas, jusqu'à ce qu'il regagne son toit.

En 1871, nous entrainâmes nos pigeons dans la direction *sud-est*. Un de nos sujets remporta successivement des prix sur Dinant et Arlon. Quelques semaines plus tard, nous participâmes avec ce vainqueur à un concours de *Creil*, (direction *sud*), et sans aucun entraînement préalable, il gagna le quatrième prix.

En 1887, un de nos pigeons, primé à plusieurs concours, fut envoyé à M. W. J. Nys, amateur de pigeons à *Rotterdam*, (Hollande) ; quoique n'ayant jamais été entraîné dans la direction *nord*, il nous revint après une absence de trois ans, et reprit son ancien nid.

M. Cyrille Debaillie de Lichtervelde qui, dans sa fabrique d'articles de sport colombophile, se fait le vulgarisateur convaincu du *sifflet chinois*, et quelques autres amateurs de cette localité envoyèrent en octobre 1888 six pigeons à *La Haye* (nord de la Hollande) ; ces volatiles n'avaient pas été entraînés dans cette direction, mais ils avaient accompli, pendant la même année, l'étape d'*Orléans* (France). Lâchés par M. Doelman, Président de la société colombophile « DE OOIVAAR » à La Haye, ils regagnèrent tous leur gîte.

La société « LA NOUVELLE ALLIANCE » de Bruxelles, organisa, en 1889, un concours sur *Saltaire*, direction *nord-est* en Angleterre ; distance 536 kilomètres. Les pigeons concurrents ont traversé la mer et sont rentrés de ce voyage avec une vitesse de plus de mille mètres par minute.

Nous pourrions citer mille exemples qui prouvent qu'un pigeon voyageur *entraîné*, est capable de retrouver sa demeure de *toutes les contrées de l'hémisphère*.

L'instinct.

Ce n'est pas, comme beaucoup de personnes le pensent, l'instinct seul qui guide le pigeon dans ces pérégrinations lointaines. Un pigeon, n'étant pas un oiseau migrateur, a besoin d'être entraîné pour retrouver son pays et son nid. Prenons pour exemple l'hirondelle. Lorsque cet oiseau ne trouve plus la nourriture nécessaire en notre pays, il le quitte annuellement en octobre pour aller habiter un ciel plus clément en Asie et en Afrique. Il retrouve ces pays lointains *instinctivement* et nous revient, au printemps de l'année suivante, sans autre guide que l'*instinct*, pour élire domicile au même endroit. L'instinct qui guide les oiseaux migrateurs ne faillit jamais.

Dans ses intéressantes dissertations, M. Rodenbach dit : « Notons bien que le *pur instinct* agit sans conscience, qu'en d'autres mots, il est aveugle. Or, le pigeon, en volant, en recherchant sa demeure, examine et s'assure de la route qu'il doit prendre ; c'est ainsi qu'il modifie ses manœuvres, qu'il les change suivant les circonstances et les exigences des lieux. Il a même des facultés d'être supérieur, c'est-à-dire la raison, l'imagination, la volition. Ce sont bien là de véritables manifestations intellectuelles. Il n'y a pas là de l'automatisme. Tout cela explique suffisamment les erreurs commises par le pigeon durant ses voyages. Nous le répétons, si les actes du pigeon étaient purement *instinctifs*, il ne s'égarerait pas.

. . . .

« Si l'instinct seul était en jeu, les jeunes pigeons ne se tromperaient pas plus que les vieux qui sont parfaitement dressés, disons éduqués ». (*Epervier du 13 mai 1894*).

Tous les colombophiles sont unanimes à reconnaître, que le pigeon voyageur doit être *dressé* pour retrouver son gîte. Nous dirons à l'appui de cette thèse, qu'un pigeon voyageur *non dressé,* qu'on lâche *seul* (¹) à une distance de 250 à 350 kilomètres de son colombier, ne le retrouvera pas *instinctivement*, et se perdra. Si dans ces conditions, il regagnait son toit, ce serait assurément une rare exception, disons un événement.

Il résulte de ce qui précède, que le pouvoir d'orientation du pigeon voyageur s'acquiert et se développe par le *dressage,* qui en est *le fond* et *la base;* qu'en outre, la sensibilité atmosphérique du pigeon, son intelligence, sa mémoire locale, la reconnaissance des lieux au fur et à mesure qu'il se rapproche de sa demeure, constituent dans leur ensemble, avec l'intervention de sa vue puissante et perçante, *le pouvoir d'orientation* proprement dit. Toutes ces facultés, comme nous l'avons dit dans nos précédents ouvrages, permettent au pigeon voyageur de retrouver son gîte de tous les points de l'horizon et des pays les plus éloignés. C'est du reste l'idée la plus vraisemblable et celle qui concorde le plus avec la conception de l'homme.

Nous avons eu la bonne fortune de voir confirmer par

(¹) En le lâchant avec plusieurs pigeons du même endroit il pourrait, comme cela s'est vu, voler machinalement avec eux en bande et, entraîné de cette façon, retrouver sa demeure.

l'autorité d'un savant éminent notre théorie purement expérimentale sur le pouvoir d'orientation du pigeon. Des anciens élèves de M. Van Beneden père nous ont affirmé, que cet illustre professeur, dans le cours qu'il leur donnait, apportait à nos idées, sur ce point, l'appui de sa haute approbation.

L'ENTRAINEMENT DES JEUNES PIGEONS.

Ici se présente la question suivante :

Faut-il entraîner les pigeons dès l'année de la naissance ?

Voici les diverses considérations qui plaident pour l'affirmative.

Avantages de l'entraînement dès la première année :

1º En entraînant les jeunes pigeons dès que leur âge et leur force le permettent, on peut, après toutes les étapes, connaître plus ou moins leurs qualités intellectuelles et instinctives.

2º Lorsqu'on ne les entraîne que la seconde année de leur naissance, on doit les entourer de beaucoup plus de soins et de précautions, parce que, quand les pigeons sont accouplés, ils se trouvent dans des conditions moins favorables pour faire leur éducation. Citons un exemple. Un mâle qui chasse au nid est entraîné par la fougue et la passion pour sa compagne, perd son calme et vole sans bonne direction. Le plus souvent, et surtout lorsque le temps n'est pas clair, il dépasse sa demeure, et quand le moment de la réflexion arrive, par défaut d'exercice ou d'entraînement, il ne retrouve plus le chemin qui le conduit à son gîte.

La même chose arrive à une femelle, non éduquée l'année de sa naissance, quand l'année suivante on l'entraîne et qu'elle touche au terme de l'incubation ou qu'elle a des petits. Au reste plus une race est bonne, plus la passion l'entraîne et plus l'amour du colombier est grand ; par conséquent les soins doivent être en rapport avec le danger auquel on l'expose.

3° Lorsque les jeunes pigeons sont poursuivis par un oiseau de proie, dans leur frayeur ils s'éloignent parfois à plusieurs lieues de leur colombier. Faute d'éducation ils s'égarent, alors qu'un pigeon dressé retrouve son toit.

4° Un jeune pigeon, qui fait le champ, suit parfois une bande de pigeons étrangers, se laisse entraîner loin de sa demeure et ne la retrouve plus pour la raison susdite.

5° Le pigeon voyageur de nos jours, non exercé la première année, n'a généralement pas les aptitudes de celui qui a fait son apprentissage dès sa tendre jeunesse.

6° L'entraînement des pigeons augmente leur pouvoir d'orientation et, comme nous l'avons dit au chapitre de « L'art de croiser les races » (p. 96), il développe chez eux l'esprit de retour et l'attachement au colombier ; et, par suite, ils sont moins exposés à se perdre.

Les considérations qui précèdent démontrent la nécessité absolue d'entraîner les pigeons dès l'année de leur naissance.

Mode d'entraîner les jeunes pigeons.

Pour ce qui concerne le mode d'entraînement des jeunes pigeons, chaque amateur fait à sa guise ; pour cette raison, nous nous bornerons à faire connaître purement et simplement notre manière de procéder.

Nous commençons l'éducation de nos jeunes élèves, nés en mars ou en avril, dans le courant du mois de juillet, par un temps clair et calme, toujours autant que possible *avant qu'ils soient appariés* et *qu'ils fassent le champ*. Voici pourquoi. Supposons un jeune pigeon accouplé, chassant au nid au moment de l'entraînement ; neuf fois sur dix, nous le répétons, on le perdra, et quand le jeune élève a l'habitude d'aller au champ avant son éducation, on court risque de ne pas le voir rentrer directement au colombier. Il s'abattra d'abord sur un champ et reviendra tardivement. Plus tard, lorsqu'on engage ce pigeon à un concours, il conserve cette mauvaise habitude. Un de nos pigeons, d'excellente race, qui avant son éducation avait contracté l'habitude de faire le champ, rentra toujours des concours le jabot plein. Nous n'avons pu corriger ce défaut. On y obvie en observant les règles tracées ci-dessus.

Cette petite digression nous ramène à notre matière.

Comme nous l'avons dit tout à l'heure, nous dressons nos jeunes pigeons en juillet. Nous les lâchons dans la direction qu'ils ont à suivre pour participer aux concours. S'il n'y a pas d'épais brouillard, nous faisons opérer le lâcher de bon matin, parce que alors les pigeons sont mieux disposés au vol que par un soleil brûlant.

Lorsque le ciel est gris et que le vent est violent, nous remettons le dressage à un jour plus propice.

Pour la première étape, nous portons nos jeunes élèves à une distance de un ou deux kilomètres de notre demeure ; le lendemain, et les jours suivants, nous augmentons chaque fois la distance d'environ un kilomètre jusqu'à ce que nous arrivions à l'étape de 8 kilomètres ; alors nous les lâchons séparément, l'un après l'autre, avec un intervalle de cinq minutes, ou mieux encore, jusqu'à ce que chaque oiseau ne soit plus visible dans les airs. Pour opérer pareil lâcher, on prend un pigeon à la fois et on le place dans un petit panier pour le laisser sortir seul. On continue ainsi avec les autres, en observant l'intervalle susdit.

Si on ne procède pas comme nous venons de le dire, c'est-à-dire, si on lâche toujours les jeunes pigeons simultanément, et notamment lorsqu'on le fait *de bon matin, par un temps clair, une température douce et agréable*, voici le contretemps qui peut arriver :

Contretemps par l'entraînement :

Les jeunes oiseaux, lâchés dans les conditions précitées, s'amusent à voler en bande à une grande élévation dans les airs. Inexpérimentés, ils s'avancent toujours sans discernement et, à leur insu, ils dépassent souvent de loin leur demeure. Il arrive alors un moment où la bande se sépare et que plusieurs d'entre eux se dévoient et ne retrouvent plus le toit natal.

L'amateur peut perdre, de cette manière, ses plus beaux produits de l'année.

Ce que nous venons de narrer nous est arrivé un jour avec notre jeune gent ailée. Nous vîmes la bande, à une hauteur prodigieuse, tournoyer dans les airs au-dessus de notre maison, puis la dépasser et continuer ses pérégrinations aériennes jusqu'à perte de vue. *Nous perdîmes le tiers de nos élèves.*

Depuis que nous procédons comme il est dit plus haut, nous n'avons plus, de ce côté, de pertes à déplorer.

Nous connaissons d'autres colombophiles qui, eux aussi, ont subi le même contretemps.

Les bons amateurs comprendront donc la nécessité absolue de suivre exactement nos indications en ce qui concerne les premiers entraînements, afin de ne pas perdre le fruit de l'élevage qui leur a coûté tant de soins et tant de soucis.

Reprenons notre sujet.

Si le temps est favorable, nous continuons le dressage, tous les jours ou tous les deux jours, à des distances plus grandes, de 15 — 30 — 70 ou 80 kilomètres de notre colombier.

Si nous le *jugeons utile*, nous lâchons une seconde fois nos pigeons séparément, à la distance de 15 ou de 20 kilomètres. C'est le meilleur moyen d'apprendre aux jeunes oiseaux à s'orienter par leurs propres facultés et à ne pas se laisser entraîner par la bande.

Nous envoyons deux fois nos pigeons à une distance de 70 à 80 kilomètres avec de nombreux pigeons d'autres amateurs. Le vrai bon entraînement est celui qui se fait dans ces conditions, car, lorsqu'on lâche exclusivement les volatiles d'un même colombier, ceux-ci reviennent généralement en bande ; ils volent par conséquent machinalement et profitent peu ou point de l'exercice.

Si à ces diverses étapes d'entraînement un jeune pigeon ne rentre que le lendemain, ce n'est pas un motif pour le retenir. On doit continuer l'éducation de cet élève, qui, s'il est de bonne race, a beaucoup de chances de devenir un excellent voyageur. A commencer du voyage de 70 à 80 kilomètres, nous annotons l'heure de la rentrée des pigeons, pour juger de leur vitesse et de leurs progrès. Nous continuons eusuite le dressage de nos jeunes pigeons avec deux ou trois jours d'intervalle, aux étapes d'environ 150, 180 et 200 kilomètres.

Ces exercices suffisent.

Seconde épreuve.

Il arrive que nous retenons nos jeunes pigeons, de race bien connue, après les étapes de 150 ou 180 kilomètres si les voyages ont été fatigants par suite de mauvais temps ou de vent contraire. Par contre, si dans le nombre il y a de beaux types, de race inconnue qui n'ont pas répondu à notre attente, nous les soumettons à une seconde épreuve en recommençant les étapes d'entraînement jusqu'à la distance de 200 à 250 kilomètres ; si, ils ne se distinguent pas convenablement ou ne rentrent pas régulièrement, nous les supprimons comme bouches inutiles.

Cette seconde épreuve est recommandable pour le motif suivant :

Nous condamnâmes un jour un mâle noir, un magnifique jeune pigeon de l'année, de bonne race, qui avait mal accompli les étapes jusqu'à Paris (230 kilomètres) ; il rentrait toujours tard et irrégulièrement. Le pauvre oiseau se trouvait déjà dans le panier pour fournir la casserole, lorsque, réflexion faite, nous commuâmes sa peine en celle d'un nouvel entraînement. A l'étape de Breteuil (154 kilomètres) il arriva à la tête de la bande. Le dimanche suivant, nous l'engageâmes au concours de Chantilly (197 kilomètres d'Hulste), et il remporta le septième prix. L'année suivante il gagna plusieurs prix, dont trois premiers. Ce fut pendant longtemps notre meilleur voyageur. Voilà pourquoi nous recommandons d'agir avec prudence, car, chez le pigeon comme chez l'homme, l'intelligence se développe plus vite chez un sujet que chez l'autre, ou bien telle race doit être cultivée davantage que telle autre.

Il convient également de soumettre à quelques exercices, les jeunes pigeons nés en juin et en juillet. On les entraîne dans le courant du mois de septembre jusqu'à une distance de 50 à 80 kilomètres ; même les jeunes nés en août et en septembre peuvent être dressés, si le temps est favorable, à de petites distances de 5 à 20 kilomètres. On comprend que, plus le pigeon est jeune, plus la distance d'entraînement doit être petite. Ces exercices quelque petits qu'ils soient, présentent, comme nous l'avons dit, de nombreux avantages. C'est en outre un premier pas pour la campagne de l'année suivante. Les jeunes pigeons ne sont jamais trop entraînés, lorsque les exercices ne dépassent pas la mesure de leurs forces.

L'entraînement des jeunes pigeons à grandes distances.

Nous n'approuvons pas l'entraînement des jeunes pigeons, âgés de quelques mois, à des distances de 400 à 500 kilo-

mètres et au delà. C'est incontestablement les surmener et
les épuiser au moment où ils ont besoin de toutes leurs forces
pour se développer et faire une bonne mue. Lorsqu'on
exagère les exercices des pigeons, dès leur tendre âge, on
manque le but auquel on vise. Arrivés à l'âge de trois à
quatre ans, ces sujets sont usés et doivent être réformés.

La société colombophile « *De Vriendenbond* » (en français
Le cercle des amis), de Gand, organise au mois de septem-
bre de chaque année un concours de jeunes pigeons sur
Bordeaux (distance 760 kilomètres).

On sait que les pigeonneaux nés au printemps, qui sont de
bonne venue, se developpent favorablement, commencent
et achèvent, sans interruption, une mue parfaite et peuvent
être entraînés dans des conditions avantageuses sous tous
les rapports.

L'expérience démontre que les volatiles de cette catégorie
peuvent fournir, pendant l'année de leur naissance, l'étape
de Bordeaux et, si le temps est favorable, retourner à leur
gîte avec une vitesse respectable. Par contre, si le temps
est défavorable, par suite de brouillard, d'orages ou de
vent contraire, les pertes parmi ces jeunes voyageurs
sont alors non seulement nombreuses, mais quasi totales
et parmi les jeunes oiseaux qui échappent au désastre,
il y en a qui n'ont plus aucune valeur sportive pour
l'avenir ([1]).

L'entraînement des pigeons nés à l'arrière-saison.

Nous copions de notre dernière édition « *La colombophilie moderne* » :

([1]) Le concours de jeunes pigeons, lâchés à Bordeaux le 27 septembre
1902, eut lieu par un temps très défavorable et avec vent contraire. Des
718 pigeons inscrits il n'en revint qu'un seul dans les huit premiers jours.
A la clôture (le 12 octobre suivant), huit pigeons seulement furent constatés. Le désastre était donc immense.

En règle générale, on n'entraîne les pigeons, nés à l'arrière-saison, que dans le courant du mois de juillet de l'année suivante. Ces jeunes sujets ne doivent pas être dressés deux ou trois mois plus tôt, c'est-à-dire en avril ou mai avec les vieux pigeons aguerris, pour la raison qu'à cette époque de l'année le vent est souvent contraire et le froid vif; du brouillard ou d'autres troubles atmosphériques peuvent survenir et, dans ces conditions, ces jeunes oiseaux inexpérimentés, se perdraient inévitablement dès les premières étapes d'entraînement.

Un autre motif pour les retenir à ce moment au colombier, c'est que les pigeonneaux, nés à l'automne, souffrent souvent beaucoup dans leur développement physique par les froids qui peuvent arriver de bonne heure. La mue ne peut suivre régulièrement son cours, car généralement, après la chute de trois ou quatre rémiges, elle s'arrête complètement.

Une nouvelle mue commence au printemps de l'année suivante ; elle se présente alors irrégulièrement parce que les nouvelles et les anciennes rémiges tombent dans deux endroits différents de l'aile. Par suite de cette mue double, les pigeons d'arrière-saison se trouvent dans un état peu propre à l'entraînement en avril ou en mai, et moins encore à prendre part aux premiers concours de l'année qui suit leur naissance.

L'ENTRAINEMENT DES VIEUX PIGEONS.

On entend par vieux pigeons, ceux qui sont âgés d'un an révolu, ou ceux qui ont fait les étapes d'entraînement pendant l'année de leur naissance.

C'est ordinairement dans la deuxième quinzaine du mois d'avril ou au commencement du mois de mai qu'on entraîne ces pigeons. On agit sagement en attendant jusqu'au départ des oiseaux de proie qui coïncide ordinairement avec l'arrivée des hirondelles, ou mieux encore, jusqu'à ce que les arbres soient couverts de leur feuillage, car alors les pigeons voyageurs peuvent s'orienter sur des objectifs plus sûrs que lorsque, quelques semaines auparavant, les arbres sont encore dégarnis de feuilles.

Les amateurs en général n'ont pas de patience ; il y en a qui dressent leurs voyageurs aériens dès le mois de mars. En certains endroits, on organise déjà des concours en avril. Cette malheureuse tendance se propage de plus en plus. Il est vrai que chaque année il survient de nombreux désastres, par suite du mauvais temps lors des entraînements et des concours.

Chose étrange, l'expérience démontre que l'entraînement qui a lieu par un temps défavorable a son côté avantageux. Voici pourquoi :

Les pigeons qui ont à lutter contre un vent contraire ne volent pas longtemps en bande ; étant isolés ils doivent chercher plus longtemps pour s'orienter et mettre plus de temps à retrouver leur gîte. Lorsque ces volatiles s'égarent au point de devoir passer une nuit à la belle étoile, ils s'aguerrissent par le fait qu'ils s'habituent aux fatigues, aux dangers et aux privations. Au voyage suivant ils savent s'orienter plus facilement et arriver les premiers.

Lorsque tous les pigeons reviennent ensemble en bande, l'entraînement ne leur profite guère, parce que, répétons-le, ils ont parcouru la distance machinalement et sans discernement.

On ne doit pas déduire de ce qui précède que les pigeons doivent être entraînés par un temps défavorable, au contraire, il ne faut jamais exposer ses sujets à des pertes probables. Il n'est cependant pas toujours possible de prévoir le mauvais temps.

14

Mode d'entraîner les vieux pigeons.

Avant de commencer les entraînements, le bon amateur procède avec ordre et méthode ; il forme une liste et divise ses pigeons en trois catégories : d'abord ceux qui sont destinés aux premiers concours ; ensuite ceux qui sont capables de participer aux voyages de long parcours, et finalement les jeunes pigeons.

Nous possédons un petit carnet très intéressant, dans lequel nous avons annoté tous les concours auxquels nos coursiers ailés ont pris part, avec indication du nombre de pigeons, de l'heure du lâcher et de la rentrée de nos voyageurs, ainsi que de l'état atmosphérique.

Ici se présente une question.

A quelle société faut-il confier ses pigeons pour l'entraînement ?

Les amateurs qui sont éloignés d'une localité où l'on organise des entraînements hebdomadaires, doivent donner la préférence à la société qui, par sa situation, convient le mieux, pour apprendre à leurs pigeons à rentrer de voyage par le *chemin le plus droit* et le *plus court*.

Pour mieux nous faire comprendre nous donnerons un exemple :

D'après la situation topographique de notre commune, située a 8 kilomètres de Courtrai, si les concours se font en *France*, nous ne pouvons pas continuer l'entraînement de nos coursiers ailés avec une société de Courtrai, parce que, *entraînés par la masse* jusqu'à cette ville, nos pigeons s'habitueraient à rentrer de voyage par la direction *sud* ou *sud-est, qui n'est pas la ligne droite*. Ils doivent, au contraire, nous arriver par le *sud-ouest*.

Pour obtenir ce résultat, nous devons entraîner nos pigeons avec ceux d'Iseghem ou d'Ingelmunster, localités situées à l'*ouest* de Hulste.

Les volatiles qu'on entraîne, devant se diriger vers l'*ouest*, nos pigeons, entraînés naturellement avec la masse, dans la direction de ces localités, apprennent à connaître cette route et, arrivés à l'endroit qui doit les conduire à leur gîte, ils abandonnent la bande pour y arriver à tire-d'aile.

Lorsque plus tard les pigeons ainsi dressés seront engagés à un *concours de vitesse*, ils regagneront leur colombier par la voie la plus directe (le *sud-ouest*), et, de ce côté, ils remporteront des succès, tandis qu'en revenant par la ligne *sud* ou *sud-est* (entraînement avec Courtrai), il ne leur serait pas possible de se distinguer à ces concours.

Jusqu'ici, personne n'a songé à ce mode de dressage qui, on le voit, est cependant, *pour les concours de petites et de moyennes distances*, d'une importance capitale.

Cela posé, abordons le mode d'entraînement. Les vieux pigeons ayant déjà fait leur apprentissage ne doivent pas être entraînés si souvent que les jeunes. Des étapes de 5 — 10 — 20 — 80 kilomètres suffisent pour les engager aux concours organisés à des distances de 130 à 150 kilomètres.

On choisit les meilleurs sujets pour mettre en lice. Cette catégorie comprend les pigeons de vitesse, qu'on n'engage pas au delà de 350 à 400 kilomètres. Généralement pour les concours de vitesse, les étapes progressives sont peu éloignées. On peut entraîner parfois ces pigeons pendant la semaine qui précède un concours. On les transporte à une distance de 8 kilomètres, puis à 80 kilomètres. Ces étapes sont très utiles pour obtenir de bons résultats sportifs.

C'est depuis que les pigeons sont beaucoup plus entraînés que *leur vitesse* a augmenté dans de fortes proportions et qu'on en perd moins.

Entraînement des pigeons qu'on destine aux voyages de long cours.

Les pigeons âgés d'au moins trois ans révolus, c'est-à-dire, les sujets qui font leur quatrième campagne et qui ont déjà fait une étape d'environ 350 kilomètres, se trouvent dans les meilleures conditions pour concourir à de grandes distances. On peut bien obtenir parfois de bons résultats avec des pigeons moins âgés ; seulement nous le répétons, on risque de les surmener et de les épuiser.

On entraîne les pigeons pour les voyages de long parcours à des étapes progressives, éloignées de 10 — 100 — 250 à 350 kilomètres. Les pigeons qui ont déjà parcouru des distances de 700 kilomètres et au délà, et les vieux routiers aguerris ne doivent être soumis qu'à des entraînements de 10 — 80 à 200 kilomètres. De cette dernière étape, et même de l'avant-dernière, on peut envoyer les sujets aux concours les plus lointains. Ces concours ont généralement lieu en juin et en juillet. L'entraînement ne doit avoir lieu que quelques jours auparavant. Il ne faut pas fatiguer les pigeons qu'on prépare aux grandes luttes, par l'élevage ou par des voyages souvent répétés. Ils doivent posséder pour le grand jour toute leur force et leur énergie.

Nous traçons au chapitre « *Des concours* », sous la rubrique « *Les secrets réels du sport colombophile* », les autres règles essentielles à suivre pour participer avec succès aux divers concours de pigeons.

CHAPITRE XVI.

DES CONCOURS.

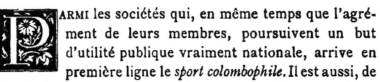

PARMI les sociétés qui, en même temps que l'agrément de leurs membres, poursuivent un but d'utilité publique vraiment nationale, arrive en première ligne le *sport colombophile*. Il est aussi, de tous les sports existant en Belgique, le plus important au point de vue du nombre des sociétés et des prix affectés à ses concours. Il est également le plus utile, par les services qu'en maintes circonstances les pigeons peuvent rendre comme messagers ailés.

Il n'existe presque plus de villes ou de communes en notre pays, ne possédant pas une ou plusieurs sociétés colombophiles. Les amateurs se réunissent très souvent et nouent entre eux des relations agréables et confraternelles.

Lorsqu'il s'agit de relever une fête publique, les membres des sociétés y assistent en corps pour en rehausser l'éclat. Très souvent un char, renfermant des paniers avec pigeons, figure au cortège et l'on en fait un lâcher monstre, ce qui offre au public un spectacle grandiose et très intéressant. Le sport colombophile constitue en outre un divertissement moral, crée une distraction agréable, innocente, et sert à adoucir les mœurs.

Les ouvrages colombophiles, lus par les jeunes adeptes, leur apprennent à connaître l'histoire et l'origine du pigeon voyageur belge et du sport colombophile ainsi que les traditions léguées à ce sujet par nos ancêtres.

Comme on le verra plus loin, Sa Majesté le Roi des

Belges et l'administration communale de Bruxelles octroient annuellement des prix d'honneur et des subsides pour l'organisation d'un grand concours national. Tout cela prouve à l'évidence qu'on attache à ce sport un intérêt particulier et qu'on le tient en honueur.

Mr Alexandre Hansenne.
l'ar ses nombreux palmarès aux voyages de long parcours,
cet amateur d'élite acquit le titre
glorieux de *Roi des Colombophiles* (1).

Le progrès colombophile.

Depuis une vingtaine d'années le sport colombophile et la colombophilie en général ont fait d'immenses progrès.

(1) Mr Alexandre Hansenne est décédé à Verviers le 6 février 1903.

Paniers de voyage.

Autrefois les pigeons étaient logés et transportés dans des paniers lourds et incommodes. Ceux qu'on emploie actuellement sont jolis, légers, construits en osier blanc, à claire voie, munis de plombs de sûreté et ayant des dimensions qui permettent de les manier facilement.

Lâchers.

Jadis, les lâchers des pigeons étaient confiés aux chefs de gare ; aujourd'hui il ne s'organise pas un concours sérieux sans convoyeur. La mission d'un convoyeur est si importante, que nous consacrons à ce sujet un chapitre spécial sous la rubrique « *Le convoyage* ».

Distances.

Autrefois on se servait d'une carte géographique pour mesurer les distances qui séparent le lieu du lâcher de la ville ou du village des amateurs qui participent aux concours. Ce mode de procéder offrait des avantages à l'un des concurrents au détriment d'un autre. Actuellement on fait le mesurage au *colombier* au moyen de *coordonnées* servant à calculer exactement les distances.

Les colombophiles doivent posséder leurs coordonnées *avant de participer à un concours*, pour pouvoir les remettre à la société organisatrice (1).

---

(1) Mr *Justin Andries*, géomètre à Hasselt, est l'inventeur et l'auteur d'un indicateur des distances hectométriques au complet et de plusieurs autres ouvrages et tableaux d'une grande utilité pour les sociétés colombophiles. Il fournit, sur demande, les distances aux colombiers ou les coordonnées pour les établir.

Mr Andries est décédé le 18 juillet 1903. Les demandes des coordonnées doivent être adressées à son successeur M. J. H. Andries à Hasselt. Les certificats sont délivrés par Mr Arthur Quaedvlieg, géomètre spécialiste, dûment autorisé à cette fin.

Classement.

Antérieurement la vitesse du vol du pigeon était calculée par minute ou par un certain nombre de secondes par kilomètre, ou bien l'on prenait, pour le classement des pigeons, la vitesse moyenne des trois premiers pigeons constatés. Aujourd'hui on applique la *vitesse propre* du pigeon. On l'obtient en divisant la distance parcourue en mètres et centimètres, par la durée du temps mis pour la franchir. Le quotient obtenu est ce qu'on appelle *la vitesse propre*.

Il existe plusieurs ouvrages, cités dans nos éditions précédentes, pour faciliter le calcul de la *vitesse propre* et établir la différence des montres lorsque celles-ci retardent ou avancent.

Parcours pédestre.

Dans les concours actuels, on tient exactement compte du temps dont l'amateur a besoin pour franchir, à pied, la distance qui sépare son colombier du bureau de constatation. On accorde généralement une seconde pour un parcours de cinq, six ou sept mètres, suivant le cas.

Mr *Nicola* (pseudonyme-anagramme de *A. Colin*) a publié deux fascicules donnant les distances de St Denis et d'Etampes (France), à 650 localités belges. (Bruxelles 1880).

Mr Colin est décédé le 25 décembre 1895.

Mr *Nicola II*, successeur de Mr Nicola, satisfait à toute demande de travaux géodésiques ou cartographiques qui lui est adressée pour l'usage colombophile et notamment pour fournir les distances aux colombiers ou les coordonnées pour les calculer. Mr Nicola II est l'auteur d'un opuscule intitulé « *La science cartographique dans ses rapports avec la colombophilie* ». Ce petit livre, très intéressant à tous égards, est signé de son vrai nom, *Major Serrane*, Rue t' Kint 43 à Bruxelles.

Mr H. Stepman de Gand, directeur de l'excellent journal flamand « *De Reisduif* », continue, avec son collègue Mr *A. Deleersnijder*, directeur du journal flamand « *De Duivenbode* » de Deerlijk, à fournir des distances aux colombiers d'après le système *Stepman* et *Cras*, pour les amateurs de la Flandre Orientale et de la Flandre Occidentale.

Les bagues en caoutchouc.

Notre excellent confrère, Mr Jules Rosoor, est l'inventeur des bagues en caoutchouc.

Cette invention a fait faire au sport colombophile un progrès immense. Les bagues remplacent le marquage

Mr Jules Rosoor.
Fondateur et directeur de la *Revue colombophile* de Tourcoing.
Inventeur du marquage secret par la bague en caoutchouc.

secret d'autrefois, qui consistait dans l'application d'une empreinte sur les pennes de l'aile du pigeon. L'amateur était obligé de courir, avec le pigeon rentré de voyage, au bureau de constatation pour exhiber les empreintes et les faire annoter.

Maintenant avec les bagues en caoutchouc, on a pu supprimer ce procédé à l'avantage du pigeon voyageur qui n'est plus cahoté par les coureurs et aussi au profit de l'amateur qui voit ses coursiers ailés rentrer plus vite et sans hésitation. Cette invention est donc de la plus haute importance.

On applique encore en certains concours, pour la plus grande sécurité, les deux systèmes à la fois.

Mr Henri Vercamert d'Iseghem a été le premier, en Belgique, à fabriquer et vulgariser les bagues en caoutchouc.

Les soins avec lesquels ces bagues sont fabriquées et la manière dont on s'en sert, offrent, avec les souches, les numéros et les lettres qu'elles portent, toute les garanties et les moyens de contrôle possibles.

On attache la bague au moyen d'une bagueuse à la patte du pigeon qu'on engage au concours.

Lorsqu'un pigeon de concours rentre de voyage, on la lui enlève doucement et elle sert de preuve à la constatation.

La constatation des rentrées des pigeons.

De nos jours, on constate la rentrée des pigeons qui reviennent de voyage à la seconde, au moyen de constateurs automatiques.

Les constateurs automatiques.

Mr *Van den Bossche*, d'Audenarde, a produit le premier appareil. Il a cédé son constateur breveté à Mr *Léon Lefevre* de Tourcoing.

Des appareils ont aussi été inventés et perfectionnés par les personnes suivantes :

Mr *Lejeune* d'Ensival ; — Mr *Charles Toulet* de Bruxelles ; — Mr Mr *Van de Plancke frères*, à Courtrai et à Mouscron ; — Mr *Remy* de Péruwelz ; — Mr *Van Nerum* de Lede près d'Alost ; — Mr *A. Van Daele* et M^r *De Fauw* de Gand ; — Mr *J. Conradt* d'Ensival ; — Mr *Vandercleyen-Bekaert* de Meerbeke-lez-Ninove ; — Les appareils *Habicht I* et *Habicht II* de Châtelet ; — Le *Benzing*, représentants : MM. *Strobbe frères* d'Iseghem. Il existe un appareil au nom d'*Adam* et peut-être d'autres qui nous sont inconnus.

Les constateurs automatiques qui ont été soumis à toutes les épreuves et qui sont réglés par des hommes compétents, présentent assez de garanties pour en faire usage au colombier même.

Au moyen de ces appareils, on supprime les trois causes véritables des fraudes qui peuvent être commises, soit par les délégués, soit avec les petites montres, soit enfin par la constatation télégraphique.

Lorsque des amateurs participent à un concours bien organisé, où l'on utilise de *bons constateurs automatiques*, ils peuvent avoir la certitude que ce concours sera, par rapport à la constatation, régulier, exempt de fraudes et d'injustices.

Les inventeurs de ces appareils méritent les plus grands éloges pour les services éminents qu'ils ont rendus à la colombophilie.

Nature des concours.

Les concours de pigeons sont généralement organisés sous les dénominations suivantes :

1° *Concours social*, pour les membres d'une même société.

2° *Concours local*, pour les amateurs d'une ville ou d'une commune.

3° *Concours régional*, auquel peuvent participer des amateurs de plusieurs provinces, villes ou communes, d'un rayon déterminé.

4° *Concours national*, auquel tous les amateurs du pays sont admis à prendre part. Les prix sont composés des mises, déduction faite d'une certaine somme qui sert à couvrir les frais généraux. On affecte ordinairement à ces concours des prix d'honneur.

5° *Concours international*, pour les amateurs du pays et des pays étrangers.

6° *Concours fédéral*, pour les sociétés fédérées d'un certain nombre de villes et communes (¹).

7° *Concours à forfait*. Les prix sont déterminés d'avance. Les mises deviennent la propriété de la société organisatrice.

8° *Concours* dits *Derby*. Ces concours sont à échéance fixée longtemps d'avance. Les amateurs se font inscrire dans la société organisatrice du *Derby* pour un nombre de bagues à volonté. Chaque bague porte un millésime et un numéro d'ordre ; elle est destinée à être mise à la patte du jeune pigeon inscrit et le produit de la vente des bagues est converti en prix.

Les journaux colombophiles.

Les journaux colombophiles, cités ci-après par ordre d'ancienneté, paraissent en Belgique :

De Reisduif, de Gand 1876
De Duivenvriend, d'Anvers 1881
Le Martinet, de Bruxelles 1881
L'Estafette, de Liége 1881
De Luchtreiziger, de Malines 1884
De Snelvlieger, de Lierre 1885
De Duivenbode, de Deerlijk 1886
De Duif, d'Anvers 1889
L'amateur Colombophile, de Huy 1893

(¹) Le 23 novembre 1902, une fête splendide a été organisée à St Nicolas en l'honneur de Mr Eugène Castille, le sympathique et zélé secrétaire de la *fédération colombophile* du pays de Waes, pour les nombreux services rendus en cette qualité pendant plus de 27 ans.

De Luchtbode, d'Iseghem. 1894
L'écho des concours colombophiles, de Châtelet . . . 1895
Le Pigeon Liégeois, de Liége 1898
Le Moniteur Colombophile, de Bruxelles 1898
La Justice Colombophile, de Châtelet 1899
Le Petit Messager des *Sociétés Colombophiles*, de Liége 1900
La Frégate, de Charleroi. 1901
La Revue Colombophile du Borinage, de Jemappes . 1901
De Vlaamsche Duif, de Rumbeke 1902

Mr H. Stepman (¹)

De Zwaluw, de Gand 1903
Le Bulletin colombophile Liégeois, de Liége 1903
La Tribune Colombophile, de Liége 1903
De Duivengazet, d'Anvers 1903
L'Alliance Colombophile, d'Andenne 1903
Le Convoyeur, de Courtrai 1904
De Luchtmare, de Wevelghem 1904
Le Pigeon Verviétois, de Verviers 1905

(¹) Une fête grandiose a été organisée à Gand en 1901, en l'honneur de Mr H. Stepman, à l'occasion du 25ᵉ anniversaire de la fondation du journal « *De Reisduif* » dont il est encore actuellement le rédacteur en chef et le doyen des journaux colombophiles belges.

La mise en loges des pigeons. — Soins et précautions.

Une bonne société veille à ce que les pigeons, destinés aux concours, se trouvent à l'aise dans les paniers. Pour les voyages de *long cours*, elle détermine d'avance le nombre de pigeons que chaque panier doit contenir. On les compte exactement ou bien ce nombre est établi automatiquement par un appareil appliqué à la petite porte d'ouverture du panier. En tout cas ce nombre ne doit pas dépasser la moitié des pigeons qu'on enloge pour les concours de *courte distance*.

Les voyageurs ailés, devant séjourner pendant deux à trois jours dans les paniers, doivent pouvoir circuler d'un coin du panier à l'autre, pour manger, se désaltérer et se reposer à l'aise. C'est un point important à observer.

Les organisateurs de concours ont pour premier devoir de veiller sur le personnel chargé de baguer les pigeons et de les mettre en loge. Les oiseaux doivent être répartis dans plusieurs paniers. Il convient du reste de donner à l'amateur tous les apaisements possibles.

A ces fins, le propriétaire ou son délégué qui engage des pigeons à un concours ordinaire, doit, s'il le désire, pouvoir les tenir lui-même en main pendant qu'on leur met la bague à la patte, et les mettre ensuite personnellement dans le panier désigné par un surveillant de la société.

De cette façon, il n'aura plus à craindre qu'on lui dérobe un volatile précieux, ou que, par malveillance, jalousie ou envie, on le mette dans l'impossibilité de concourir avec chance de succès.

Quoi de plus naturel que de permettre à un amateur de soigner lui-même son pigeon ? C'est sa propriété, parfois son trésor, et, en tout cas, on ne peut exiger que l'on ait confiance en tout le monde.

Fraudes et moyens d'éviter les fraudes.

En 1897, les journaux colombophiles belges ont publié et flétri un scandale sensationnel qui a été dénoncé à la justice.

Voici de quoi il s'agissait :

Des organisateurs d'un concours avaient intercalé dans le *résultat imprimé* des noms de vainqueurs imaginaires, n'*ayant pas participé au concours*, et s'étaient ainsi attribués des sommes importantes auxquelles ils n'avaient aucun droit.

De cette façon, des sociétés malhonnêtes peuvent s'approprier une partie des versements effectués pour des mises et des poules, en ne les affectant pas à leur destination réelle.

Ces fraudes et ces malversations hautement condamnables peuvent être évitées en mettant en pratique les recommandations contenues dans notre livre flamand, paru en 1879, intitulé « *Prijskampverordeningen* » ([1]), (pages 24 et 26).

Nous résumons ces recommandations : « Après la mise en loges, les sociétés organisatrices de concours publient une liste contenant les noms de tous les participants avec l'indication du nombre des pigeons inscrits par chacun d'eux, ainsi que les mises, les poules, etc.

Cette liste reste affichée au local jusqu'après la distribution des prix. Chaque concurrent peut voir si son nom ou son bureau y figure et contrôler les opérations ».

De cette manière les faits signalés ci-dessus deviennent totalement impossibles.

([1]) En vente chez Mr H. Stepman, Rue longue des violettes à Gand, fr. 1.50.

LES SECRETS RÉELS DU SPORT COLOMBOPHILE.

Mr Pierre Vanderhaegen.

Champion gantois aux voyages de long cours. Amateur des plus distingués de
la ville de Gand. Un des fondateurs de la société « *Union et liberté* ».

Conditions essentielles pour engager les pigeons aux concours.

Pour participer aux concours, les pigeons doivent avoir
été soumis à toutes les épreuves préparatoires, c'est-à-dire,
avoir été entraînés d'après les indications qui se trouvent
au chapitre du « *dressage des pigeons voyageurs* » et avoir

répondu à l'attente de leur maître. La manière de dresser les pigeons est un véritable *secret de sport* et doit, par conséquent, faire l'objet d'une étude spéciale de la part de l'amateur.

Les sujets qu'on engage aux concours doivent jouir d'une santé parfaite, être forts et vigoureux. La moindre trace d'indisposition, de malaise ou de faiblesse, suffit pour qu'on les retienne ('). N'oublions pas que l'art d'entretenir la santé des pigeons constitue un secret des plus importants du sport colombophile.

Les voyageurs ailés doivent, en outre, être accouplés, et, comme nous l'avons déjà dit, habiter une case dont ils disposent librement et où ils se plaisent en famille pour nicher et élever. L'amour des pigeons pour leur nid, pour leurs œufs et pour leur progéniture, exerce une grande influence sur le prompt et rapide retour des voyageurs ; c'est donc un motif de vitesse.

Lorsque un ou deux jours avant le concours, un mâle a dû se défendre contre un rival, pour conserver sa case, et qu'il en est resté maître, c'est encore un motif de vitesse.

Au retour du voyage, les pigeons doivent retrouver leur compagne ou leur compagnon, ainsi que leurs nids intacts. Pour ce motif, n'accouplez jamais deux pigeons dont l'un et l'autre doivent prendre part aux concours.

On participe aux premiers concours de l'année avec les sujets les plus âgés, parce que à cette époque, il fait souvent froid, le temps est mauvais ou le vent contraire. Les vieux routiers étant plus exercés et plus aguerris, résistent mieux aux intempéries et aux fatigues des voyages que ceux qui ont moins voyagé : voilà une chose importante à savoir pour les jeunes amateurs.

(') Par mesure de prudence, ouvrez toujours le bec de l'oiseau qui doit entrer en lice, pour examiner si, à l'intérieur, il n'existe pas de traces de muguet ou de diphtérie.

Pour s'assurer qu'un bon pigeon voyageur a de l'attachement pour son nid et pour sa famille, il suffit de s'en approcher quand il se trouve dans sa case, ou bien il fuira, ce qui est un mauvais signe, ou bien, si vous l'agacez, il vous allongera des coups de bec ou d'aile, ce qui prouve qu'il se plait et qu'il est disposé à se distinguer au concours ; dans ce cas, engagez-le hardiment et faites-le inscrire pour les poules.

Précautions à prendre avant le départ des pigeons voyageurs.

La manière de prendre les pigeons, *avant le départ pour le concours*, est un point important, malheureusement trop souvent négligé. Qu'on se garde de les effaroucher ou de les effrayer. On comprend qu'un pigeon qui s'est effrayé au moment de quitter son gîte n'aura pas oublié son effroi à son retour. Ce sera pour lui un motif pour ne pas retourner avec vitesse et de ne pas rentrer lestement au colombier. Pour ces raisons, on saisit doucement les pigeons, autant que possible dans leur case, pendant qu'ils avalent quelques petites graines de millet plat ou de chènevis.

Avant de mettre les pigeons en loge, on examine s'il n'adhère point aux pattes des croûtes de fiente durcie ; on les enlève, pour empêcher que ce poids inutile ne dérange les oiseaux dans leur vol.

Conditions des femelles.

Une femelle est aussi fidèle à son colombier et vole avec autant de vitesse qu'un mâle. Lorsqu'elle se trouve dans de bonnes conditions, il n'est pas rare de la voir remporter des premiers prix. Il serait cependant imprudent de faire voyager une femelle, trois ou quatre jours avant ou après la ponte ; c'est s'exposer à perdre le sujet.

Une femelle se trouve dans les meilleures conditions

Mr Auguste Cleempoel.
Champion gantois aux voyages de long cours. Amateur distingué
et de grande réputation.

pour être engagée aux concours, quand elle arrive à la fin
de la couvaison ou lorsqu'elle a de petits jeunes ([1]).

([1]) Dans un ouvrage publié récemment, l'auteur dit que la femelle *maigrit* à la fin de l'incubation, et dans un autre endroit de son livre, il cite la fin de l'incubation comme étant un bon moment pour engager la femelle au concours. Il y a là une erreur et une inconséquence.

En effet, l'expérience démontre qu'à moins d'insuffisance de nourriture ou sauf le cas de maladie, la femelle ne maigrit point par la couvaison. Or, une femelle amaigrie, diminuée en poids et par conséquent affaiblie, ne serait pas en bonne forme pour prendre part à un concours lointain, car, ne mangeant généralement pas beaucoup durant le trajet, elle doit conserver une *réserve de graisse* pour fournir un travail aussi fatigant. Cette observation nouvelle et inédite est très importante. Voyez ci-après la rubrique *conditions corporelles* ».

Il y a cependant une distinction à faire entre les *concours de courtes et de grandes distances*.

On peut engager une femelle qui a des petits, à peine éclos, aux *concours de courtes distances*, n'exigeant un séjour en loge que de vingt à trente heures, car, *un séjour plus prolongé* l'indisposerait à cause de la bouillie alimentaire qui augmente par la sécrétion naturelle, et pourrait, pour cette raison, empêcher l'oiseau de déployer *dans cette courte distance* toute la vitesse nécessaire pour se distinguer.

On ne peut pas engager aux concours les pigeons avec des jeunes qui viennent de naître, lorsque le séjour au panier doit *dépasser trois jours*, car les oiseaux seraient exposés à gagner des indispositions graves et même la pourriture du jabot.

Quand on ne participe aux concours avec des pigeons, mâles ou femelles, que cinq ou six jours après l'éclosion, ce contretemps n'est pas à craindre (¹).

Conditions des mâles.

Dans les conditions ordinaires, le mâle convient toujours pour participer aux concours lorsqu'il a un grand jeune et qu'il couve. Quand on remarque qu'il caresse son jeune et l'entoure de beaucoup de soins, on peut être sûr qu'il est en situation pour se distinguer.

Pour les *concours de vitesse*, le mâle déploie généralement la plus grande rapidité de vol quand ses jeunes sont âgés de dix à douze jours, car il est alors sur le point de chasser au nid. Il y a des mâles qui dans les concours de vitesse ne remportent des prix que quand ils pourchassent leur femelle.

Par contre, il y en a qu'il ne faut pas engager aux con-

(¹) Voir plus loin la rubrique « *La mise à point des pigeons voyageurs destinés aux voyages de long cours* ».

cours lorsqu'ils chassent au nid depuis deux à trois jours, parce que alors ils ne jouissent d'aucun repos, se trouvent fortement surexcités, mangent peu ou point, et par suite sont faibles et abattus. Leur état physique en souffre et le moral s'en ressent aussi. Lorsqu'on fait voyager les mâles dans cet état de surexcitation nerveuse, ils volent générale- ment sans discernement. Ils peuvent exceptionnellement arriver des premiers, mais le plus souvent ils s'égarent en route et reviennent tard.

Lorsqu'un mâle s'est distingué au concours au moment de pourchasser sa femelle, on peut le maintenir dans cette forme *(condition de vitesse)* et avoir la certitude qu'il ren- trera vite au colombier, *en le séparant de sa femelle après son retour de voyage.*

On peut procéder ainsi pendant deux ou trois semaines de suite.

Dans ce cas on doit rendre chaque fois la femelle au mâle, pendant une ou deux heures avant la mise en loge.

Veuvage forcé.

Pour les voyages ne dépassant pas 500 à 600 kilomètres, on peut mettre en pratique le système qu'on appelle, dans le pays de Liége, « *le veuvage forcé* ».

Voici la manière de s'y prendre :

Quand le moment de l'élevage est venu, on réunit les cou- ples ; on les laisse couver une dizaine de jours, puis on enlève les œufs pour les confier à des reproducteurs spé- ciaux. Les femelles sont éloignées de façon qu'elles ne puissent rien voir du colombier principal.

Le mâle occupe donc seul sa case au colombier. Après son départ pour un entraînement ou un concours, placez la femelle dans la case de son mâle et enfermez- la jusqu'au retour de voyage de celui-ci. Il faut que le mâle y retrouve sa compagne après chaque voyage, quelque court qu'il soit.

Au bout de quelque temps, le mâle, *forcément veuf*, s'aperçoit qu'il retrouve sa compagne *après chaque voyage*. Il sait très bien que sa femelle est à son poste et l'attend. Aussi faut-il laisser le mâle avec sa femelle pendant une ou deux heures avant de les séparer de nouveau.

Les avantages résultant de ce système sont les suivants :

A. Les mâles, ne couvant ni n'élevant pas, sont toujours en état de participer aux concours.

B. Ils sont à l'abri des petites misères et maladies auxquelles les nourriciers sont exposés.

Furibond. Vainqueur de Dax.

C. Ils ne s'engraissent pas, au contraire, ils deviennent plus nerveux parce que les mâles veufs volent beaucoup plus que les pigeons en famille : ils sont constamment dans les airs.

Finalement, hors les conditions susdites aucun pigeon ne retourne aussi vite de voyage et ne rentre aussi lestement.

Pour pratiquer ce système, il faut avoir des colombiers séparés et des cases spéciales.

SECRETS DIVERS.

Pas d'encombrement.

L'amateur vraiment intelligent est celui qui sait remporter de beaux résultats aux concours avec un nombre raisonnable de pigeons sans avoir de l'encombrement ([1]).

Un colombier peuplé par un trop grand nombre de pigeons empêche de bien conduire les sujets et de les préparer comme il le faut pour qu'ils puissent participer avantageusement aux tournois aériens.

Pigeon dévoyé.

Lorsqu'un pigeon, habituellement vainqueur aux concours, s'est dévoyé et est revenu tard d'un voyage, et que sous d'autres rapports il se trouve dans de bonnes conditions, faites-le inscrire pour les poules, il arrivera parmi les premiers : l'expérience le démontre.

Concours de vitesse. — Nourriture. — Participation.

Dans un concours de *vitesse* lorsque le pigeon ne doit rester qu'une nuit dans le panier, on peut l'engager à *jabot vide* et sans aliments.

Un pigeon dans ces conditions vole toujours avec la plus grande rapidité. Si cependant il n'est pas de forte constitution, et que l'on craint un vent contraire, on peut lui donner avant son départ une dizaine de féveroles.

Quand on engage un pigeon dans un concours de courte distance avec le jabot bourré de nourriture, on l'expose à une indigestion. En tout cas, un pigeon, dans ces conditions, n'est pas à même de voyager avec vitesse et ce serait une exception s'il remportait un prix.

Un pigeon vainqueur, rentrant d'un voyage de 200 à 250 kilomètres non fatigué, lorsqu'il a le temps de boire et de prendre quelque nourriture, peut être engagé, le même

---

([1]) Voyez à la *deuxième partie* au chapitre de « *l'hygiène* », in verbo « *Encombrement* ».

jour, à un autre concours de même distance. Nous avons obtenu souvent, dans ces conditions, d'excellents résultats.

Conditions corporelles.

Des amateurs possédant de bons vieux pigeons voyageurs qui, l'année précédente, gagnaient beaucoup de prix, sont souvent surpris que l'année suivante ils ne remportent plus aucun succès. A quoi faut-il attribuer cet état de choses ?

Cette question nous a été posée plusieurs fois. Elle doit être résolue dans le sens suivant :

A. Le plus souvent, c'est que les pigeons ne sont pas *sains* ou qu'ils sont trop *gras*.

Un pigeon *malade* ou trop *gras* n'est pas capable de voyager avec vitesse ; quoique de race d'élite, il rentre ordinairement quelques minutes trop tard. Pour y remédier on le soumet à une diète d'un jour, puis on lui administre, pendant deux jours, chaque fois le matin, une pilule *Débutante* par jour. Comme nourriture donnez vers midi des graines de lin et vers le soir un peu de froment. Les deux jours suivants on lui administre, chaque fois le matin à jabot vide, une pilule *Secondaire.* A partir de ce jour ajoutez à la nourriture quelques graines plus azotées et augmentez graduellement la quantité sans dépasser la portion ordinaire.

Faites voyager l'oiseau beaucoup et souvent.

Un pigeon voyageur ne doit être ni *maigre* ni *faible* non plus, car alors il ne résiste point aux fatigues des voyages.

B. Il y a encore lieu de tenir compte de l'état de services des pigeons, de leur âge, de leurs dispositions ; car il est certain qu'un pigeon ne peut pas toujours rester bon voyageur. Les sujets qui voyagent souvent avec grands efforts et beaucoup de vitesse s'usent vite. Arrivés à un certain âge, la vitesse diminue ; si par contre, les sujets sont jeunes et que l'on constate qu'ils sont mal disposés, il faut les retenir et les laisser se reposer jusqu'à l'année suivante (¹).

C. Certains pigeons qui se distinguent aux concours dès l'année de leur naissance, n'ont parfois plus aucune valeur sportive les années suivantes. L'expérience nous l'a démontré plus d'une fois.

Certains soins à observer avant et pendant les concours.

L'avant-veille d'un concours, on enlève du colombier le sel gemme et le calcaire, pour éviter que les pigeons destinés à concourir, ne gagnent soif en labourant le sel ou en avalant du calcaire.

Durant la période des concours, on ne doit jamais, sans motif plausible, déranger les pigeons dans leurs amours et dans leurs habitudes. On peut, il est vrai, tirer momentanément profit de leur humeur jalouse, seulement ces moyens souvent répétés les fatiguent outre mesure. A moins de pratiquer le système du *veuvage forcé*, le plus sage est de ne pas les dépareiller à ce moment, de ne pas les changer de case et de ne pas enlever leurs œufs. Ces dérangements sont nuisibles à la fidélité des pigeons et à leur attachement au colombier. L'observation de cette prescription est très importante au point de vue de la bonne réussite aux concours.

Pendant l'absence d'un pigeon engagé à un concours, on ne fera à la trappe ou à l'intérieur du colombier aucun changement visible au retour du coursier ailé, car il s'en effrayerait et n'oserait pas rentrer.

Les pigeons voyageurs seront soignés autant que possible par la même personne. Elle les traitera toujours avec douceur et prudence, sans mouvement brusque, pour ne

(¹) Voyez ci après « *La mise à point des pigeons voyageurs destinés aux voyages de long cours* ».

pas briser ou arracher des pennes et ne pas effaroucher les oiseaux. Elle s'attachera autant que possible à les rendre familiers et à les apprivoiser.

Précautions à prendre envers les pigeons qui rentrent de voyage.

Au retour de voyage d'un concours, la personne, qui soigne habituellement les pigeons, les prend elle-même sans les brusquer. Elle attend le moment propice ; une minute ou quelques secondes de patience suffisent parfois pour qu'au prochain voyage, ils ne soient point craintifs et rentrent avec prestesse.

Le bon bleu. — Vainqueur de Dax.

L'amateur qui attend l'arrivée de ses pigeons ne doit absolument faire aucun bruit au colombier. A cet effet, il met des espadrilles pour ne pas être entendu des pigeons qui doivent rentrer. Il veille aussi à ce que les sujets, se trouvant au colombier, ne dérangent ou n'effarouchent pas ceux qui rentrent pour qu'ils ne perdent point de minutes précieuses sur le toit.

Un moyen totalement opposé à celui qui précède pour obtenir une rentrée précipitée au retour du voyage, c'est d'habituer les pigeons *au bruit*.

On s'y prend comme suit :

Chaque fois que l'amateur monte à son colombier, il marche brutalement pour avertir ses hôtes, frappe sur le garde-manger et pousse un cri avant de distribuer la nourriture.

Lorsque les pigeons reviennent d'un voyage d'entraînement, il fait le même tapage et jette quelques graines ; plus tard, lorsqu'ils sont engagés à un concours, si on répète la même manœuvre, ils rentreront lestement au colombier.

MM'ⁱ Verschoore frères de Thielt et d'autres amateurs qui habituent leurs voyageurs *au bruit*, prétendent que par ce moyen ils rentrent plus lestement qu'en procédant par *le silence.*

Moyens pour faire rentrer les pigeons précipitamment.

Lorsqu'un pigeon a l'habitude de faire le toit, on y remédie de la manière suivante : la veille du concours on enferme deux ou trois pigeons dans un panier, sans leur donner à boire ou à manger ; on prendra de préférence des mâles qui chassent au nid ou des femelles qui touchent au terme de l'incubation. Dès que le voyageur, qui a contracté cette mauvaise habitude, rentre de voyage, on lâche un de ces pigeons ; celui-ci s'envole directement sur le toit ou sur la trappe, pour pénétrer immédiatement dans le colombier. L'autre, entraîné par l'exemple, le suit ordinairement de près.

Un moyen également bon consiste à jeter de petites graines au colombier de manière que le pigeon qui revient puisse voir manger les pigeons à travers les ouvertures de la trappe. Pressé par la faim, il rentre vite pour se rassasier.

Les amateurs qui possèdent comme nous un système

de trappe avec une planchette à bascule pour fermer la boîte, n'useront de ce stratagème, pour capturer le pigeon qui s'attarde trop longtemps avant d'entrer, que quand il s'agit d'un dernier concours de l'année ou lorsqu'une grosse poule est en jeu, car ce truc effraie les pigeons et à l'avenir ils ne rentrent plus lestement. Il vaut encore mieux ne jamais l'employer.

Lorsqu'un pigeon a été engagé à plusieurs concours consécutifs et qu'on l'a pris chaque fois à sa rentrée au colombier, il devient méfiant et rentre difficilement. On remédie à cet état de choses en portant ce pigeon deux ou trois fois par semaine à de petites distances pour l'y lâcher ; à sa rentrée, il n'est plus saisi au colombier et trouve une friandise dans sa case. Au concours suivant, il rentre plus vite. Si le moyen indiqué ci-dessus échoue et que le pigeon s'attarde de plus en plus longtemps avant de rentrer au colombier, voici ce qu'il faut faire pour le corriger de ce défaut.

Quand il sera rentré ne lui laissez pas voir son nid ni son conjoint, il faut le saisir et l'enfermer pendant une semaine. Après cet emprisonnement engagez-le au concours et vous le verrez rentrer lestement.

Quand on a participé avec un pigeon à un concours d'une distance de 200 à 300 kilomètres et que, huit jours plus tard, on veut l'engager à un concours de moindre distance (80 à 100 kilomètres), il suffit de le lâcher pendant cet intervalle à une distance de dix à quinze kilomètres. Par ce moyen, on prépare le volatile à l'étape moins grande et à une rentrée rapide au colombier.

La rentrée rapide est de nos jours un point capital, car très souvent dans le *concours de vitesse* le retard d'une minute, disons d'une demi-minute, suffit pour qu'un pigeon ne soit pas classé.

Faut-il concourir avec le même pigeon tant qu'il obtient du succès?

Une habitude, généralement répandue, consiste à concourir avec le même pigeon aussi longtemps qu'il remporte des prix. C'est parfois une erreur ou une grande imprudence.

Il est permis de concourir avec le même sujet qui, se distingue aux concours de petites et de grandes distances, aussi longtemps qu'il n'est *ni fatigué, ni épuisé par les voyages.* Si, au contraire, l'oiseau revient éreinté et abattu d'un voyage éloigné et ardu, on ne doit plus l'engager aux concours qu'après un repos absolu et une réparation totale de ses forces. En tout cas, il importe d'attendre au moins *quinze jours* avant de le mettre de nouveau à un concours de grande distance Ne pas suivre ce conseil serait conduire le bon sujet à la ruine de toutes ses qualités physiques et sportives. En outre un pigeon surmené ne fait pas une mue régulière, et on aura de la chance s'il échappe à une paralysie ou à d'autres maladies. Généralement ces pigeons ne valent plus grand' chose l'année suivante. Voici comment nous procédons :

Prenons pour exemple une femelle qui a l'habitude de se distinguer aux *concours de vitesse* (distance 200 à 250 kilomètres). Après les voyages d'essai, on l'engage aux concours lorsqu'elle couve depuis quelques jours. Qu'elle remporte des prix ou non, on la fait concourir de nouveau huit jours plus tard. Elle arrive alors au terme de l'incubation. Si les œufs ne sont pas éclos, on glisse, une demi heure avant son départ, un pigeonneau âgé d'un ou de deux jours dans son nid, cela lui donne plus d'attachement. Dans ces conditions faites la plus forte mise. Si aucun accident ne survient en cours de voyage, elle remportera un des premiers prix. Au concours de la semaine suivante

engagez-la encore une fois, vous avez toutes les chances
d'obtenir encore un bon résultat. Après ces trois concours,
votre bonne femelle aura perdu sa forme ; laissez-là se
préparer à une nouvelle ponte sans la déranger, jusqu'à ce
qu'elle couve de nouveau de quelques jours. Entraînez la
alors à des distances variant de 10 à 50 kilomètres, et
mettez-la encore une fois en lice de la manière indiquée plus
haut. Si la femelle remporte de nouveau deux ou trois prix
de suite, jugez alors, d'après son état physique et les conditions dans lesquelles elle se trouve, s'il y a lieu de faire
une troisième campagne ; dans l'affirmative profitez-en. En
suivant nos conseils, vous conserverez un sujet précieux,
qui, pendant de nombreuses années gagnera un grand
nombre de prix.

La mise à point des pigeons voyageurs destinés aux voyages de long cours.

La mise à point signifie, en langage colombophile, la
manière de préparer les conditions les plus favorables dans
lesquelles les pigeons doivent se trouver pour remporter
aux concours les plus beaux résultats.

Les pigeons voyageurs belges, d'un certain âge, conviennent généralement aux concours à grandes distances,
s'ils sont intelligents et bien constitués.

A cette catégorie de concours on destine les meilleurs
pigeons du colombier, et comme appoint, ceux qui ne se
distinguent qu'en cas de mauvais temps et ceux qui, au
retour des voyages de vitesse, ne rentrent plus lestement.

Voici comment l'amateur doit procéder :

Après la sélection des pigeons qui se fait vers la fin de
chaque année, il doit déjà s'occuper de sa gent volatile
pour la campagne prochaine.

Les longues soirées d'hiver se prêtent admirablement à
cet effet. Il divise ses pigeons en deux ou trois catégories,

d'après leur âge, leurs états de service, leur destination aux voyages de long cours.

Lorsque l'amateur connaît les dates des concours auxquels il se propose de participer, c'est alors que commence son rôle d'observateur, parce que c'est à partir de ce moment, qu'il doit préparer ses coursiers ailés pour les avoir, au jour de la grande épreuve, au maximum de leur forme.

La chose n'est pas facile, nous le prouverons :

Chaque pigeon à mettre en lice doit faire, de la part de l'amateur, l'objet d'une étude spéciale en ce qui concerne les points suivants :

Le voilier. — Vainqueur de Dax.

1° Ses aptitudes d'après les étapes qu'il a parcourues ;

2° Son endurance et sa vitesse ;

3° La condition de ses ailes par rapport à la mue ;

4° La condition de son nid ;

5° Son état sanitaire.

Examinons chacun de ces points :

Pour participer avec fruit à un tournoi aérien de longue portée, il faut engager des sujets âgés de trois ans révolus, ayant parcouru au moins une distance de 700 kilomètres environ.

Les pigeons plus âgés, les vieux routiers, ayant déjà participé à plusieurs concours lointains, ne doivent pas être entraînés à une distance qui dépasse 200 à 350 kilomètres.

D'après l'âge et les aptitudes des sujets, l'entraînement peut parfois se limiter à une distance de 100 kilomètres environ. A noter que les entraînements pour les voyages de long cours doivent être faits par étapes éloignées d'après les indications que nous donnons au chapitre « *Le dressage des pigeons voyageurs* » à la page 212.

Les pigeons de cette catégorie doivent être familiarisés avec toutes les graines : féveroles, vesces, maïs, lentilles, pour que, pendant le trajet, ils puissent se sustenter avec la nourriture que le convoyeur leur distribue.

Un amateur bien avisé, qui connaît ses pigeons pour les avoir élevés et étudiés lui-même, ne risquera pas un fort enjeu lorsque les sujets qu'il engage n'ont pas donné des preuves d'aptitude, ou s'ils n'ont pas à leur actif un palmarès respectable.

Personne ne pouvant prévoir le temps qu'il fera le jour du lâcher, il est recommandable, par mesure de prudence, d'engager au concours deux catégories de sujets, à savoir : des pigeons de vitesse qui se feront valoir par un temps clair et sans être favorisé par le vent — et des pigeons de fond, qui n'arrivent jamais à la tête du jeu lorsqu'il fait beau, mais qui savent décrocher un beau prix lorsque le temps est pluvieux, sombre, dur, ou par vent contraire.

L'amateur doit veiller à ce que ses lutteurs aient les ailes bien fournies et possèdent, au jour des concours, au moins six à sept rémiges. Pour obtenir ce résultat, il doit élever assez tard pour que ses pigeons ne s'affaiblissent point et qu'ils ne perdent pas des rémiges dès les premiers mois de l'année. Dans ces conditions, ils pourront sortir victorieux de l'épreuve.

Le colombophile doit connaître en outre, d'après leur sexe, les conditions les plus favorables que ses pigeons doivent réunir pour revenir de ces contrées lointaines, avec amour, courage et précipitation, à leur gîte ; c'est ce qui s'appelle les conditions de nid.

Les *femelles*, en général, se trouvent dans les meilleures conditions de mise à point, lorsqu'elles élèvent un jeune de huit à dix jours.

Les *mâles*, lorsqu'ils élèvent un grand jeune et qu'ils couvent.

Un autre point qui, sans contredit, est le plus important à connaître, est celui qui concerne l'état de santé des pigeons qu'on va engager dans les concours.

Les amateurs qui n'ont pas les notions indispensables de l'hygiène et qui sont incapables de diagnostiquer les moindres symptômes de maladie, ont un désavantage notable sur leurs concurrents qui possèdent ces connaissances.

De l'état sanitaire dépendent entièrement les bons ou les mauvais résultats, cela se conçoit aisément, car le meilleur pigeon de l'univers entier, s'il ne jouit pas d'une santé parfaite, est incapable de se faire classer.

Quand on engage un sujet dans ces conditions mauvaises, généralement on le perd en cours de route, ou bien le pauvre oiseau regagne son toit natal longtemps après les autres concurrents, et très souvent, par les privations endurées et les fatigues du voyage, le mal s'aggrave et l'oiseau perd pour toujours ses qualités sportives.

Le jour du départ ou de la mise en loge, on nourrit les pigeons avec du colza, du riz, du millet plat, mélangés à une quantité de lentilles et de froment, et non avec une nourriture lourde, car les pigeons qui doivent rester durant plusieurs jours à l'étroit dans un panier, sont prédisposés

16

à des indigestions, à des raideurs dans les membres et
à des paralysies.

Voilà, à grands traits, les conditions de mise à point pour
la gent ailée qu'on destine aux concours de longue portée.

Un exemple pratique.

Maintenant, nous ferons connaître pratiquement comment
nous avons préparé nos pigeons, pour participer au concours national belge en 1904, dont le lâcher a eu lieu à
Dax, ville française, à une distance d'environ 860 kilomètres
de notre colombier à Hulste-lez-Courtrai.

Notre liste comprenait sept sujets destinés à ce concours,
parmi lesquels une femelle et six mâles.

1° Femelle, à robe écaillée, appelée *la petite*, âgée de
6 ans, solidement bâtie, courte, ramassée, mais de taille
petite.

Vers la mi-mars, elle devint malade. Après sa guérison
nous lui donnâmes un conjoint. Quelques jours après leur
accouplement, la femelle pondit. Le concours national
étant fixé au 16 juillet 1904, nous devions calculer et
préparer une couvée subséquente de façon à avoir, le jour
de la mise en loge, des jeunes de huit à dix jours.

D'après notre calcul, *la petite* ne pouvait couver ses
premiers œufs que pendant une douzaine de jours ; nous
devions donc les déplacer et les confier à un autre couple ;
puis, après un certain repos, faire en sorte que la ponte
suivante et l'éclosion arrivassent à point, pour amener
l'excellente messagère ailée à sa forme la plus parfaite.

Notre calcul fut bien établi, l'éclosion arriva régulièrement dans le délai voulu ; l'élevage des petits se fit
dans les conditions les plus saines, la femelle les aimait
avec la plus grande tendresse, et quand nous voulûmes
approcher la main de son nid, elle nous gratifia de coups
d'ailes et de bec.

Ce grand attachement à son nid et à sa progéniture, âgée de neuf jours ; l'état parfait de sa santé ; la condition de ses ailes garnies de sept grandes pennes ; ses aptitudes que nous connaissions par les palmes remportées les années précédentes ([1]), nous firent présager un beau résultat.

Nous engageâmes *la petite* pour toutes les poules et la fîmes inscrire pour la série des deux premiers pigeons désignés avec un autre sujet.

Une préparation spéciale, par rapport au nid, avait été faite pour les six mâles destinés à ce concours. Ceux-ci avaient parcouru, avec succès, toutes les étapes jusqu'à Bordeaux. Dans le nombre se trouvait un beau sujet appelé « *le doré* » qui, en 1902, gagna prix sur Dax, et qui, en 1904,

Le Doré.

remporta, d'Etampes jusqu'à Bordeaux, cinq prix en cinq concours, la plupart avec vent contraire. Pour ne pas surmener ce sujet d'élite, nous le retînmes au colombier et

(1) En 1899, Breteuil, deux fois prix. — En 1900, Creil, deux fois prix. — En 1901, Orléans prix ; Bordeaux 6e prix (Saumon Courtrai). — En 1902, Vendôme, 3oe prix ; Dax, concours national, 49e prix (5,600 concurrents). — En 1903, Dax, 70e prix, (« *Vriendenbond* » Gand).

engageâmes les cinq mâles qui se trouvaient tous en excellente santé et dans des conditions identiques de nid, c'est-à-dire couvant avec un grand jeune à élever.

Nous dirons aussi un mot de chacun d'eux :

2º Mâle bleu uni, âgé de 4 ans, appelé « le *bon bleu* » ([1]), a été engagé pour plusieurs poules et inscrit pour la série désignée des deux premiers pigeons ; ses ailes étaient garnies de sept rémiges.

3º Mâle fauve, âgé de 4 ans, appelé « *la plume* » ([2]). Un oiseau rare, ayant dans la queue seize plumes (rectrices). Il avait, au moment du concours, les ailes fournies de sept grandes pennes.

4º Mâle fauve, âgé de 3 ans, appelé « *Furibond* » ([3]) frère du précédent, un beau type qui avait également sept rémiges dans les ailes.

5º Bleu uni, âgé de 3 ans, appelé « *le voilier* », pigeon de fond, n'arrivant jamais à la tête du palmarès, engagé par prudence pour le cas de mauvais temps. Ce pigeon avait aussi les ailes fournies de sept rémiges.

6º Mâle fauve, appelé le « *jeune Duister* », fortement tâcheté de noir, âgé de 5 ans, pigeon de fond, rentré en 1903, d'un concours de Bordeaux, avec un doigt d'une patte enlevé par un coup de feu. Ce pigeon perdit une grande penne des ailes la veille de la mise en loge et n'avait plus que cinq rémiges pour concourir.

Nous donnons plus loin, sous la rubrique « *Importance des concours* », le résultat obtenu avec les pigeons décrits plus haut.

([1]) En 1902 le 1er prix sur Orléans et prix sur Tours à Dottignies. — En 1903 le 12e prix sur Bordeaux à Audenarde. — En 1904 prix sur Chartres à Courtrai et sur Bordeaux à Gand.

([2]) Voyez « *La sélection pigeonnière* » p. 133.

([3]) En 1903 prix sur Orléans à Waereghem et sur Bordeaux à Gand.

Soins à donner aux pigeons rentrés d'un voyage de long cours.

Quand un pigeon est rentré d'un voyage lointain et ardu, il y a lieu de l'observer pendant quelques jours, pour voir si aucun symptôme de maladie ne se déclare et, le cas échéant, pouvoir le combattre.

En tout cas, il faut avoir soin de lui donner pendant les trois premiers jours une nourriture légère et quelque peu stimulante. Un mélange de millet, de froment, de lentilles, de riz, avec quelques graines de chènevis formera une excellente nourriture. Le lendemain donnez-lui un bain. Si alors le voyageur n'est pas alerte et vif; si, au contraire, il est maladif, administrez-lui les médicaments, d'après les symptômes qu'il présente. (Voyez la *deuxième partie* de cet ouvrage, au chapitre « *maladies* »).

Si vous ne découvrez chez le pigeon voyageur aucun symptôme de maladie, vous pouvez lui administrer, par prudence et pour prévenir des paralysies, pendant un ou deux jours, une pilule *Volatiline* matin et soir, puis pendant les trois ou quatre jours qui suivent, une pilule *Anticroupale* par jour. Arrivez graduellement à la nourriture habituelle.

Ainsi que nous l'avons déjà dit, ne faites pas concourir ce pigeon aussi longtemps qu'il n'est pas bien portant ou complètement remis de ses fatigues.

Toutes les indications qui précèdent, sont le fruit de nos observations et de nos expériences personnelles.

Résultats aux Concours.

Si l'amateur n'obtient pas de beaux résultats aux concours, cela ne dépend pas toujours de la valeur sportive des pigeons qu'il engage, c'est très souvent de sa propre faute, à cause de son insouciance ou de sa négligence à faire les combinaisons indispensables et plus particulièrement encore parce qu'il n'est pas à la hauteur des progrès colombophiles à défaut d'études spéciales. L'expérience démontre du reste que le bon amateur est beaucoup plus rare que le bon pigeon.

Importance des concours.

Chaque année une des sociétés colombophiles de la capitale est désignée, à tour de rôle, pour organiser un

Concours national sous le patronage de S. M. Leopold II, Roi des Belges, et de l'administration communale de Bruxelles.

Cette lutte aérienne est encouragée par l'allocation de prix qui consistent en objets d'art et subsides en argent.

Pour avoir une idée de l'importance du sport colombophile belge, nous citerons quelques uns des derniers concours.

Le concours national de 1902 sur *Dax* (Landes), distance 890 kilomètres de Bruxelles [1], sous la direction de la société « *La centrale Bruxelloise* », comptait 5628 pigeons concurrents et une recette totale de fr. 111.300. Ces oiseaux ont été lâchés le 12 juillet à 4 heures 35 minutes du matin par un temps clair et vent d'est léger.

Le premier prix a été gagné par Mr Cornet de St Servais (Namur), le 13 juillet à 4 heures 32 minutes du matin. Le second prix par Mr Duvosquel à Ingelmunster, le même jour, à 4 heures 38 minutes du matin, et le dernier à 9 heures 44 minutes.

Nous participâmes pour la première fois à ce concours

[1] La distance de Dax a été fournie par Mr A. Colin.

national ; nous y obtînmes, avec deux pigeons, deux prix,
à savoir : les 49ᵉ et 921ᵉ.

Mʳ René Declercq, amateur distingué à Cortenberg,
gagna la grosse poule de *mille francs* avec le 78ᵉ prix.

Mr N. Delmotte.
Fondateur de la Société « *Union et Progrès* » de Bruxelles
et président de ce cercle depuis l'année 1865.

Le concours national de 1904, confié aux soins de la société « *Union et progrès* » de Bruxelles sous la présidence de
Mʳ Delmotte, réunit 4025 pigeons concurrents.

Par mesure d'équité et dans le but d'avoir les chances égales pour tous les participants, le lâcher eut lieu à 7 heures du matin, c'est-à-dire assez tard pour qu'aucun voyageur ne put rentrer le premier jour. Le temps fut calme, clair avec vent du nord.

M⁰ L. Delen de Hallaer gagna le premier prix, le lendemain à 7 heures 55 minutes du matin.

Il y avait 721 prix à gagner. Le dernier fut remporté le 17 juillet à 6 heures du soir.

Nous remportâmes, avec les six pigeons engagés, les *cinq* prix suivants :

La petite.

1° Avec la femelle appelée « *La petite* » décrite à la page 242, dont la photographie se trouve ci-dessus, le *8ᵉ prix*, ainsi que la première grosse poule et la série de toutes les autres poules ; la première série d'honneur des deux pigeons désignés et une garniture de cheminée.

2° Avec le mâle fauve appelé « *La plume* », décrit sous le n° 3 à la page 244, le *9ᵉ prix* (¹).

3° Avec le mâle fauve appelé « *Furibond* », décrit sous le n° 4 à la page 244 le *68ᵉ prix* (²).

(¹) Voir la photographie à la page 133.
(²) Voir la photographie à la page 230.

4° Avec le mâle bleu uni appelé le « *bon bleu* », décrit sous le n° 2 aux pages 243 et 244, le *69ᵉ prix*. C'est le pigeon qui, avec « *la petite* », fit la première série d'honneur des deux premiers pigeons désignés ([1]).

5° Avec le mâle bleu uni, appelé « *Le voilier* », décrit sous le n° 5 à la page 244, le *383ᵉ prix* ([2]).

Nous remportâmes également la première série de quatre pigeons.

Le pigeon décrit sous le n° 6 à la page 244, un volatile qui joue vraiment de malheur, rentra le surlendemain, blessé à l'aile d'un coup de feu.

Mᵣ Georges Gits ([3]).

Notre ami Mᵣ G. Gits, champion anversois, remporta à ce concours avec douze pigeons, *huit prix*, parmi lesquels les 13ᵉ, 32ᵉ, 52ᵉ et la série de cinq pigeons.

([1]) Voir la photographie à la page 234.

([2]) Voir la photographie à la page 239.

([3]) M. Georges Gits est né à Anvers le 30 avril 1839. Il fut pendant treize ans échevin de cette ville et y montra les talents héréditaires qui avaient distingué un de ses parents maternels, Mᵣ Minne, bourgmestre de Gand.

Mr Wielemans, champion Ixellois, remporta la série de six pigeons.

Parmi les autres champions de ce tournoi aérien, citons MM. Delmotte et Rey de Bruxelles ; — Duchateau de Quevaucamps ; — Heuchon de Braine-le-Comte ; — Matthys de Vilvorde ; — Plasschaert de Leeuw-St Pierre ; — Vancoppenolle Valère de Renaix ; — Coppens de Lierre ; — Jensen d'Anvers ; — Lorent de Clabecq ; — Deneyer d'Hoeylaert ; — Vignoul de Vaux-Chèvremont ; — Dulieu de Quevaucamps ; — Cuvelier de Silenrieux ; — Vitoux de Nivelles, etc.

Comme amateur de pigeons, Mr Gits se révéla dès l'âge de 20 ans. Son père, ancien médecin militaire, fit construire pour lui un colombier dans le jardin de l'usine qu'il venait de fonder et dont notre ami, après lui, prit la direction.

Non seulement le jeune Gits s'intéressa à l'élevage des pigeons, mais il étudia leurs maladies, appliquant pour les combattre la méthode hahnemanienne que son père lui avait enseignée.

Son expérience, ses connaissances, son enthousiasme éclairé de colombophile le firent désigner tout naturellement comme Secrétaire de la fédération des diverses sociétés colombophiles d'Anvers, qui prit le nom de *Stadsbond*. Ce « *Bond* » compte aujourd'hui, après 38 ans d'existence, plus de cent sociétés de la ville et des faubourgs, près de 1700 membres locaux et régionaux.

Celui qui, sur l'invitation du vénérable Ed. Schewyck et avec le concours du digne président Mr L. Van Cutsem, se chargea, en 1866, de rédiger les statuts et d'élaborer les règlements de cette vaste fédération, en est aujourd'hui encore le secrétaire actif, dévoué et, nous pouvons l'ajouter, fêté. En 1901, en effet, le *Stadsbond* offrit à Mr Gits, son toujours jeune secrétaire, une fête superbe et grandiose. A cette occasion le héros de la manifestation offrit un concours pour jeunes pigeons sur Étampes auquel 4245 pigeons prirent part, chiffre qui n'avait jamais été atteint à Anvers.

Mr Gits aurait désiré, en novembre 1904, se retirer d'un poste qu'il occupait depuis 38 ans. Mais le conseil d'administration du *Bond* fit de nouveau appel à son dévouement et sa démission resta lettre morte. Comme naguère M. Gits nous le disait gaiment lui-même, il fera comme le nègre du maréchal Mac-Mahon, et *continuera*. Si Mr Gits tient parole, ses amis colombophiles lui en sauront infiniment de gré.

CONCOURS A DISTANCES EXTRAORDINAIRES.

Concours de Calvi.

La Société « *Le club du midi* » de Bruxelles organisa en 1888 un concours sur *Calvi*, dans l'île de Corse. 649 pigeons,

M. Browaeys.
Chevalier du mérite agricole.
Président du cercle « *Union* » de Roubaix,
Champion français de Calvi en 1888.

convoyés et soignés par Mr Tordo, furent lâchés par cet amateur d'élite, le 2 juillet à 4 ¹/₂ heures du matin. Le premier prix fut gagné par un pigeon de Mr A. Hansenne de

Verviers (¹), le lendemain à 3 heures 16 minutes de relevée. Cet intrépide coursier ailé avait parcouru un trajet, à vol d'oiseau, de 919 kilomètres, en moins d'un jour et demi. En tenant compte de la grande distance et du passage de la Méditerranée, la vitesse obtenue par ce pigeon est considérable et extraordinaire.

En dehors de la constatation d'un petit nombre de pigeons, la rentrée des autres concurrents ailés n'a point répondu à l'attente des participants.

Concours de Barcelone.

Un concours national a été organisé en 1878, sur *Barcelone*, par la Société « *Le Progrès* » de Liége. Distance : 1100 kilomètres.

Ce concours dédié aux amateurs colombophiles de Catalogne, a eu lieu sous les auspices de Mʳ Salvador Castelló y carreras, d'Arenys-de-Mar, Directeur-fondateur de l'école royale d'aviculture à Barcelone, président de la société nationale des aviculteurs espagnols (²).

Mʳ Castelló a offert un magnifique objet d'art comme prix d'honneur.

Diverses médailles et diplômes d'honneur ont également été offerts par des sociétés colombophiles de Catalogne.

Le lâcher a eu lieu a Cervera, le 23 juillet 1898. 455 pigeons ont été lâchés à 5 heures du matin par un temps clair.

Le premier prix a été obtenu par M. J. Rausin, de Chênée (Liége), le 25 juillet et les autres prix ont été remportés régulièrement.

(¹) Voir la photographie de Mʳ Hansenne à la page 214.

(²) Mʳ Salvador Castello auteur de nombreux ouvrages et revues avicoles et colombophiles, a eu l'amabilité de nous offrir en hommage un exemplaire de son magnifique traité, écrit en langue espagnole, sous le titre de « *Colombofilia.* »

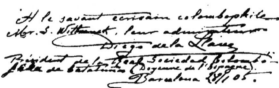

Mr Diégo de la Llave.
Président de la Société Royale colombophile de Catalogne.
Directeur du journal « *La colombe messagère* » de Barcelone.

A l'occasion de notre beau succès remporté au concours national de Dax en 1904, Mr Diégo de la Llave a eu l'amabilité de nous décerner au nom de la Société Royale qu'il préside, une médaille d'or.

Concours d'Anglesola.

Un grand concours fut organisé en 1901, par la société colombophile « *Le Progrès* » de Liége, sur *Anglesola.* Distance : 1062 kilomètres.

Le lâcher de ce concours, dédié à S. M. la Reine d'Espagne, eut lieu le samedi 13 juillet 1901. De nombreux prix d'honneur furent offerts par des sociétés et des amateurs d'élite de l'Espagne, de la France et de la Belgique.

Concours de Burgos.

La société « *Union et Progrès* » de Bruxelles, organisa en 1901, un concours sur *Burgos* à l'occasion du cinquantenaire de l'existence de cette société. Distance de Bruxelles : 1168 kilomètres.

Les résultats de ces derniers concours ont été satisfaisants.

Concours de Rome en 1902.

La Société « *De Vriendenbond* » de Gand, présidée par Mʳ le Baron Léon van Pottelsberghe de la Potterie, organisa en 1902 un concours général sur Rome. Distance de Gand : 1218.6 kilomètres.

2835 pigeons furent engagés pour cette lutte gigantesque. Il y avait 300 prix de 40 francs à gagner, plus une médaille et un diplôme d'honneur décernés par Mʳ le Président.

La mise en loge eut lieu le 6 juillet au local le « *Grand Hôtel* » chez Mʳ Edmond Vandercruyssen, qui, en amateur compétent, avait pris les meilleures dispositions.

Les oiseaux, enfermés dans 114 paniers munis d'abreuvoirs, quittèrent la station du sud de Gand, le 7 juillet, sous la conduite de Mʳ Arthur Vleurinck, convoyeur du « *Vriendenbond* » et de son fils Armand.

Arrivés à Rome, le jeudi 10 juillet, les convoyeurs furent reçus avec le plus vif empressement par plusieurs hauts fonctionnaires et notabilités de cette ville, notamment par Mʳ Van Loo, Ministre plénipotentiaire de Belgique à Rome.

Mʳ Van Loo a rendu des services très signalés aux convoyeurs, en facilitant, par toutes les mesures possibles, leur tâche ardue et difficile.

Le lâcher fut annoncé pour le samedi 12 juillet, à la place *Santa Croce di Jerusalem.*

Au dit jour, de très bonne heure, la foule était accourue si nombreuse, que l'immense plaine ne suffit point pour la contenir.

Mr le Baron van Pottelsberghe de la Potterie.
Président de la Société « *De Vriendenbond* » de Gand.

Mr le Ministre van Loo, Mr le consul Dubois, et les principales autorités civiles et militaires furent sur les lieux pour assister à ce spectacle sensationnel.

A 5 heures 35 minutes du matin, par un soleil radieux, un temps superbe, calme et clair, au dernier son des clairons, les paniers furent ouverts simultanément. Aussitôt les pigeons en liberté s'élevèrent dans les airs en une bande compacte semblable à un essaim d'abeilles et, sans hésiter, sans tournoyer, partirent d'un trait dans la direction du nord (¹) pendant que les milliers de curieux battaient des mains et que les Dames agitaient leurs mouchoirs. Il y eut parmi la foule un enthousiasme fébrile.

Après quelques minutes, aucun pigeon ne fut plus visible à l'horizon au grand regret des assistants qui trouvèrent que ce spectacle curieux et grandiose avait été de trop courte durée.

Mʳ Jules Defrance de Seraing gagna le premier prix, le 13 juillet à 4 heures 9 minutes du soir.

Iᵉʳ prix de Rome.
Mâle *plomb*, âgé de 5 ans

A la clôture du concours, qui eut lieu le 12 août 1902, 217 pigeons seulement eurent regagné leur gîte.

Par rapport au résultat, on le voit, l'épreuve de Rome a été un véritable désastre.

L'expérience prouve une fois de plus, que la ville précitée est un mauvais lieu de lâcher. En effet pour voler en ligne droite, les intrepides coursiers ailés doivent franchir le

(¹) Ce départ précipité dans la bonne direction vient corroborer notre profonde conviction, que la *sensibilité atmosphérique* contribue largement à l'orientation des pigeons voyageurs.

mont *St Gothard*, peuplé par une légion d'éperviers. Inutile de dire que la plupart des concurrents devinrent leur proie. D'un autre côté, si les pigeons contournent la montagne pour traverser la Méditerranée, ils sont encore une fois exposés à mille dangers de faire naufrage en cours de route.

Voilà, à notre avis, les motifs pour lesquels nos charmants volatiles sont rentrés si peu nombreux sur leur sol natal.

Concours d'Ajaccio.

En 1903, la société « *De Vriendenbond* » de Gand orga-

Mr Armand Pirlot (¹).
Président de la Société l'Hirondelle, Rue Surlet à Liége.

nisa, de concert avec la société « *L'Hirondelle* de la rue

(¹) Voir la description du colombier de luxe de Mr Armand Pirlot (p.p. 64 et suivantes).

Surlet à Liége, un concours sur *Ajaccio* (Ile de Corse) ; distance de Gand : 1084 kilomètres.

Ce concours n'a pas obtenu un bon résultat. Ce qui le prouve, c'est que la clôture n'eut lieu à Gand que le onzième jour après le lâcher et à Liége encore beaucoup plus tard.

Concours de Madrid.

La même société « *De Vriendenbond* » organisa, en 1904, un concours international sur *Madrid* (Espagne) ; distance de Gand 1308,5 kilomètres.

2672 pigeons concurrents furent lâchés le 10 juillet, à 5 heures 15 minutes du matin.

Le premier prix fut gagné par Mr Schrugers de *Maestricht* (Hollande), le 13 juillet à 5 heures 37 minutes du soir.

Le 8 août suivant, jour de la clôture du concours, il n'y avait en tout que 139 pigeons qui eussent réintégré leur colombier.

Il résulte de ce qui précède que les villes de *Calvi, Rome, Ajaccio* et *Madrid* sont des lieux de lâchers néfastes et qu'à l'avenir il y aura lieu de choisir des endroits plus propices à la rentrée de nos intéressants voyageurs ailés.

La vitesse et les qualités sportives des pigeons.

Pour pouvoir établir exactement la *vitesse réelle* acquise par un pigeon et connaître sa valeur sportive, le lâcher doit avoir lieu par un *convoyeur* ayant réglé sa montre avec la *montre-mère* de la société organisatrice du concours. C'est ainsi qu'en l'absence des convoyeurs, alors que les lâchers étaient abandonnés aux chefs de gare, beaucoup d'erreurs ont été commises. On a attribué à certains pigeons *des vitesses* qui n'ont pas été obtenues réellement.

Il appert des résultats des concours que les pigeons belges lâchés en *France*, par un temps clair et un vent favorable soufflant fortement du sud ou du sud-ouest, peuvent atteindre la vitesse extraordinaire de 1800 mètres à la minute. Cette vitesse n'a été atteinte qu'une fois en dix ans aux concours organisés par nos soins sur Paris. Le premier prix fut gagné avec une vitesse de 1804 mètres

Premier prix de Limoges (voir page 260).

à la minute. Ce vol n'est pas normal ; par la violence du vent qui les pousse, les pigeons sont emportés au loin, sans déployer des efforts d'ailes et sans fatigue.

Les plus grandes vitesses obtenues dans des circonstances normales et régulières, c'est-à-dire par un vent très favorable et sans trouble atmosphérique, ne dépassent guère 1500 mètres à la minute.

Au concours convoyé de *Creil*, organisé par la société « *Les amis du saumon* » à Courtrai, le 27 juillet 1884, nous gagnâmes sur 602 concurrents, le premier prix, par un vent d'ouest, ciel nuageux, avec une vitesse de 1450 mètres à la minute.

Le 20 juillet 1895, au concours convoyé de *Bayonne*, organisé par la société « *La trompette* » de Gand, avec 330 pigeons concurrents, lâchés à 5 h. 50 du matin, le premier prix fut gagné, le même jour, par notre ami M' Georges Gits d'Anvers, à 4 h. 24 de relevée. Son pigeon avait franchi la distance de 963 kilomètres en dix heures et demie, avec une vitesse de 1520 mètres à la minute ou environ 91 kilomètres à l'heure. Le vent soufflait assez fort du sud-est.

Au 27 juin 1897, nous obtînmes le premier prix au concours convoyé de *Limoges* (distance 581 kilomètres), organisé par la société le « *Vriendenbond* » de Gand, établie au *Grand Hôtel*. Notre pigeon avait atteint une vitesse de 1404 mètres à la minute, par un temps calme, clair et un vent sud-est.

Ces vitesses, nous le répétons, sont encore exceptionnelles.

La *vitesse moyenne*, pour une distance moyenne, par un temps clair et calme, est de 1100 à 1200 mètres environ à la minute.

Le brouillard en été.

Lorsque des pigeons sont lâchés par un *brouillard épais*, la plupart d'entre eux ne partent pas. Les convoyeurs constatent qu'ils se posent sur les toits des bâtiments jusqu'à ce que le brouillard soit dissipé. On sait que le brouillard épais, outre qu'il entrave la vue, apporte une perturbation dans l'air au point qu'il empêche le pigeon de s'orienter sûrement, parce qu'il se trouve en quelque sorte entouré d'eau.

Dans ce cas, tout élément d'appréciation fait défaut quant à la vitesse et aux autres qualités sportives du pigeon qui doit voler plus ou moins au hasard.

La pluie et les orages pendant l'été.

Quand on opère un lâcher par un temps *pluvieux* et *orageux*, le vol des pigeons est incertain et le trouble de l'atmosphère peut influer d'une façon considérable sur le retour des pigeons. Cela dépend de la direction qu'ils ont à prendre pour regagner leur toit. Un bon pigeon, en suivant la ligne droite à parcourir, peut avoir le vent en poupe, tandis qu'un autre, également bon voyageur, devant dévier de cette direction, peut l'avoir en flanc et de ce côté rencontrer en route une averse ou un orage qui l'empêche de continuer son voyage. Le premier, échappant à la pluie ou à l'orage, a tous les avantages et arrive avec une grande vitesse à son gîte; le second arrive tard, souvent mouillé par la pluie.

Lorsque un *orage intense*, accompagné de grêlons, éclate en cours de voyage, les pigeons s'abritent, si c'est possible, sur un arbre ou sur un toit ; mais le plus souvent, par la violence du vent, ils sont abattus à terre, trempés par la pluie et dans l'impossibilité de se lever dans les airs. Si les pauvres oiseaux ne sont pas capturés, ils y restent jusqu'à ce que leur plumage soit sec et que le temps soit redevenu calme et clair. C'est ainsi qu'après un temps orageux, l'on voit parfois rentrer les pigeons ayant les pattes et le bec couverts de boue. Ce sont là des circonstances de force majeure, ne permettant pas, nous le répétons, d'établir la vraie vitesse moyenne parcourue ni de connaître la valeur sportive des pigeons voyageurs.

L'influence des vents, de la température et des distances.

Le vent est un élément qui exerce une grande influence sur la vitesse du vol des pigeons voyageurs.

Cette influence, favorable ou contraire, s'exerce sur la vitesse dans la proportion et dans la mesure de la distance à parcourir et de l'éloignement des divers concurrents entre eux.

Les amateurs expérimentés qui participent à un concours, en tenant compte de la position du vent, savent dire, à peu près d'avance, si personnellement ils seront favorisés ou non. Ils peuvent même prédire dans quelle direction ou dans quelle région le plus grand nombre de prix sera remporté.

Le grand concours national de Bruxelles nous fournit chaque année, à cet égard, de bonnes indications.

Si les pigeons de l'amateur *avantagé par le vent, sont bons*, il peut s'attendre à obtenir des résultats supérieurs ; même dans ce cas, les voyageurs aériens de moindre valeur sportive sauront parfois décrocher un des premiers prix.

Si le *vent est défavorable* à certaine région et contrarie les *bons pigeons* dans leur vol, ceux-là ne seront pas classés d'après mérite, au contraire, au lieu d'arriver à la tête des palmarès, ils remporteront à peine un des derniers prix ou ne seront pas classés du tout.

Lorsque la *température* est favorable, c'est-à-dire par un temps clair et calme sans notable influence du vent et quand, par des mesures sages, justes et équitables, les chances de succès sont rendues égales pour tous les participants, on constate alors que généralement les plus beaux résultats sont remportés par les pigeons des *meilleurs amateurs du pays*.

Quand la *température* est mauvaise, en ce sens que le ciel est gris, sombre, brumeux, au lieu d'être clair ; quand le temps est froid ou pluvieux, alors, très souvent, ce ne sont pas les meilleurs sujets qui enlèvent les prix, ce sont généralement les pigeons de *fond ou les traînards* qui arrivent les premiers du concours.

C'est le cas de rappeler ici l'adage colombophile connu de tout le monde : *autre temps, autres pigeons*.

Finalement on sait que la vitesse des pigeons diminue considérablement lorsqu'ils atteignent les derniers kilomètres d'une grande *distance* à parcourir, surtout lorsqu'ils ont à se défendre contre un élément contraire. Dans ces circonstances les amateurs les plus éloignés du lieu du lâcher sont fortement désavantagés parmi leurs concurrents.

L'expérience démontre aussi qu'ordinairement le véritable bon pigeon de sport se distingue à toutes les luttes aériennes, tant que ses facultés morales et ses forces physiques le permettent et qu'aucun contretemps ou cas de force majeure ne survient.

Les amateurs engagent de préférence leurs pigeons aux concours organisés dans des localités, qui par leur situation topographique semblent offrir des avantages réels par rapport au vent. Toutefois, n'oublions pas de dire que cet élément est un compagnon infidèle, occasionnant bien souvent, à ceux qui s'y fient, des déceptions amères.

LES LACHERS EN FRANCE ET EN ALLEMAGNE ET LES LACHERS MARITIMES.

Réflexions concernant ces lâchers au point de vue de la défense nationale.

Les lâchers des concours belges ont généralement lieu en France et en Allemagne, parfois en Angleterre, mais rarement en Hollande.

Au *congrès colombophile de Gand,* organisé par la société protectrice des pigeons voyageurs, que nous avons eu l'honneur de présider le 5 décembre 1892, le vœu a été formulé d'abandonner complètement les lâchers en France, à cause de l'impôt exorbitant dont nos envois de pigeons sont frappés. Cet impôt, habilement dissimulé sous la forme d'une taxe douanière, est énorme. Il s'élève à 20 francs par poids de 100 kilogrammes et représente un prélèvement annuel de plusieurs *centaines de mille francs* sur la bourse des colombophiles belges. Vu les excellentes relations qui existent entre la France et notre pays, ne fut-ce qu'en souvenir de l'hospitalité que la Belgique a si largement offerte aux soldats blessés en 1870, le gouverne-

Mr Florimond Bouckaert.
Président de la Société « *La Trompette* » et Président de la
Société protectrice des pigeons voyageurs à Gand.

ment français devrait supprimer cet impôt ou taxe douanière et laisser jouir nos expéditions *sportives* des avantages du transit. Du reste, cette mesure ne serait que juste et équitable.

Depuis l'existence de cet impôt, de nombreux concours ont été organisés en *Allemagne*, à des étapes moyennes et éloignées.

L'expérience a prouvé que la réussite de ces concours est aussi bonne dans la direction du *sud-est*, vers l'Allemagne, qu'en France, et, qu'en outre, les frais sont petits et les formalités très simples.

Mr Emile Depuydt de Swevezeele, convoyeur pour cette direction, par ses aptitudes et ses connaissances spéciales, a beaucoup contribué au succès de ces concours.

Le gouvernement français a voté naguère une loi lui réservant le droit d'interdire, *en tout temps*, l'entrée des pigeons voyageurs sur son territoire.

Une instruction générale, en date du 15 décembre 1896, désigne les localités et les gares où les lâchers peuvent être effectués ainsi que les conditions et les formalités auxquelles ces lâchers sont surbordonnés.

A notre avis, cette loi ne contribuera jamais à assurer la défense nationale et la sûreté publique ; et dans tous les cas, ces mesures de précaution ne s'expliquent pas en temps de paix.

Celui qui est au courant des choses colombophiles sait parfaitement qu'on verse dans une profonde erreur, lorsqu'on croit que le service postal des pigeons voyageurs est impossible à un moment donné, parce que ces coursiers ailés n'ont pu être dressés sur le territoire d'un pays voisin.

Nous nous expliquerons par des exemples :

Supposons que la France soit en guerre avec l'Allemagne et désire utiliser ses pigeons militaires comme messagers aériens sur le territoire ennemi. Elle atteindra certainement son but en faisant entraîner ses pigeons d'une manière convenable de l'intérieur de la France *vers l'Allemagne*, jusqu'à l'extrême frontière. Ainsi dressés, s'il y a possibilité d'introduire les voyageurs ailés en Allemagne, ceux-ci peuvent, d'un bond, être portés 200 à 300 kilomètres plus loin et ils reviendront de ces étapes à leur gîte.

De même, si l'Allemagne, en guerre avec la France, a entraîné ses pigeons militaires à des étapes de 200 à 300 kilomètres, dans la *direction de la France* jusqu'aux limites frontières, ces pigeons peuvent, si c'est possible, être transportés à l'intérieur de la France, et y être lâchés à des distances variant de 200 à 300 kilomètres et plus. Ces

Mr Louis Desruelle à Anappes.

La renommée, que cet amateur a acquise, lui a mérité
le titre honorifique de grand champion français.

utiles messagers de guerre retrouveront également leur colombier.

En tout cas, on ne peut pas empêcher les

lâchers en mer.

Les navires allemands, ne faisant pas escale en France, peuvent lâcher les pigeons de leur pays, *en mer,* en vue des côtes de l'Atlantique et de la Méditerranée. Or, ces pigeons, convenablement entraînés, pourront — *par leur pouvoir d'orientation* — traverser la France et remplir leur mission tout aussi bien que s'ils avaient été lâchés sur la terre ferme (¹).

D'ailleurs, les résultats des expériences faites en 1895, par la direction du « *Petit Journal* » de Paris, sont à ce sujet absolument concluants.

Cinq mille pigeons embarqués à *Saint Nazaire*, à bord du vapeur le « *Manoubia*, » ont été lâchés successivement à 100, 200, 300, 400 et 500 kilomètres au large des côtes de la Bretagne, en plein Océan.

Ces pigeons qui n'avaient jamais vu la mer sont, pour la plupart, fort bien rentrés à leur colombier.

Il semble résulter de ce qui précède, que les mesures de précaution, édictées par le décret et la loi française du 22 juillet 1896, sont *sans utilité patriotique*, et n'ont par conséquent aucune raison d'être.

Les nombreuses formalités à remplir pour pouvoir opérer des lâchers en France, fatiguent les amateurs et, pour ce motif, beaucoup de sociétés belges continuent avec un réel succès à organiser des concours de pigeons dans la direction *sud-est*, en Allemagne.

(¹) On emploie en Amérique pour le service des colombiers *maritimes* des *porte-dépêches*, d'invention récente, qui donnent les meilleurs résultats.

L'objet, *un petit étui* en aluminium, fort ingénieusement fabriqué, pèse moins d'un demi-gramme et ne gêne, en aucune façon, le pigeon messager qui le porte. Il a, sur les autres systèmes, le grand avantage de la suppression des charnières et de tout ce qui peut rendre le petit instrument facilement dérangeable. On peut se le procurer dans le magasin d'articles colombophiles chez Mᵐᵉ Vᵉ Trempert, Rue de bon secours, 14 à Bruxelles.

CHAPITRE XVII.

DU CONVOYAGE.

La mission du convoyeur.

IL n'est pas possible d'organiser d'une façon irréprochable un concours de pigeons, sans l'intervention d'un convoyeur. Celui-ci est indispensable pour surveiller, protéger et soigner les pigeons en cours de route, et pour les lâcher quand ils sont arrivés à leur destination. Il a, en outre, pour devoir de renseigner la société organisatrice de *l'heure exacte du lâcher* et de tout ce qui concerne sa mission.

Le convoyeur doit se munir d'une bonne montre ; il doit être compétent, expérimenté, honnête, instruit, et s'il est amateur de pigeons ou s'il l'a été, ce sera à son avantage pour pouvoir remplir ses fonctions avec d'autant plus de tact et de connaissance de cause.

La tâche du convoyeur est surtout ardue, lorsqu'il s'agit d'un lâcher important ; alors il doit parfois s'adjoindre des aides pour faire la besogne avec exactitude et régularité.

Par un temps défavorable, une pluie torrentielle, un épais brouillard, ou quand un orage éclate, le convoyeur n'est pas à son aise lorsqu'il n'a pas reçu d'instructions bien déterminées. S'il a de l'initiative, il juge par lui-même de l'opportunité de faire le lâcher ou non, se basant sur son expérience.

En tout cas, il serait prudent de demander à la société

organisatrice du concours, par voie téléphonique ou télégraphique, des instructions supplémentaires pour savoir à quoi s'en tenir.

Le convoyeur rencontre d'autres difficultés, telles que l'arrivée tardive des paniers ; la négligence ou les erreurs commises dans les formalités à observer par les expéditeurs. Des paniers sont parfois dévoyés ; il y en a qui manquent, ou qui ne sont point régulièrement pourvus de plombs de sûreté. Ces contretemps occasionnent toujours un surcroît de besogne, des échanges de télégrammes, etc.. Quand le lâcher est opéré, le convoyeur trouve parfois des pigeons qui ne partent pas, par suite de maladies, de paralysies ou de blessures. Ces invalides sont alors renvoyés aux propriétaires.

Soins à donner aux pigeons en cours de route et abus qui peuvent se commettre.

Lorsque les pigeons doivent séjourner deux ou plusieurs jours dans les paniers, on leur donne à boire et à manger.

Une distribution de vingt à vingt-cinq grammes de graines par jour et par tête suffit, car on doit tenir compte de la situation des pigeons captifs dans un panier qui ne leur permet aucun mouvement sérieux. Ces oiseaux se trouvent par suite dans un état d'engourdissement plus ou moins grand. Il est recommandable de donner comme nourriture un mélange de lentilles, de froment et de bonnes vesces, parce que ces graines n'étant pas grandes se *partagent mieux entre les pigeons*, tandis que les féveroles sont vite avalés par quelques-uns des volatiles gourmands, ou par ceux qui sont le plus à la portée de cette nourriture ; les autres n'en ont alors que très peu ou point. Il faut cependant y ajouter des féveroles dans la proportion d'un quart.

L'eau fraîche ne doit jamais faire défaut ; on la renou-

velle tous les jours. Le jour du lâcher, il est préférable de
ne donner aux voyageurs qu'une demi-ration de nourriture,
ils ne doivent pas avoir le jabot bourré, car comme nous
l'avons déjà dit au chapitre « *des secrets du sport colombophile* », cela empêche le vol rapide.

La limitation au strict besoin de la nourriture distribuée
est un point important à observer, car à ce sujet des abus
très graves peuvent être commis.

Les convoyeurs ne laisseront jamais les pigeons plus
longtemps dans les paniers qu'il ne le faut, car, n'oublions
pas que les pauvres prisonniers s'abîment énormément
par une immobilité prolongée.

Concours et expéditions sans convoyeur.

Il y a des sociétés qui organisent des concours ou qui
expédient les pigeons à l'aventure, sans convoyeur, à des
destinations lointaines, les laissant, durant deux à quatre
jours, sans nourriture et sans boisson. Ce procédé barbare
et cruel mérite la réprobation générale. Il est vrai qu'on
peut mettre des graines dans les paniers, mais alors les
pigeons avalent généralement la majeure partie dès le
premier jour et se créent des indigestions mortelles. Le
lendemain, la nourriture est salie et ne convient plus. Il
arrive que le chef de gare, auquel on a confié le lâcher
des pigeons, oublie de leur faire donner à boire et c'est
ainsi que beaucoup de bons pigeons se perdent en route
et ne rentrent plus au gîte, par défaut de soins.

Les bons résultats des concours dépendent, en grande
partie, de l'exactitude, de l'aptitude et de l'honnêteté des
convoyeurs, qui sont des serviteurs très utiles et indispensables.

CHAPITRE XVIII.

JURISPRUDENCE EN MATIÈRE COLOMBOPHILE.

A jurisprudence en matière colombophile ayant été traitée dans des ouvrages spéciaux, nous nous bornerons à faire connaître quelques jugements intéressants (¹) :

Mauvais tour de voisin.

Au mois de juillet 1896, au concours de Château-Regnault, organisé par une société de *Prayon,* un amateur de *Ninane* avait engagé un pigeon pour toutes les mises.

Ce pigeon avait déjà remporté de nombreux prix et son propriétaire comptait sur un nouveau succès. Le pigeon revint en effet et aurait remporté un des premiers prix.

Malheureusement un voisin jaloux avait juré de jouer un mauvais tour à notre amateur.

A peine le pigeon fut-il signalé, que la femme de ce voisin courut à son pigeonnier et fit voler tous ses pigeons autour du toit pour retenir en l'air celui qui revenait de voyage.

Comme les deux maisons sont contiguës, cette ruse eut le succès qu'on en espérait.

Le pigeon qui, en règle générale, rentrait immédiate-

(¹) « *Traité de la propriété des pigeons* » par V. Lespineux avocat à Huy.

« *Les droits des colombophiles* » par **M.** Alexandre Braun, avocat à la cour d'appel de Bruxelles et Mr Victor Lespineux susqualifié.

Cet opuscule est vendu au profit de la société nationale protectrice du pigeon voyageur.

ment, vola assez longtemps avec les pigeons du voisin et ne fut pas constaté. D'où une perte sèche de 73 francs, pour notre amateur.

Les auteurs de ce bon tour riaient sous cape du désappointement de leur infortunée victime, mais rit bien qui rit le dernier.

L'amateur intenta une action en dommages et intérêts aux auteurs de cette farce d'un goût douteux.

Des enquêtes eurent lieu, et le juge de paix de *Fléron* a rendu, le 3 *février* 1897, un jugement qui condamne les époux X., à rembourser au demandeur *la somme de 73 francs, montant du prix perdu.*

Pigeon tué d'un coup de fusil.

Le sieur H...., de Huy, se trouvant en compagnie de plusieurs compagnons d'atelier, leur raconta qu'il avait tué d'un coup de fusil un pigeon voyageur qui passait au-dessus de son jardin. Il leur montra la bague dont le pigeon était porteur.

Un de ses auditeurs remarqua que cette bague portait une marque : « S 608, Fédération verviétoise ». Colombophile fervent, il nota cette inscription et avertit M. le président de la Fédération colombophile de Verviers du fait relaté par H....

Le pigeon appartenait au sieur P. C..., de Dison, qui fut averti et porta plainte au procureur du Roi de Namur.

A l'audience, M. Grég. Chapuis, avocat du barreau de Verviers, se constitua partie civile au nom de P. C...; le tribunal correctionnel de Namur, dans son jugement, condamna le sieur H... à 26 francs d'amende conditionnellement avec sursis de cinq ans et alloua à la partie civile une somme de 60 francs à titre de dommages-intérêts... et condamna ensuite H. aux frais, s'élevant à 151 francs.

Ce jugement est caractéristique en ce sens qu'il consacre deux principes :

1° Celui qui tue un pigeon et s'en empare se rend coupable de vol.

2° Le pigeon voyageur n'est pas considéré comme un simple animal domestique ayant une valeur unique toujours la même, mais bien comme un volatile ayant une valeur proportionnée à ses mérites. (Le pigeon du sieur C... avait remporté l'année dernière trois prix).

Constatation automatique. — Fraude.

D... de *Roubaix* (France) fit inscrire quatre pigeons sous le nom de L... de la dite ville. L'un de ces pigeons fut constaté 20 minutes avant tous les autres du concours.

Cette avance anormale éveilla des soupçons. L'enquête démontra que les pigeons appartenaient à un amateur de *Phalempin*, localité de 22 kilomètres plus rapprochée de *Blois*, lieu du lâcher.

Le jour du concours, D... se rendit avec son *constateur* chez l'amateur à Phalempin où il constata le premier pigeon, *avec une fraude de 22 kilomètres,* puis il regagna par le premier train le local, à Roubaix.

Le 21 *octobre* 1897, le tribunal correctionnel de *Lille* condamna les deux fraudeurs de Roubaix, conditionnellement, chacun à un mois de prison, et non conditionnellement respectivement à 50 francs d'amende, pour *escroquerie.*

Recel d'un pigeon voyageur.

Un amateur de Meulebeke avait reçu d'un ami un excellent pigeon voyageur pour en élever.

Certain jour le pigeon ne reparut plus au colombier.

Un voisin qui connaissait le volatile s'en rendit acquéreur chez un marchand de volaille et le retint à son colombier.

Le fait fut connu et à la suite d'un procès-verbal dressé

par M^r le commissaire de police de l'endroit, le voisin indélicat fut condamné par le tribunal correctionnel de Courtrai à 50 francs d'amende pour recel du pigeon en question, sachant à qui il appartenait.

La Cour d'appel de Gand a confirmé, en 1901, le jugement.

Un dernier mot pour finir la première partie.

Nous avons visé en cette première partie de notre ouvrage à nous rendre utile aux amateurs colombophiles en général, en leur fournissant des informations tant théoriques que pratiques, basées exclusivement sur une étude consciencieuse et une vigilante observation. C'est de la science expérimentale que nous avons voulu leur inculquer.

Le lecteur le moins initié aux secrets de la colombophilie aura pu se convaincre, en nous lisant, qu'elle exige des connaissances nombreuses, difficiles et variées ; que pour y réussir, il faut du labeur, de l'attention, de l'étude, et qu'à ce prix seul on pourra utiliser avec succès nos intéressants pigeons voyageurs, soit au sport proprement dit, soit au service des particuliers comme messagers aériens, soit enfin au service même de la patrie comme auxiliaires précieux en temps de guerre.

Deuxième partie.

L'HYGIÈNE ET LES MALADIES DES PIGEONS & DE LA VOLAILLE.

CHAPITRE I.

L'HYGIÈNE.

Notions préliminaires.

AVANT d'aborder l'important sujet de l'art de guérir les pigeons, il est indispensable de mettre les amateurs au courant des lois de *l'hygiène*, c'est-à-dire, des connaissances qui sont nécessaires pour conserver et améliorer la santé des volatiles, et pour *éviter et prévenir les maladies contagieuses.*

Si les pigeons voyageurs ne jouissent pas d'une santé robuste, point de bons résultats aux concours, point de succès dans l'élevage. De l'état sanitaire des pigeons dépendent, en quelque sorte, les succès et les revers du colombophile. En effet, à quoi bon posséder les meilleurs pigeons du monde, si l'amateur ignore les préceptes qu'il doit observer pour les conserver en bonne santé. Quoi de plus triste et de plus décourageant que de voir dépérir et mourir ses chers volatiles. Ils sont incapables de partici-

per avec succès aux concours et ne donnent aucun produit
de bonne venue. L'amateur éprouvé qui désire obtenir
quelques notions élémentaires d'hygiène, de pathologie
et de thérapeutique des pigeons, est heureux de pouvoir
compulser un ouvrage traitant de ces matières, ou bien de
pouvoir recourir à un confrère ou à un ami expérimenté,
pour lui demander des conseils.

En traitant et en développant cette partie, basée sur une
longue expérience personnelle et de nombreux résultats
obtenus, nous espérons répondre au vœu de la grande
famille colombophile et lui rendre un grand service.

Ces réflexions faites, abordons notre matière.

Quoique les pigeons voyageurs mènent une vie presque
indépendante et libre, un grand nombre de maladies peuvent les atteindre malgré les soins dont ils sont entourés.
Les principales causes de ces maladies sont les suivantes :

La malpropreté et l'humidité du colombier ; le défaut
d'air, de lumière et de mouvement ; l'encombrement ; une
nourriture malsaine, débilitante et échauffante ; une boisson
corrompue et sale ; la vermine ; la fatigue et l'épuisement
résultant des voyages ardus et lointains ; la contagion, etc..

I. La propreté.

La propreté est un précepte capital d'hygiène que l'on
doit toujours observer strictement. Les pigeons de leur
nature aiment la propreté. Lorsqu'ils sont forcés de vivre
dans un milieu malpropre et par conséquent malsain, ils
ne tardent pas à gagner de graves maladies. Si un colombier est exposé à l'humidité et habité par beaucoup de
pigeons, on devra le nettoyer d'autant plus souvent.

Lorsque le colombier doit être nettoyé, il faut se garder
de porter aux yeux les mains salies par la fiente, car le
contact de cette matière fécale avec les organes visuels
est très dangereux et pourrait faire perdre la vue.

En cas de maladie on ne laisse jamais traîner les détritus ou les déjections ; on les enlève tous les jours, et on désinfecte l'endroit où ils ont séjourné.

Si des pigeons ou des pigeonneaux meurent au colombier, enlevez immédiatement leurs cadavres et enfouissez-les profondément.

Ne négligez pas le bain et observez les préceptes de propreté indiqués au chapitre du « Colombier et ses accessoires » sous la rubrique « Conditions hygiéniques » (p. p. 50 et suivantes).

L'amateur éprouve une véritable satisfaction lorsqu'il trouve son colombier toujours propre.

La propreté des paniers à pigeons.

Une des plus importantes prescriptions d'hygiène qu'un amateur colombophile et surtout les organisateurs de concours ont à observer dans le but de prévenir des maladies contagieuses chez leurs pigeons, c'est de veiller à la propreté des paniers dans lesquels ils les enlogent.

L'expérience démontre que cette prescription est généralement négligée, soit par ignorance, soit par imprévoyance.

En effet, combien de fois n'avons-nous pas vu utiliser des paniers qui sortaient directement du grenier ou d'un hangar, sans les avoir au préalable nettoyés ou désinfectés ?

Qui sait combien de volatiles, atteints de maladies microbiennes ou contagieuses, y ont séjourné ? Et c'est dans ces paniers que nos pigeons sont transportés pour l'entraînement et les concours.

Aux premières chaleurs, qui coïncident ordinairement avec les premiers concours de l'année, il se trouve toujours des amateurs qui se plaignent de maladies survenues dans leur colonie ailée et principalement de la morve. Ils pensent

que ce sont les chaleurs qui provoquent ces maladies.
Hâtons-nous de dire qu'ils versent dans une profonde
erreur. La véritable cause des maladies dont leurs oiseaux
chéris sont atteints est, neuf fois sur dix, attribuable aux
paniers malpropres et non désinfectés où ils ont séjourné.
Il est vrai que les chaleurs peuvent, en certains cas,
contribuer au développement des germes morbides, mais
elles n'en occasionnent pas.

Il résulte de ce qui précède que les paniers destinés au
transport des pigeons voyageurs doivent — quand ils ne
sont pas neufs — être chaque année lavés et complètement
désinfectés avant d'être employés.

Pour nettoyer et désinfecter les paniers, voici le moyen
de procéder : On les lave ou si c'est possible, on les plonge
pendant vingt-quatre heures dans une rivière. Quand ils
sont bien propres, on verse de l'eau bouillante sur toutes
les parties ; enfin on les asperge avec de l'eau additionnée
de *Créoline* ou d'*acide phénique* à la proportion de 3 p. c.,
soit d'une cuillerée à café de l'un ou de l'autre de ces
liquides par litre d'eau.

Lorsque les paniers, désinfectés de cette manière, sont
secs, on peut s'en servir sans crainte.

Les *petits paniers* et les *sacs à pigeons*, dont les amateurs
se servent, doivent aussi, chaque année, être désinfectés
de la même manière, et si des volatiles malades y ont été
placés, il faut qu'ils soient désinfectés avant de s'en servir
de nouveau.

N'oublions pas que ces paniers et ces petits sacs peuvent
recéler des microbes et devenir par conséquent de très
dangereux propagateurs des maladies.

Les organisateurs de concours qui négligent les mesures
de prophylaxie que nous venons d'indiquer, ne méritent
pas la confiance des amateurs sérieux. Il en serait de
même si, lors de la mise en loges, ils ne refusaient pas

tout pigeon présentant des traces de maladie contagieuse.

C'est là un point *d'hygiène* qui malheureusement n'est presque jamais observé. Quelle imprudence !

II. L'humidité.

L'humidité continuelle est nuisible à tous les oiseaux et surtout aux pigeons. Elle exerce une influence pernicieuse sur la santé de ces volatiles, à tel point qu'elle rend le plumage terne ; les ailes se couvrent d'une poussière sale et graisseuse qui les empêche de se mouiller par la pluie ; il sont en outre exposés à des cachexies, des paralysies et d'autres affections rhumatismales. Par contre, les pigeons qui habitent un colombier sec et propre, jouissent généralement d'une bonne santé et ont les plumes brillantes et lisses.

III. L'air.

L'air est indispensable à tous les êtres organisés. Sans air impossible de vivre. Les oiseaux en général, et le pigeon en particulier, ont une respiration active ; il leur faut par conséquent de l'air pur en grande quantité ; l'air fournit l'oxygène qui vivifie le sang et produit la chaleur animale. Les médicaments sont sans efficacité si le malade respire un air vicié. On doit donc, comme nous l'avons déjà dit au chapitre du « *Colombier et ses accessoires* » (p. 50), renouveler l'air le plus souvent possible, et établir une *aération constante,* en ouvrant les tabatières et les fenêtres du colombier. On obtient une *ventilation* suffisante au moyen d'un tube ou d'une cheminée qui sort du toit et sert d'aspirateur. Cependant, on ne doit pas croire qu'il faut établir un courant d'air au colombier, au contraire, les courants d'air sont nuisibles aux pigeons en hiver ou quand il fait froid.

Dans un ouvrage paru en 1889, l'auteur dit que « les

courants d'air ne sont pas nuisibles aux pigeons, parce que, en toute saison, ils recherchent pour se percher, la nuit surtout, le voisinage de la fenêtre qui leur sert de sortie ; que là, ils sont exposés à tous les courants et que ce sont précisément ces sujets qui jouissent de la meilleure santé. » L'écrivain ajoute : « Ce n'est qu'au moment des concours et des jours de retour seulement que les courants d'air doivent être supprimés. Alors ils peuvent nuire à la santé des pigeons qui, presque toujours, rentrent au logis *trempés* par la pluie ou la *transpiration* ».

Pour ce qui concerne les courants d'air, nous savons, par expérience, que les vents-coulis du *nord* et du *nord-ouest*, occasionnent en général, chez les pigeons, des refroidissements et le coryza, et, chez les pigeonneaux, la pneumonie, le râlement et la diarrhée. Il arrive parfois qu'un pigeon va se poser près de la cage de sortie pour y passer la nuit, surtout pendant la bonne saison et quelques fois par un temps froid, mais c'est l'exception. Pour ces raisons, nous ne pouvons assez répéter qu'il est de toute nécessité d'éviter les courants d'air, par une température froide et humide.

Quant à la *transpiration* des pigeons, nous allons prouver scientifiquement combien cette assertion est erronée.

A proprement parler, le pigeon ne transpire pas, parce qu'il n'a pas de *glandes sudoripares* ; mais, pendant les fortes chaleurs, après un vol rapide, ou lorsqu'il est effrayé, il tient le bec ouvert, et la langue produit un mouvement plus ou moins rapide suivant le degré d'accélération de la respiration : il est *haletant* comme l'est un chien qui se trouve dans les mêmes conditions. Le sang du pigeon se porte alors vers la peau qui s'échauffe fortement et il se produit par les pores une *perspiration* ou évaporation légère, incapable de mouiller la peau et moins encore de tremper l'oiseau.

Nous extrayons de l'ouvrage du Dr C. Claus, professeur de zoologie et d'anatomie comparé à l'Université de Vienne, le passage suivant :

« Les oiseaux n'ont ni glandes sébacées ni glandes *sudoripares*, mais une glande bilobulaire à issue sécrétoire simple, appelée glande *uropygienne* ou glande du croupion, qui sécrète un liquide collant et oléagineux, abondant surtout chez les *palmipèdes*, dont ils imprègnent leurs plumes pour les préserver de l'action de l'eau ». *(traité de zoologie, 2ᵉ édition, année 1884, p. 1364).*

Il est utile de savoir que tout être vivant, dépourvu de glandes sudoripares, est incapable de *transpirer*.

IV. La lumière.

La lumière naturelle est presque aussi nécessaire à la santé des pigeons que l'air. Elle exerce une influence salutaire sur leur développement. Elle vivifie et fortifie, en outre, les organes des sens.

Le pigeon recherche la lumière et aime passionnément le soleil. Il se chauffe à ses rayons bienfaisants, les ailes étendues, et semble s'y baigner avec délices.

Un colombier clair ou à grand jour se prête avantageusement à adoucir le caractère du pigeon et à l'apprivoiser. Par contre, le pigeon qui doit vivre dans un colombier mal éclairé, languit, s'étiole, devient faible et lymphatique.

Il est donc de toute nécessité d'avoir un colombier bien éclairé et bien aéré.

V. L'exercice.

Les pigeons qui s'exercent quotidiennement par des volées en liberté, respirent constamment l'air pur. *L'exercice* est aussi salutaire au pigeon qu'à l'homme ; il facilite la circulation du sang, stimule l'appétit et les organes digestifs ; il développe fortement et régulièrement les muscles du corps et est ainsi une cause de longévité. Les pigeons qui ne sont jamais enfermés, pas plus en hiver qu'en été, ceux qui font le champ, qui boivent à la rivière et s'y baignent, s'aguerrissent. A moins d'accident ou d'empoisonnement, ils ne sont presque jamais malades ; ils font une mue parfaite, connaissent les embûches des oiseaux de proie et savent se prémunir contre elles.

La reclusion permanente ou prolongée des pigeons affaiblit et paralyse leurs principaux organes, et est, par conséquent, très nuisible à leur santé. Pour ces diverses raisons, et pour celles indiquées dans d'autres chapitres, il est indispensable que les pigeons voyageurs vivent en liberté, autant que possible.

VI. L'encombrement.

Un espace trop étroit, ne contenant pas l'air nécessaire à chaque sujet, diminue la proportion d'oxygène indispensable à la respiration ; de plus, un trop grand nombre de pigeons dans un colombier, vicie l'air et engendre la malpropreté et l'humidité, qui sont certainement les causes occasionnelles d'un grand nombre de maladies.

L'encombrement (par un trop grand nombre de pigeons) rend la surveillance et l'entretien des pigeons difficile, tout en donnant lieu à de fréquentes batailles entre eux.

Elever plus de pigeonneaux que l'espace ne le permet, est dangereux pour la santé de ces jeunes oiseaux qui sont plus exposés à la contagion que les vieux pigeons et c'est ainsi que, malgré les plus grands soins de propreté, un colombier entier peut être contaminé.

Nous faisons connaître au chapitre du « *Colombier et ses accessoires* » le nombre de pigeons qu'on peut loger, vu l'espace dont on dispose (p. p. 49 et 50).

VII. — L'alimentation des pigeons.

Au chapitre de « *La nourriture* » (page 68 et suivantes), nous indiquons la manière de choisir les *aliments* qui conviennent aux pigeons voyageurs et le mode de les distribuer aux diverses époques de l'année, pour conserver ces oiseaux en bonne santé et fortifier leur état physique. Nous faisons aussi connaître l'action débilitante et délétère qu'une nourriture malpropre, humide et moisie peut produire sur l'organisme de ces volatiles, et l'influence que le régime alimentaire peut exercer sur l'élevage et les conditions sportives. Il importe de suivre ponctuellement toutes ces indications qui sont d'une importance capitale.

Nous indiquons au chapitre suivant les maladies diverses qu'une mauvaise alimentation peut faire naître et les moyens d'y remédier. On ne doit pas oublier non plus les *substances calcaires et salines,* à mettre à la portée des pigeons (Voyez chapitre « *Elevage* » (p. 157).

VIII. La boisson.

Le pigeon boit par aspiration et éprouve le besoin de boire souvent et beaucoup.

L'eau que les pigeons boivent doit toujours être limpide, pure et fraîche. L'eau de pompe, de bonne qualité, est à la portée de tout le monde et convient parfaitement à ces oiseaux. Ne donnez jamais à boire des eaux stagnantes, qui renferment généralement des matières organiques plus ou moins corrompues ou en putréfaction.

Si un pigeon, atteint d'une maladie contagieuse, a bu dans l'abreuvoir commun, il est absolument nécessaire de le désinfecter avec de la *créoline* ou un autre désinfectant énergique.

Prenez l'habitude, de renouveler l'eau tous les jours et de nettoyer chaque fois le récipient qui la contient. C'est un bon moyen d'entretenir la santé des pigeons, car l'eau joue dans la santé des pigeons un plus grand rôle qu'on ne le pense. Surtout ne négligez jamais cette recommandation pendant les fortes chaleurs. L'eau qui séjourne pendant quelque temps dans les abreuvoirs, dépose une couche graisseuse qui l'altère, la corrompt et expose les pigeons à des inflammations intestinales. En nettoyant les récipients on doit enlever la couche graisseuse en question, les secouer fortement et ne point ménager l'eau, pour que les parois intérieures soient également bien propres.

Au chapitre du « *Colombier et ses accessoires* » (p. p. 62 et 63), nous indiquons les systèmes d'abreuvoir et leur destination spéciale.

Les abreuvoirs en *fonte* fournissent une eau ferrugineuse permanente qui, pendant l'élevage et à l'époque des concours, est favorable à la santé des pigeons. Le fer enrichit le sang et exerce sur la circulation une action bienfaisante ; c'est en outre un préservatif contre les maladies contagieuses. On ne peut cependant pas faire un usage continuel d'eau ferrugineuse, parce qu'elle donne lieu à la pléthore et peut amener des apoplexies. Pour ce motif, l'eau *non ferrugineuse* est préférable pendant l'hiver et durant la séparation des sexes.

Comme nous l'avons déjà dit, on évite l'abreuvoir en *zinc*, car le zinc forme avec l'eau des composés toxiques qui peuvent profondément altérer la santé des pigeons et provoquer des entérites.

IX. La vermine et les insectes.

Le pigeon, comme tout autre oiseau, a des parasites spéciaux.

La *vermine* et les *insectes* des pigeons comprennent spécialement six espèces : la puce, les poux, les acarides, les tiques, les rougets et les mouches parasites.

La puce.

La puce (pulex colombæ) ressemble bien à celle que l'on connaît chez l'homme ; cependant elle est un peu plus petite et caractérisée par des *antennes* saillantes. La femelle dépose ses œufs blancs et glaireux dans les nids des pigeons et dans les coins sales et poussiéreux du colombier ; il en sort des larves cylindriques, sans pattes, ressemblant à de petits vers. Étant dans l'impossibilité de se mouvoir ou de sautiller, la mère les nourrit de sang caillé. Après leur complet développement, ces larves se métamorphosent et, au bout d'une douzaine de jours, deviennent des puces parfaites.

Les poux.

Les poux du pigeon comprennent deux espèces qui se subdivisent en plusieurs genres :

1° « *Les Philoptères* » (philopterus compar). Le philoptère, grimpeur lent, est un insecte parasite, oblong, aplati, presque transparent, à six pattes, siégeant ordinairement sous les ailes et sur les rémiges.

2° « *Les Liothées* ou *Liotheum* ». Le Liotheum est, au contraire, remuant et coureur rapide ; il est un peu moins long que le philoptère et a également six pattes. On le rencontre particulièrement sur la tête et sur le cou.

Lorsqu'on trouve les liothées en grand nombre sur les pigeons, c'est un signe de faiblesse ou de maladie. Ces insectes disparaissent après le rétablissement des volatiles. On les appelle aussi *ricins du pigeon*.

Provenant d'œufs (lentes), qui éclosent le cinquième ou le sixième jour, les poux ne subissent aucune transformation.

Les acarides.

Les acarides ou acares assassins (dermanyssus colombinus) sont des animalcules rougeâtres, appartenant à une famille

de la classe des arachnides. Ces êtres infimes, presque
orbiculaires, munis de pattes, sont d'une activité et d'une
vivacité peu communes ; ils aiment la chaleur et fuient le
jour. On les trouve entassés sous la fiente sèche de l'intérieur des nids ou sous leur base, où ils se multiplient à
l'infini. Ils attaquent, pendant la nuit, les pigeonneaux et
les nourriciers, et les tourmentent beaucoup. On doit
examiner souvent les cases et les nids des pigeons, pendant
les fortes chaleurs. Lorsqu'on découvre cette vermine on
s'en débarrasse facilement par la propreté en lavant au
sulfure de chaux liquide, les endroits où elle se trouve.

Les tiques.

La tique (argas reflexus) est un animal allongé, ovale,
qui appartient au genre *ixode* et vit aux dépens des animaux domestiques. La tique est par conséquent *parasite ;*

La tique, grossie d'environ la moitié. Face dorsale.

elle est *rhinaptère,* ayant un suçoir ou sorte de bec, qui
termine la tête ; elle est aussi une *arachnide,* carnassière et
vorace. On donne généralement le nom de *tique* à tous les
acarides ; de là le grand nombre d'espèces. Les tiques
attaquent les pigeons comme les autres animaux ; elles les
mordent et *sucent le sang jusqu'à assouvissement.* Il y en a,
parmi les diverses espèces, dont la morsure est venimeuse.

On confond souvent la *tique* avec un insecte connu sous
le nom de *tiquet* qui appartient au genre *altises.* Les tiquets
attaquent particulièrement les plantes potagères.

Les rougets.

Le rouget, tel est le nom sous lequel on désigne vulgairement et peut-être improprement un insecte, qui, à première vue, ressemble à la *tique*. Nous avons eu l'occasion d'étudier cet insecte : il est parasitaire, arachnide et rhinaptère comme la tique et aussi vorace et aussi sanguinaire que celle-ci.

En 1894, M. X., amateur de pigeons à Meulebeke, vint nous consulter et nous remit une boîte contenant trois vilaines bêtes, trouvées sur un jeune pigeon qui était encore au nid. Au premier examen nous crûmes reconnaître des *tiques*. Ne voyant que *six* pattes et non pas huit comme chez les tiques, nous n'hésitâmes plus un instant à croire que c'étaient des *rougets*.

Le rouget, grossi d'environ un quart. Face dorsale.

Nous interrogeâmes M. X. au sujet de sa trouvaille ; il nous fit connaître qu'il n'avait pu élever aucun jeune pigeon pendant toute la bonne saison. Vingt-six pigeonneaux étaient morts en trois mois de temps. Frappé de cette perte insolite, il voulut en connaître la cause. Il procéda à un examen minutieux de son colombier et prenant un pigeonneau du nid, il découvrit du sang sur sa main. Ce sang provenait du jeune pigeon qui avait été mordu par des rougets. Sur la pauvre bête, il en trouva trois dans les plumes du jabot et de la partie supérieure du thorax. Tous les trois étaient enfoncés dans les chairs jusqu'à la moitié du corps, avec le derrière en l'air, semblables au canard qui reste à moitié plongé dans l'eau. Il eut de la peine à retirer ces rougets du corps de leur victime, tant ils y étaient accrochés avec leurs pattes et leur suçoir. Chaque rouget laissait, comme trace, une blessure, ou plutôt un trou rond de la grandeur d'un petit pois d'où suintait du sang. Un quart d'heure plus tard, le pigeonneau était mort. La chair était bleu-noirâtre.

Ce sont les trois rougets en question que M. X. nous a remis. Nous les avons tenus enfermés dans la boîte durant huit jours, et puis nous avons examiné attentivement ces parasites au moyen d'une forte loupe. Il y en avait de deux espèces, un grand et deux plus petits. Ce genre d'insecte a le corps mou et ovale. Vus à la face dorsale, ils sont poilus, d'un gris rougeâtre, présentant des stries fines. La face ventrale est d'une coloration gris-pâle. On distingue parfaitement les yeux et même l'anus. Deux palpes courtes engaînent leur bec ou suçoir quelque peu proéminant, et l'on trouve aux pattes de petites griffes. Lorsque les rougets sont repus ou gorgés de sang, ils semblent immobiles ou simulent la mort ; ils courent cependant, au besoin, très vite. Ce sont là les signes particuliers de ces insectes si dangereux pour la gent pigeonnière et si peu connus jusqu'ici.

Pour les voir à l'œuvre, nous avons mis un pigeon de notre colombier dans un panier et placé les deux petits rougets sur le dos de ce volatile. En un clin d'œil, ils étaient cachés sous les plumes du côté de la poitrine. Trois ou quatre minutes après, leur bec était enfoncé dans la chair et les pattes accrochées à la peau ; nous eûmes de la peine à arracher ces insectes voraces, à cause des petits crochets qui garnissent le suçoir ; aussi une petite partie de la peau y était-elle adhérente. Malgré leur court séjour sur le pigeon, les rougets avaient déjà sucé une certaine quantité de sang, la grosseur du ventre l'indiquait ; les petites blessures étaient sanguinolentes. Nous les avons lotionnées avec une solution d'acide phénique, une partie sur cent d'eau.

Après cette expérience, nous avons remis les rougets

dans la boîte. Deux jours plus tard, n'y voyant qu'une bête, nous remarquâmes que le grand rouget avait dévoré les deux petits ; il ne restait plus que quelques débris de leurs corps. La voracité de ces arachnides doit être grande, puisqu'ils s'entre-dévorent pour se rassasier.

Nous nous sommes rendu chez M. X. à Meulebeke. Son colombier est construit dans le grenier d'un vieux bâtiment. Nous lui fîmes remarquer, qu'à notre avis, malgré ses précautions, il devait y avoir encore des rougets au colombier. Au premier examen d'un nid, nous en découvrîmes, cachés sous la paille et derrière la boiserie. Il y en avait à foison. Nous avons trouvé dans les jointures du plancher et dans les interstices un grand nombre de bourses ou de poches, à couverture noirâtre, renfermant leurs œufs et larves. Tout le colombier était infesté de cette vermine.

Il résulte de nos investigations que le rouget attaque ses victimes aussi bien pendant le jour que pendant la nuit, et, au dire de M. X., ce sont les jeunes pigeons, à partir de l'âge de dix à douze jours, qui généralement deviennent leur proie. L'amateur dont le colombier est affligé de cette vermine ne doit plus compter sur de bons résultats aux concours ni sur un bon élevage. Il faut donc un prompt et efficace remède à ce mal.

Lorsque vous découvrez des *tiques* ou des *rougets*, il faut employer immédiatement un insecticide très efficace. A ces fins enlevez d'abord du colombier les planches, les nids, les cases et tout ce qui peut se détacher ou servir de retraite à ces insectes ; puis, après le nettoyage, procédez à un lavage général du colombier, avec de l'eau de pluie, additionnée de *Créoline Pearson* dans la proportion d'une cuillerée à café par litre d'eau, ou bien badigeonnez-le avec du lait de chaux auquel vous ajoutez la même quantité de *Créoline*. N'exceptez pas le plancher et laissez couler dans les trous, les interstices et les jointures, le liquide insecticide; puis bouchez toutes les ouvertures, autant que possible, avec du plâtre ou du ciment. Ce moyen suffit généralement pour détruire et éloigner du colombier les tiques et les rougets. M. X. l'a mis en pratique et nous a dit, un mois plus tard, qu'il s'en est bien trouvé et que jusqu'alors il n'avait plus trouvé de traces des rougets voraces.

Un autre moyen très efficace, consiste à faire au colombier une fumigation sulfureuse d'après les indications données sous la rubrique « *Les fumigations* ».

Si l'on ne parvient pas à détruire ces parasites, ou à les éloigner du bâtiment par les moyens susindiqués, on a recours alors à un moyen radical, qui consiste, comme nous l'avons dit dans nos ouvrages précédents, à démolir complètement le bâtiment infesté, ou à fuir ce lieu, en construisant un nouveau colombier dans un bâtiment totalement vierge de ces insectes. L'amateur doit, en outre, avoir soin de ne pas utiliser les matériaux provenant de son ancienne installation pigeonnière.

Les mouches parasites.

Les mouches parasites des oiseaux sont des hexapodes, c'est-à-dire, de petits animaux pourvus de six pattes, ressemblant beaucoup à la petite mouche du cheval.

M. Vandeputte, colombophile observateur à Gand, nous a remis une mouche parasite morte, qu'il avait prise vivante sur un de ses pigeons rentré d'un voyage en France.

M. Duvosquel, à Ingelmunster, déjà cité à la première partie de notre ouvrage, a eu l'amabilité de nous remettre une pareille mouche vivante, trouvée dans son colombier sous les plumes du croupion d'un de ses pigeons. Il nous a dit qu'après avoir pris cette mouche en main, elle s'échappa et vola droit sur un autre pigeon pour se cacher dans les plumes avec une rapidité vertigineuse. A titre d'essai, nous l'avons placée sur le dos d'un de nos pigeons et nous avons constaté qu'elle disparut avec la même rapidité sous les plumes de l'aile. En enlevant la mouche nous vîmes qu'elle était suspendue aux plumes avec les crochets de ses pattes.

Ces mouches qu'on rencontre rarement en Belgique et qui ne sont nullement dangereuses pour nos pigeons, vivent au milieu des plumes des oiseaux et produisent de petites piqûres d'où ils sucent le sang pour se nourrir.

La *vermine* et *les insectes* sont incontestablement le fléau des pigeons. Lorsqu'ils en sont affligés, ils sont agités, en proie à l'insomnie et maigrissent à vue d'œil. En dehors des cas de *vétusté* des bâtiments, l'entretien continuel de la *propreté* du colombier suffit généralement pour combattre les insectes et la vermine.

La poudre appelée *Créolin*, les poudres *Vicat* et *Zächerline*, peuvent aussi, en certains cas, être utilisées comme insecticides.

On obtient un *insecticide ordinaire* avec la poudre provenant du déchet de *tabac*. On la verse à l'intérieur, en dessous et autour des nids. C'est un moyen facile et à la portée de tout le monde. On peut aussi employer comme *insecticide* et en même temps, pour garnir l'intérieur du nid, les côtes de tabac.

X. Les rongeurs.

Le journal « *L'Epervier* », dans son numéro du 17 février 1878, reproduisit une lettre d'un colombophile de Rupelmonde, signalant une particularité.

Ses pigeons, placés dans deux compartiments de son colombier, jouissaient d'une excellente santé. Un jour il remarqua que les sujets de l'un des compartiments saignaient aux pattes à l'extrémité des doigts en dessous des ongles. La même chose se renouvelait chaque jour dans le même compartiment, tandis que les pigeons, se trouvant dans l'autre, restaient sains et bien portants.

Dans sa lettre en question, l'amateur fit un appel aux abonnés de « L'épervier » pour connaître leur appréciation au sujet de ce mal étrange et les moyens de le combattre.

A la date du 25 février 1878, nous adressâmes à la rédaction de ce journal, la lettre suivante :

« Les pigeons de M. X., qui paraissent atteints d'une singulière maladie, ne sont pas plus malades que ceux qui sont renfermés dans le compartiment adjacent ; mais ces volatiles pourraient être incommodés par des rongeurs.

« L'expérience m'a prouvé que, pendant la nuit, les rats attaquent les pigeons et particulièrement ceux qui ne reposent pas sur des perchoirs ; ils rongent la tête ou les extrémités des pattes et se repaissent du sang.

« Que le confrère de Rupelmonde veuille, à titre d'essai, placer ses volatiles, soupçonnés malades, à l'abri des redoutables hôtes qui envahissent l'un des compartiments de son colombier, et, sans nul doute, le mal cessera dès qu'il aura fait disparaître la cause ».

Nous avions bien deviné : les pigeons n'étaient pas malades mais mordus par des rats.

Le même fait s'est reproduit au colombier de notre voisin, M. Honoré, à Hulste.

Dans l'intérêt de la santé, de l'hygiène et de la préservation de nos chers volatiles, nous recommandons vivement de faire construire les colombiers à l'abri des déprédations de ces ennemis dangereux. Suivez à ces fins nos indications au chapitre du « Colombier et ses accessoires » (p. 50).

XI. Le bain.

Le bain est indispensable à la propreté et à la santé
des pigeons. Les pigeons voyageurs, qui ne peuvent se baigner au colombier, cherchent instinctivement l'occasion
de le faire ailleurs. Lorsqu'il pleut, on les voit se baigner
et se laver dans les gouttières des bâtiments qui environnent leur demeure. Nous avons vu aux champs des pigeons
qui se baignaient dans les flaques d'eau. En été, donnez
le bain tous les huit à quinze jours, ce n'est pas trop. En
hiver, on le fait quand la température le permet. Une
large cuvette, contenant dix centimètres d'eau claire, sert
parfaitement de baignoire. Il y a des pigeons qui aiment
passionnément le bain et qui y entrent aussitôt qu'on le
leur présente ; d'autres hésitent et n'osent s'y aventurer
qu'après s'être placés pendant quelques minutes sur les
bords de la cuvette où ils secouent de temps en temps
leurs plumes comme s'ils étaient dans l'eau. Quand un
pigeon est dans la baignoire, il plonge le bec dans l'eau,
secoue fortement le corps et les ailes ; ensuite il étend une
aile à la surface de l'eau et reste quelques minutes immobile ; puis il secoue de nouveau plusieurs fois le corps et
les plumes, au point que l'eau devient bleuâtre par la
poussière et les pellicules qui y tombent.

Au sortir du bain, le pigeon se blottit ou se couche
quelque part au colombier, puis se lève de temps à autre,
pour se secouer et battre les ailes. Il y reste jusqu'à ce
que ses plumes soient sèches ; elles deviennent alors lisses
et brillantes.

Lorsqu'un pigeon revient fatigué et épuisé d'un long
et difficile voyage, sans trace de maladie, il est très utile
de lui donner un bain le jour suivant. L'eau rafraîchit et
fortifie l'oiseau et dissipe l'accablement.

Les gallinacés et autres oiseaux pulvérisateurs grattent

le sable et creusent des trous dans la terre sèche, pour s'y vautrer, se secouer, et nettoyer leurs plumes.

XII.   La contagion.

En achetant ou en acceptant des pigeons, on doit bien s'assurer qu'ils ne sont pas atteints de maladies *contagieuses*, notamment du coryza, appelé vulgairement *la morve*. Dans le doute, si on n'emploie pas un abreuvoir en fonte, on met dans le récipient en terre cuite huit grammes de *Sulfate de fer*, pour un litre d'eau. Par cette précaution on prévient la contagion et la propagation des maladies des oiseaux.

Au retour des grands voyages, lorsque, durant trois à quatre jours, les pigeons ont été enfermés avec d'autres pigeons, il est également prudent de suivre cette indication prophylactique, parce que, très souvent, dans le nombre, il y en a de contaminés.

XIII. Les désinfectants.

Nous avons fait connaître au chapitre du « *Colombier et ses accessoires* », comment il fallait entretenir la propreté du pigeonnier, et procéder au badigeonnage annuel.

Nous utilisons le *Sulfure de chaux liquide*, pour désinfecter les cases, les nids, etc. du colombier, au fur et à mesure des besoins, parce que ce composé est d'un emploi simple, facile et peu coûteux.

Après une maladie contagieuse, quand il s'agit de désinfecter le colombier ou lorsqu'il y a lieu de détruire des insectes ou des germes infectieux, nous avons choisi, parmi les nombreux *désinfectants* de valeur, la *Créoline Pearson*. On peut employer ce liquide désinfectant et antiseptique sans le moindre danger ; il est très soluble dans l'eau et en toute proportion.

La *Créoline* est aussi un insecticide et un microbicide

énergique et sûr. Elle supprime à l'instant toute odeur fétide des liquides putrifiés et des matières organiques décomposées.

On l'emploie dans les proportions indiquées à la page 278 du présent chapitre.

Après une maladie contagieuse, on peut doubler les proportions de créoline, sans le moindre inconvénient.

XIV. Les fumigations.

Les fumigations sont parfois nécessaires, comme *insecticide, microbicide* et *désinfectant*.

La *fumigation sulfureuse* est particulièrement insecticide et microbicide. Le soufre est la mort de la vermine.

Avant de procéder à une fumigation, on enlève, au préalable, tous les pigeons du colombier et l'on bouche hermétiquement toutes les ouvertures ; puis on y brûle des mèches soufrées. Les vapeurs sulfureuses, qui se dégagent, se répandent dans la pièce, pénètrent jusque dans les plus petites fissures et détruisent les parasites et la vermine en général.

Voici une ancienne formule de fumigation *désinfectante* et en même temps *insecticide*, applicable après une maladie contagieuse, pour en éviter la transmission :

Avant de commencer la fumigation, observez les préliminaires prescrits ci-dessus, puis

prenez :

Peroxyde de Manganèse en poudre	50 grammes
Sel de cuisine	150 —
Eau	100 —

Mettez ces substances dans une terrine ; placez-la au milieu du colombier ou de la pièce à fumiger, chauffez légèrement sur un réchaud, puis versez dans la terrine :

Acide sulfurique 100 grammes.

Il se produit à l'instant un gaz jaune-verdâtre, c'est du

chlore, qui pénètre dans toutes les parties de la pièce et qui la désinfecte complètement,

Les quantités indiquées sont celles qu'on employait autrefois pour fumiger une pièce de cinquante mètres cubes. L'expérience démontre que, pour une maladie épidémique ou contagieuse grave, ces quantités ne sont jamais trop fortes.

Nous donnons ci-après une autre formule :

Placez une terrine au colombier, versez-y 100 grammes *d'acide chlorhydrique* (esprit de sel), sur 50 grammes de *Peroxyde de Manganèse* en poudre ; chauffez légèrement les produits. Le *chlore* se dégage en abondance et l'effet désiré est obtenu. Seulement ne vous aventurez pas dans le colombier pendant le dégagement du *chlore*, car il provoque une toux violente et même des crachements du sang.

Il faut du *chlore*, de la *créoline* ou d'autres désinfectants en grande quantité pour désinfecter à fond un espace de cent mètres cubes, et détruire les *microbes* et les *bactéries*, ces infiniments petits, qui se comptent par millions.

Dans l'intérêt de salubrité publique, il conviendrait de généraliser ces mesures d'après les indications des médecins ou des hommes compétents, dans toutes les maisons où une maladie contagieuse a éclaté. Pour les indigents les fumigations seraient faites d'office, aux frais de la commune.

Après la fumigation d'un colombier, on le badigeonne toujours au lait de chaux.

XV. Les microbes et les bactéries.

Les microbes sont des êtres microscopiques, qui vivent dans l'air, dans l'eau, et qui sont toujours la cause des maladies contagieuses et épidémiques. *Hallier* soutint en 1866, à Iéna, que de pareils organismes existent, et que chaque *maladie contagieuse* a ses microbres caractéristiques.

(Encyclopédie illustrée, par Winkler Prins, 2e édition in-v°
MICROBES).

Les bactéries. La bactérie, d'après *Littré*, est un infusoire
végétal qui se retrouve dans beaucoup de conserves et
possède la faculté de se mouvoir. Les bactéries jouent
dans les tissus et les humeurs des êtres organisés le rôle
destructeur des principes immédiats des champignons
microscopiques appelés « *ferments* ».

D'après *Larousse*, dernière édition, « *les bactéries* » sont
des organismes microscopiques et unicellulaires, dont l'une
des extrémités a un diamètre un peu plus long que l'autre,
de manière à figurer des éléments cylindriques ordinairement droits.

« Plus généralement, on désigne sous le nom de « bactéries » toutes les espèces des schizophytes, thallophytes,
se développant par division ou par cellules germinatives
endogènes (Cohn). Le terme de « bactérie » est donc moins
compréhensif que celui de MICROBE ».

Les préceptes *d'hygiène*, compris dans ce chapitre, sont
applicables aux oiseaux de basse-cour et de volière.

CHAPITRE II.

MALADIES.

Considérations générales. — Thérapeutique. Méthodes allopathique et homéopathique.

EPUIS quelques années les pigeons voyageurs sont attaqués par des maladies nouvelles sans nombre et les amateurs, la plupart du moins, ne savent à quoi attribuer cette fâcheuse multiplication de maux.

A notre avis il faut les attribuer aux causes énumérées au chapitre de « *l'hygiène* » et aux causes particulières suivantes :

1º A l'affaiblissement général de la constitution des pigeons provenant des accouplements précoces, des unions consanguines continuées et de l'élevage sans bonne direction ou ordre judicieux.

2º A la contagion (Voyez le chapitre « *Hygiène* » propreté des paniers p. 277).

3º Aux voyages successifs ardus, difficiles et de long parcours qui engendrent des épuisements et des paralysies.

4º Aux substances toxiques avalées lorsque les pigeons vont aux champs.

Les différentes maladies des pigeons et des gallacinés peuvent être combattues et guéries par les remèdes spéciaux dont nous disposons.

Nous avons incontestablement été le premier à inventer

et à faire préparer des remèdes efficaces pour combattre les maladies des volailles.

Nos premiers ouvrages flamands parus en 1878 et 1901 en font foi.

Les vétérinaires et les spécialistes d'autrefois furent d'avis qu'il n'y avait point ou seulement très peu de remèdes pour guérir la gent volatile. Le Docteur Chapuis lui-même, quoique excellent amateur, ne prescrivit dans ses ouvrages qu'un petit nombre de remèdes palliatifs, assurément par prudence ou à défaut d'observations ou d'expériences.

Pour connaître à fond les maladies diverses qui frappent nos oiseaux chéris, il faut posséder les connaissances médicales nécessaires pour les étudier, il faut être amateur colombophile afin de pouvoir les observer tous les jours ; il faut en outre faire de nombreuses expériences. C'est ce que nous avons fait depuis trente-cinq ans.

Le Docteur L. B. Wittouck.

Fils d'un médecin allopathe, nous pouvons disposer d'une riche collection d'ouvrages médicaux et scientifiques, consacrer nos loisirs à l'étude des médicaments et de leur action physiologique ; utiliser les conseils et les indications de notre cher et regretté père, feu le Docteur Wittouck, augmenter nos connaissances personnelles en nous livrant à des autopsies, des vivisections et à des opérations diverses. Bien que ne réussissant pas toujours au début, nous avons eu le courage de continuer nos expériences jusqu'à parfait résultat.

Nous devons aussi un tribut de reconnaissance à Mr Jean Bouckaert, inspecteur vétérinaire suppléant du gouvernement à Waereghem et à notre honorable cousin docteur Van den Berghe, en son vivant médecin homéopathe à Gand, qui ont bien voulu nous donner pour ces études d'utiles indications et de précieux conseils.

Nos observations cliniques successives, obtenues depuis la publication de notre dernière édition française, nous ont permis de *modifier certains médicaments allopathiques* et de *simplifier les traitements* en général.

Nous avons notamment découvert en ces dernières années, des médicaments nouveaux avec lesquels nous obtenons des résultats plus sûrs et plus prompts.

Nous avons trouvé également une analogie dans certaines causes qui engendrent différentes maladies parmi les pigeons et les oiseaux de basse-cour. Par nos remèdes allopathiques nous sommes parvenu à guérir radicalement des milliers de ces volatiles, dont plusieurs de grande valeur étaient atteints de maladies considérées comme incurables.

L'expérience nous a démontré combien il est difficile d'inventer des

remèdes allopathiques.

qui, comme les nôtres sont exactement dosés, et ne peuvent nuire à l'organisme général des oiseaux malades. Du reste notre traitement est rationnel, c'est-à-dire, basé sur des données scientifiques et, répétons-le, sur notre longue expérience ; notre médication n'est donc ni imaginée ni hasardée.

Nous ne sommes pas seul à dire et à soutenir qu'il est totalement impossible de guérir toutes les maladies des gallinacés par un ou deux médicaments généraux comme il y en a qui le prétendent. L'impossibilité absolue de pareil résultat est si évidente que nous nous dispenserons de donner la moindre explication à ce sujet.

Pour instituer un

traitement homéopathique

et appliquer la loi des semblables, on doit posséder une connaissance exacte des effets que les médicaments sont capables de produire sur le corps en santé, c'est ce qu'on appelle scientifiquement *connaître l'influence pathogénitique des médicaments ;* on doit en outre, savoir diagnostiquer les maladies à combattre et dont on veut rechercher attentivement les causes. Sous ce rapport le *système homéopathique* est plus difficile à appliquer que la *méthode allopathique.*

Nous instituons, suivant les cas, tantôt l'un, tantôt l'autre traitement. Les deux sont bons et réunissent des médicaments spécifiques. Il arrive souvent, après un traitement allopathique, que nous achevons la cure par un traitement homéopathique.

Cela posé, la partie médicale dont nous nous occuperons maintenant a pour but de faire connaître les symptômes des maladies des pigeons, des gallinacés et d'indiquer nos nombreux remèdes pour les guérir.

Maladies des organes respiratoires.

I. Le Coryza des pigeons.

Le coryza vulgairement connu, chez les colombophiles

sous le nom de *morve*, en flamand « *het Snot* », et une affection de la muqucuse qui tapisse les fosses nasales des pigeons.

Il y a le coryza simple et le coryza ou catarrhe contagieux ; ce dernier est de nature microbienne. On donne à la morve le nom de *roupie*, quand cette maladie attaque les gallinacés.

Depuis que des remèdes efficaces sont connus pour combattre cette maladie contagieuse, les amateurs ne la craignent plus autant.

Causes principales : La contagion par le contact direct avec des poules ou des pigeons atteints de cette maladie ; l'eau que boivent les sujets sains *en commun* avec les malades ; le froid humide ; les refroidissements occasionnés par les courants d'air ; la malpropreté du colombier ; le défaut d'air et d'espace ; la nourriture moisie ou de mauvaise qualité qui entrave la digestion, appauvrit et infecte le sang et fait naître des maladies bilieuses.

Symptômes : Au début le volatile est triste, abattu, sans appétit ; il a la tête chaude, il la secoue, la tortille et la gratte de la patte ; un éternuement répété en est presque toujours la suite. Quand on presse sur ses narines avec le pouce et la première phalange de l'index, il éternue aussi. Lorsqu'on n'administre pas immédiatement des médicaments énergiques, le mal s'empire et devient *contagieux* au plus haut degré. Le malade présente alors les symptômes suivants : Il ouvre fréquemment le bec pour respirer et il s'écoule, par les narines, un muco-pus légèrement jaunâtre, ayant une odeur plus ou moins fétide. Lorsque ces matières purulentes ne trouvent pas une issue suffisante par les fosses nasales, elles pénètrent en partie dans la bouche par les fentes palatines et pervertissent le goût. La langue change de couleur et devient blanche ou bleuâtre à la pointe. Les muqueuses de la bouche pâlissent. Les yeux se gonflent et deviennent larmoyants. La chaleur du corps diminue, les pattes sont froides et, s'il y a complication de maladie du foie, les excréments sont verts ou verdâtres.

Traitement allopathique du coryza simple et contagieux.

Premier cas : Le coryza simple présente souvent au début les mêmes symptômes qu'on observe chez les pigeons atteints d'une maladie bilieuse et peut provenir de cette affection. Si le coryza ou la morve, comme on dit vulgairement, n'est pas le mal dominant, on peut facilement en avoir raison par le traitement suivant : on laisse le malade à jeun pendant un jour ; le lendemain, on lui administre, à jabot vide, une pilule *Débutante* et les trois jours suivants, chaque fois le matin, une pilule *Secondaire.* On nourrit les malades d'après les prescriptions de la *note particulière* ci-après (¹). Si après un intervalle de deux ou trois jours le

---

(¹) **Note particulière.**

Manière de nourrir les pigeons malades.

1º *Pilule débutante.* Quand le matin on administre cette pilule, laissez le malade sans nourriture pendant 4 à 5 heures. Donnez-lui, vers midi, des graines de lin et vers le soir un peu de froment ou d'autres petites graines. On peut remplacer les graines de lin par du pain trempé dans de l'eau bouillie et refroidie, additionné de quelques grains de sel de cuisine. Si le pigeon ne mange pas ce pain trempé, introduisez-en dans son bec toutes les heures quelques miettes. (Voir observations ci-après).

2º { *Pilule antidiphtérique* (rouge)
     Pilule arthritique n° 1

mêmes indications que ci-dessus.

3º { *Pilule secondaire.*
     Pilule arthritique n° 2.

Lorsque l'une ou l'autre de ces pilules a été administrée, nourrissez les malades une ou deux heures après, et aussi plus tard dans la journée, avec un mélange de froment, de riz, de millet, de chèvenis ou quelques graines de lin. La quantité à servir doit être telle que le *lendemain* le *jabot soit vide.* C'est un point important à observer.

mal n'est pas enrayé, on recommence l'administration des mêmes pilules à la dose et de la manière indiquées plus haut.

Laissez ensuite un intervalle de trois ou quatre jours, et finissez le traitement par la pilule *Anticroupale* (¹) que vous donnerez à la dose d'une pilule par jour pendant trois ou quatre jours, puis, au besoin, donnez encore cinq ou six fois cette même pilule tous les deux ou tous les trois jours jusqu'à guérison totale. Observez pour la nourriture nos indications à la « *Note particulière* ».

Deuxième cas : Si le mal décrit au premier cas augmente, ou si dès le commencement les pigeons sont atteints de morve ou de coryza contagieux à un haut dégré, caractérisé par les symptômes décrits à la page 302, il y a lieu de faire sortir tous les jours les matières purulentes qui

4° { *Pilule volatiline.*
{ *Pilule spéciale.*
{ *Pilule arthritique n° 3.*
{ *Pilule anticroupale (jaune).*

Quand ces pilules ont été administrées on peut servir, quelques minutes après, une nourriture saine, l'augmenter graduellement et la rendre plus azotée en y ajoutant des lentilles, des vesces et féveroles.

OBSERVATIONS :

A. Lorsque le pain trempé est indiqué on doit toujours donner vers le soir quelques petites graines de celles indiquées sub n° 3, pour habituer les malades à leur nourriture habituelle et exciter leur appétit.

B. L'eau et le lait pour tremper le pain doivent toujours être bouillis avant de s'en servir et l'on y ajoute chaque fois quelques grains de sel.

(¹) La pilule *Anticroupale* est un médicament nouveau très efficace, dont l'emploi est indiqué dans d'autres maladies. On l'administre aussi concurremment avec la pilule *Antidiphtérique* dans les cas de diphtérie, de muguet jaune, d'aphthes, etc.

Nous donnons à la pilule *anticroupale* le nom de *pilule jaune* et à la pilule *antidiphtérique* celui de *pilule rouge*, parce que, quoique les noms de ces médicaments semblent désigner un même mal, la différence de leur composition et de leur administration est très grande.

obstruent les fosses nasales en pressant sur les morilles. On enlève ces matières au moyen d'un morceau de linge propre imbibé d'eau tiède, et l'on administre à la même dose, les médicaments indiqués.pour le premier cas.

Si les pigeons ne guérissent pas par les médicaments indiqués plus haut ou que la morve revêt une forme *chronique*, il y a lieu de suivre le traitement indiqué à la « *Note. — Morve chronique* » du troisième cas, ci-après.

S'agit-il de morve avec complication de diphtérie, de muguet jaune ou d'une autre maladie microbienne grave, observez alors le traitement prescrit sous la rubrique « *Traitement allopathique de la diphtérie* ».

Troisième cas : Si un grand nombre de pigeons d'un colombier ou de gallinacés d'une basse-cour étaient contaminés par la morve, au point qu'il soit sinon impossible du moins difficile de les traiter individuellement, vous obtiendrez des résultats surprenants en recourant à notre « *Liqueur antimorveuse* » qu'on administre comme suit :

Après avoir fortement agité la bouteille, versez, dans de l'eau bouillie et refroidie, une vingtaine de gouttes par litre d'eau de *Liqueur antimorveuse*. Donnez cette eau médicamenteuse comme boisson dans un abreuvoir ou un récipient en terre cuite. Renouvelez-la tous les jours ([1]).

Si la maladie présente une forme chronique, remplacez la boisson *antimorveuse*, une fois par semaine, pendant un jour, par un breuvage d'eau additionnée de huit grammes de *Sulfate de fer* par litre. Continuez ce traitement alternatif jusqu'à guérison complète.

Comme nourriture donnez aux pigeons un mélange de froment, de lentilles ou de bonnes vesces et de temps à

([1]) S'il s'agit de gallinacés morveux on peut verser la dose de « *Liqueur antimorveuse* » dans une bouillie de lait battu *(pap)* ou la mélanger dans une panade de son ou de pain trempé ou dans une autre nourriture facile à avaler et à digérer.

autre une poignée de graines de lin. Aux gallinacés du froment indigène et du pain trempé.

Si parmi le nombre il reste quelques malades dont on n'obtient pas la guérison radicale, on doit les traiter individuellement et combattre la maladie d'après les indications de la « *Note* » ci-après (¹).

On veille particulièrement à ne jamais donner trop de nourriture, car, répétons-le, le jabot doit toujours être vide le matin, chez les malades comme chez les pigeons en bonne santé.

Finalement, l'expérience démontre que le coryza simple peut guérir sans médicaments, la nature sait y suppléer ; ceci a lieu quand cette affection ne se complique pas d'autres maladies.

Avis important :

Lorsque la morve ou une autre maladie contagieuse éclate chez les pigeons ou les gallinacés, il est absolument nécessaire d'isoler avant tout les sujets malades. On les place dans un endroit sain, sec et pas trop froid. On doit aussi désinfecter le colombier ou le poulailler au moyen d'un lavage ou d'un badigeonnage avec un lait de chaux vive additionnée de 3 % de *Créoline* ou de *Sulfur de chaux liquide*.

La roupie ou la morve des coqs combattants ou d'autres gallinacés.
Traitement allopathique.

Nous avons formulé une pilule pour *les cas graves* de la

(¹) **Note. — Morve chronique.**

Si un pigeon est atteint de morve *chronique*, donnez la *Liqueur antimorteuse* comme boisson dans la proportion de cinq à six gouttes pour un quart de litre d'eau et administrez tous les trois jours une pilule *jaune* ou *Anticroupale*. Continuez ce traitement alternatif jusqu'à entière guérison.

morve des gallinacés ; nous la désignons sous le nom de *Gallinacine*. Si des coqs combattants ou d'autres gallinacés sont, du coup, atteints de *morve au plus haut degré ;* lorsqu'ils respirent par le bec entr'ouvert, d'où découle une bave filante, visqueuse, et qu'ils ont la tête gonflée et les yeux larmoyants débutez par la *Gallinacine.* Faites avaler aux malades, pendant quatre jours consécutifs, une pilule *Gallinacine* par jour ([1]). Après un intervalle d'un jour, donnez une pilule tous les deux jours jusqu'à concurrence de quatre ou cinq ; n'en donnez pas davantage. Abandonnez ensuite la maladie à l'action de la nature qui, le plus souvent, produit de bons résultats.

Ne négligez pas de laver tous les jours, à l'eau tiède, les narines et la bouche des sujets auxquels la *Gallinacine* est administrée.

On veille particulièrement à une nourriture saine, une grande propreté et une bonne aération des locaux. Après une maladie contagieuse, la désinfection du logement de la gent volatile est indispensable.

Beaucoup d'amateurs de coqs de joûte, de l'arrondissement de Courtrai, apprécient hautement ce remède.

Maladie spéciale des poules exotiques.
Un remède prophylactique.

Beaucoup de personnes craignent d'introduire dans leurs basses-cours des poules exotiques, de l'Espagne ou de l'Italie, parce que, le plus souvent, par le changement de climat, d'air et de milieu, elles gagnent une nostalgie qui se traduit généralement par la *roupie* (morve) ; cette maladie contagieuse se transmet à tous les sujets qui les environnent.

Voici un moyen simple pour prévenir cette maladie.

([1]) Cette pilule ne peut être administrée aux pigeons.

Isolez les poules dès leur arrivée, pendant une quinzaine de jours, dans un bâtiment sain et bien aéré, et nourrissez-les exclusivement, durant tout ce temps, avec du *son*, légèrement trempé dans du lait ou de l'eau pure, ne donnez rien à boire. Renouvelez tous les jours la nourriture après avoir lavé le récipient avec de l'eau bouillante. Après la quinzaine, ajoutez au son un peu de froment et augmentez graduellement la quantité jusqu'à ce que les graines viennent totalement remplacer le *son* : après trois ou quatre semaines la volaille est acclimatée et échappe à la *morve*.

Traitement homéopathique de la morve des pigeons et des gallinacés

Lorsqu'un pigeon présente des symptômes de coryza ou de morve, on administre *Mercurius solubilis* 6ᵉ, deux globules, matin et soir pendant trois ou quatre jours consécutifs. On laisse un intervalle de deux ou trois jours et, au besoin, on recommence le traitement ci-dessus jusqu'à guérison complète [1].

Si dès le début un pigeon est gravement atteint de morve ou de coryza contagieux, on instituera le traitement alternatif suivant :

Le matin deux globules *Mercurius solubilis* 6ᵉ, à midi deux globules *Belladone* 6ᵉ, et vers le soir encore deux globules *Mercurius solubilis* 6ᵉ. On continue ce traitement pendant trois ou quatre jours consécutifs. Si, après un intervalle de quatre ou cinq jours, la guérison n'est pas obtenue, on reprend *Mercurius solubilis* 6ᵉ seul et on l'ad-

---

[1] Plus la matière purulente s'évacue en abondance par les narines et même par les fentes du voile du palais, sous l'influence du médicament, plus vite la guérison s'obtient.

Quand le muco-pus s'accumule dans la bouche, on l'enlève autant que possible, parce que, comme nous l'avons déjà dit, il pervertit le goût et fait disparaître l'appétit.

ministre à la dose de deux globules matin et soir, pendant quatre ou cinq jours.

Si, après un intervalle de six jours, vous constatez que la maladie revêt une forme chronique ou rebelle, administrez dans ce cas *Cyanure de mercure* 6e (mercurius cyanatus), trois globules par jour, chaque fois le matin, pendant trois ou quatre jours consécutifs. Recommencez l'administration de ce médicament à la même dose, laissant chaque fois un intervalle de six jours jusqu'à guérison radicale.

Le traitement ci-dessus est applicable aux gallinacés.

Si la morve frappe un grand nombre de pigeons, rendant le traitement homéopathique individuel quasi impossible, nous recommandons le traitement suivant : Dissolvez quarante globules *Mercurius solubilis* 6e dans un litre d'eau fraîche et donnez cette eau à boire pendant trois jours consécutifs ; c'est la dose pour vingt malades. Augmentez ou diminuez la dose d'après le nombre de sujets à traiter. Après un intervalle de deux jours, lorsque le résultat désiré n'est pas obtenu, répétez l'administration du médicament de la manière susindiquée jusqu'à parfaite guérison.

Renouvelez tous les jours la boisson médicamenteuse sans oublier de nettoyer chaque fois l'abreuvoir.

Les médicaments prescrits en *globules* pour les pigeons, peuvent servir au traitement individuel des *gallinacés*, avec cette différence que pour un coq combattant adulte et fort, atteint de morve au plus haut dégré, on donne *Mercurius solubilis* 6e à la dose de trois globules deux fois par jour.

Remarque générale : Lorsqu'on fait usage de médicaments homéopathiques, on ne donne à boire que de l'eau claire et pure, dans un abreuvoir en terre cuite, et nullement dans des cruchons en métal, tels que du zinc, du fer, du plomb ou d'étain ; il est même nécessaire d'enlever le calcaire du colombier aussi longtemps que le traitement homéopathique dure.

II. Inflammation des voies respiratoires.
Le râlement ; — la toux.

L'inflammation des bronches et des poumons se déclare presque toujours à la suite de la morve ou simultanément avec cette maladie. Les amateurs de pigeons désignent généralement cette affection sous le nom de *râle*, parce que, chaque fois que l'oiseau malade respire, on entend un bruissement, un sifflement ou un râlement, occasionné par le passage de l'air à travers les matières glaireuses et purulentes qui sont accumulées dans la trachée-artère et la glotte, ou par suite de l'engorgement produit par l'inflammation des organes respiratoires.

Quand on exerce une légère pression sur la gorge, en dessous du bec du pigeon malade et qu'il se produit une toux ou une sorte du suffocation, c'est un signe qu'il y a en même temps inflammation de la gorge ou angine simple.

Dans le cours de nos études et de nos observations, nous avons trouvé une cause à laquelle aucun auteur n'a songé. C'est que l'excès de bile, secrétée par le foie et répandue par tout le corps, peut occasionner le *râlement.* Nous avons constaté très souvent ce fait chez les pigeons, et guéri maint sujet en instituant un traitement d'après ce diagnostic expérimental.

Le râlement paraît quelquefois guéri ; tous les symptômes ont disparu, sauf un enrouement ou une aphonie, dont on s'aperçoit quand le pigeon roucoule, c'est que la maladie est rebelle, et dans ce cas elle réclame beaucoup de soins et du temps pour la guérir. Le râle est aussi parfois la conséquence de la tuberculose.

Traitement allopathique du râlement ou de la toux.

Placez autant que possible le malade, atteint de râlement

ou de toux, dans un endroit spacieux d'égale température et à l'abri des courants d'air.

Si le sujet est fort et vigoureux, quand les *fientes sont vertes,* ce qui indique un excès de bile, donnez-lui à jeun et à jabot vide, pendant deux jours consécutifs, une pilule *Débutante.* Le troisième jour et les deux jours suivants, administrez-lui, le matin, à jabot vide, chaque fois une pilule *Secondaire ;* comme nourriture, observez les indications de la *Note particulière* (p. 303).

Si, trois ou quatre jours après ce traitement, les traces de maladie n'ont pas disparu, donnez encore une fois, pendant un ou deux jours consécutifs, chaque fois le matin, une pilule *Débutante.* Faites suivre la pilule *Secondaire* comme il est dit plus haut.

Le résultat obtenu par cette médication est ordinairement une amélioration notable de l'état général du pigeon et une diminution du râle. On tentera ensuite d'obtenir une guérison radicale par l'administration de la pilule *Anticroupale* de la manière suivante : une pilule jaune ou *Anticroupale* par jour, chaque fois le matin, pendant quatre ou cinq jours ; laissez un intervalle de quatre jours et administrez ensuite cette pilule à la dose d'une unité tous les deux ou trois jours, jusqu'à parfaite guérison.

Entretemps nourrissez d'après les prescriptions de la *Note particulière.*

En cas de rechute, revenez aux premiers médicaments si les symptômes l'exigent, et si alors vous n'obtenez pas une guérison avec les médicaments prescrits et que *la morve* reste le mal dominant, appelé par les flamands « *inwendig snot* » (morve interne), dans ce cas très souvent le mal est incurable parce qu'il s'agit d'une vraie *tuberculose.*

On peut cependant administrer, comme dernier remède, la *Liqueur antimorveuse* alternée tous les trois jours avec une pilule *Anticroupale,* comme nous l'indiquons à la « *Note. — Morve chronique* », de la page 306.

S'il s'agissait de combattre le râle et la toux avec complication de morve chez un grand nombre de pigeons ou de gallinacés, administrez notre *Liqueur antimorveuse,* de la manière prescrite à la page 305 sous la rubrique « *troisième cas* ».

Observation : Ne croyez pas qu'on puisse guérir radicalement des cas de *morve* avec complication de *râle* et de *toux* au bout de huit à dix jours. Il faut souvent traiter cette maladie pendant plusieurs semaines avant d'obtenir le résultat voulu. En général les amateurs de pigeons n'ont pas tant de patience, ils se contentent d'une guérison qui en somme n'est le plus souvent que superficielle et alors il y a toujours récidivité. Il s'en suit que les parents transmettent le mal à la *progéniture* et la situation est pire qu'auparavant.

On entend souvent les amateurs se plaindre de cet état de choses et dire qu'il leur est impossible d'enrayer totalement *la morve* de leur colombier. Ce n'est pas étonnant, c'est qu'ils n'emploient pas les vrais bons remèdes ou qu'ils n'ont pas la patience ou les connaissances voulues pour traiter rationnellement leur gent volatile malade, jusqu'à *guérison radicale.*

Le râle et la toux chez les gallinacés.

Observez le traitement allopathique indiqué pour le râlement et la toux des pigeons.

Traitement homéopathique du râlement et de la toux chez les pigeons.

L'inflammation des organes respiratoires, débutant généralement, comme nous l'avons déjà dit, par un coryza, administrez alternativement aux malades *Mercurius solubi-*

lis 6ᵉ, deux globules le matin et *Belladone* 6ᵉ, deux globules le soir, pendant quatre ou cinq jours consécutifs.

Si, trois ou quatre jours plus tard, vous n'apercevez pas une amélioration notable dans l'état général des oiseaux atteints de râlement, donnez leur *Mercurius solubilis* 6ᵉ seul, à la dose de trois globules chaque fois le matin, pendant quatre ou cinq jours consécutifs. Si après un nouvel intervalle de quatre jours vous constatez que la morve est restée le mal dominant, administrez ensuite *Cyanure de mercure* 6ᵉ, trois globules par jour chaque fois le matin pendant trois jours consécutifs. On répète une ou deux fois l'administration de ce médicament à la même dose en observant chaque fois un intervalle de six jours.

Nous devons faire remarquer à nos chers lecteurs que le traitement du râlement et de la toux doit varier d'après les divers symptômes qui se présentent.

Lorsque huit jours après l'administration de cyanure de mercure le râle n'a pas disparu, donnez *China* 6ᵉ deux globules matin et soir, pendant cinq ou six jours.

Si après un nouvel intervalle de huit jours le râlement persiste, donnez *Antimonium tartaricum* 6ᵉ à la dose indiquée pour china.

Constatez-vous que pendant le cours de cette maladie la digestion n'est pas régulière chez les malades, administrez leur *Ipéca* 6ᵉ, deux globules matin, midi et soir, jusqu'à effet.

Si la maladie se présente sous une forme chronique et que les glaires sont filandreuses, après un intervalle de six jours donnez *Kali bichromicum* 6ᵉ, deux globules deux ou trois fois par jour, pendant trois ou quatre jours consécutifs; on peut reprendre ce traitement en observant chaque fois l'intervalle susindiqué et même l'alterner avec *Antimonium tartaricum* jusqu'à guérison totale.

On obtiendra la guérison de cette maladie languissante, si, bien entendu, on n'est pas en présence d'une vraie *tuberculose*.

Pour les coqs de joûte et autres gallinacés, on administre les médicaments aux doses prescrites, comme pour les pigeons.

III. Asthme.

L'asthme provient généralement d'une inflammation chronique des organes respiratoires, de vieillesse, d'épuisement par des excès génésiques, de pontes trop souvent répétées, de la pourriture du jabot avec exhalaison fétide quand on ouvre le bec, d'une maladie organique du cœur et du foie. Un pigeon, atteint d'asthme, a la respiration courte et tient souvent le bec ouvert. Il abandonne la nourriture et s'affaiblit très vite. Le moindre exercice l'épuise et le rend haletant. Si l'oiseau est atteint d'un asthme cardiaque, *le mal doit être considéré comme incurable*, et peut entraîner la mort à chaque instant.

Traitement allopathique de l'asthme.

S'agit-il d'asthme causé par un épuisement nerveux chez un oiseau, pas trop âgé, ou par une maladie organique du cœur ou du foie, le traitement à instituer est le suivant : Une pilule *Volatiline* le matin et une vers le soir, pendant trois jours. Si un mieux se produit ou si les forces reviennent, continuez ce médicament à la dose d'une pilule par jour, pendant encore cinq ou six jours ; si la faiblesse persiste, faites suivre une pilule *Spéciale* tous les deux jours, jusqu'à effet désiré.

Si l'asthme arrive accidentellement, à la suite d'un coryza, d'une maladie bilieuse ou d'une indigestion, administrez à jabot vide une pilule *Débutante* suivie des pilules *Secondaire* et *Anticroupale*.

Si l'asthme provient d'un excès de bile localisée en abondance dans le jabot avec menace d'asphyxie, suivez nos indications sous la rubrique « *Maladie bilieuse* ».

Pendant la durée d'une crise d'asthme, ne prenez pas le malade en main ; laissez-le dans le repos le plus absolu. Attendez pour administrer des médicaments que la crise soit complètement terminée.

Lorsque l'asthme se déclare chez les coqs combattants, ou chez d'autres oiseaux appartenant à la race des gallinacés, observez les prescriptions thérapeuthiques qui précèdent.

Traitement homéopathique de l'asthme.

Si les causes de l'asthme sont dues à une maladie organique du cœur ou du foie ou à un épuisement nerveux, donnez *Arsenicum album* 6°, deux globules matin et soir, pendant cinq ou six jours. Si un mieux se produit, ne changez pas de médicament ; seulement, diminuez la dose de moitié, jusqu'à effet désiré.

Si l'asthme arrive accidentellement par une indigestion, ou une cause inconnue, avec sifflement, administrez *Ipéca* 6°, deux globules deux ou trois fois par jour jusqu'à effet voulu.

Si la cause réside dans une indigestion, par suite de la *pourriture du jabot*, suivez les indications données plus loin sous cette rubrique.

S'agit-il d'un asthme attribuable à une maladie bilieuse, suivez les prescriptions indiquées sous la rubrique « *Traitement homéopathique de la maladie bilieuse* ».

Si le cas est quasi désespéré, donnez *Ipéca* 6°, deux globules toutes les deux heures. Lorsqu'il y a une amélioration notable, réduisez la dose à deux globules matin et soir jusqu'à guérison.

Appliquez le même traitement aux coqs combattants et à la volaille en général.

IV. L'angine diphtéritique ou le Croup.

Le premier cas d'angine diphtéritique ou croupale, pour lequel nous avons été consulté, date de 1877. L'amateur regretté, feu Mr A. Vanderlinden de Gand, avait un de ses pigeons atteint de ce mal. Avant cette époque les cas de diphtérie étaient rarement observés. Il est vrai qu'il existait alors, comme il existe encore aujourd'hui, des affections ressemblant à l'angine diphtéritique, telles que le *muguet jaune*, le *mal blanc*, et la *diphtérie aphtheuse* qui, elles aussi, sont graves et meurtrières.

Cette terrible maladie attaque les pigeons des deux sexes et de tout âge, les sujets forts et vigoureux, comme ceux de faible complexion. Elle pénètre dans les colombiers les mieux tenus, comme dans ceux où les soins hygiéniques font souvent défaut.

Examinons maintenant cette maladie.

La diphtérie et les microbes.

D'après l'opinion des savants, qui est aussi la nôtre, la diphtérie des pigeons doit être attribuée à des *microbes;* c'est particulièrement chez les animaux qu'on trouve des bactéries pathogènes.

Dans son livre, « *Les Microbes* » (p. 55), le Docteur Henrijean écrit : « Yersin et Roux viennent de prouver que le *germe* découvert par Lœffler dans la diphtérie des volailles *est bien le même qui provoque la maladie chez l'homme* » ... « Il résulte également des expériences de ces savants que ce germe agit en produisant une ptomaïne spéciale, à laquelle il faut rapporter tous les symptômes de la diphtérie, même les paralysies qui apparaissent quelquefois après cette maladie ».

Nous extrayons du même livre (p. 106) le passage

suivant : « Dans une localité peu populeuse sont apparus des cas de diphtérie. Ceux-ci ont été circonscrits dans un espace de 500 mètres autour d'une maison dans laquelle avaient été signalés plus de trois cents cas de diphtérie des volailles (pépie). Dans une autre localité voisine, on a signalé un cas de la même maladie chez un enfant dont les parents vendaient des volailles : là aussi, on avait observé de nombreux cas de diphtérie chez les animaux. Au contraire, dans un village situé entre les deux premiers, la maladie ne s'est pas déclarée ».

Le journal « *La Nature* » a publié dans sa chronique hebdomadaire du 24 novembre 1894, sous le titre « *la diphtérie des oiseaux* », l'articulet suivant :

« Les oiseaux, tout comme l'homme, sont souvent atteints d'une diphtérie qui se caractérise par la présence de fausses membranes dans le larynx. La diphtérie aviaire a-t-elle une origine différente de la diphtérie humaine ? MM. Loir et Duclaux, à la suite de la terrible épidémie qui, dans la Régence de Tunis, régnait parmi les volailles, se sont livrés, à cet égard, à des expériences démonstratives. La cause de la maladie est un bacille nettement différent de celui de la diphtérie humaine ; il est arrondi, mobile et se cultive très bien sur la gélatine, où il forme une traînée blanc-crême peu large. La culture est blanc-grisâtre sur la gélose et blanc-jaunâtre sur la pomme de terre. Ce bacille meurt après avoir été soumis à la température de 60 degrés pendant cinq minutes, mais il résiste à la dessication. On peut obtenir du vaccin en chauffant la culture pendant une demi-heure à 55 degrés. On inocule d'abord sous la peau, un centimètre cube d'antitoxine, puis un deuxième centimètre cube d'une culture vieille de deux mois. Enfin, point très important, *la diphtérie des oiseaux peut se communiquer à l'homme* ». (Signé) H. C.

Il résulte de ce qui précède, que la cause de la diphtérie

des volailles est un bacille nettement *différent* de celui de la diphtérie humaine. Les savants Loir et Duclaux *ne sont pas d'accord* sur ce point avec leurs collègues Yersin et Roux ; ces derniers prétendent, au contraire, que *le microbe de la diphtérie des volailles* est le même qui provoque cette maladie chez l'homme ; mais ils sont *unanimes* à soutenir que le bacille de la *diphtérie des oiseaux est transmissible à l'espèce humaine*. Quant à nous, nous ne trouvons nulle part, à l'appui de l'opinion de ces théoriciens, des preuves sérieuses et concluantes. Si leurs idées pessimistes étaient vraies, le Gouvernement devrait prendre des mesures dans l'intérêt de la salubrité publique, et faire disparaître les colombiers établis dans les maisons d'habitation.

Voici notre manière de voir au sujet de cette question importante.

Notre colombier est riche en pigeons. Chaque année, malgré tous nos soins hygiéniques, il se présente des cas de morve et de diphtérie parmi nos oiseaux. Les membres de notre nombreuse famille circulent au grenier, lieu d'habitation de nos volatiles et sont souvent en contact avec eux. De plus, des amis confient annuellement, à nos soins, des sujets atteints de ces affections, et depuis trente-cinq ans jamais un cas de diphtérie ne s'est déclaré parmi nos enfants; jamais cette maladie ne s'est manifestée parmi les membres des familles des amateurs de pigeons de notre commune, ni même parmi les familles des colombophiles que nous connaissons dans les localités environnantes, qui, eux aussi, possèdent un grand nombre de pigeons, que la morve ou la diphtérie n'épargnent guère. Nous pourrions citer, à ce sujet, de nombreux exemples donnant le même résultat négatif. En outre, il n'est pas à notre connaissance que dans la Belgique entière, le pays colombophile par excellence, un seul cas de diphtérie humaine se soit présenté à la suite de la *diphtérie des pigeons*.

Il y a par conséquent lieu de conclure, que *le microbe des volailles*, qu'il soit réellement le même que celui qu'on trouve dans la diphtérie chez l'homme, ou qu'il ne le soit pas, *n'est pas transmissible par contact à l'espèce humaine*. Du reste, nous répétons, qu'à notre avis, les cas cités plus haut par les savants ne fournissent, à cet égard, aucune preuve sérieuse ni plausible.

Aussi, les cas de diphtérie chez les pigeons ne sont-ils pas identiques ; il y en a avec complication de bronchite, de morve et de productions polypeuses, présentant des tumeurs très développées avec menace d'asphyxie. D'autres cas sont bénins, avec des productions peu développées, se guérissant facilement. Finalement, il y en a sans microbes visibles, comme il y en a, d'après les assertions des savants, où ces infiniment petits ont été découverts.

Nous avons fait à ce sujet, en 1890, une expérience physiologique. Mʳ le Docteur Stuckens de Gand a eu l'amabilité de nous conduire au laboratoire de chimie de l'Université de cette ville. Nous avons examiné ensemble un cas de diphtérie dont un de nos *pigeons* était atteint. Nous enlevâmes une partie de la tumeur diphtéritique qui siégeait à l'arrière-bouche de l'oiseau. Nous avons examiné cette tumeur au microscope grossissant cinq cents fois. Nous avons découvert des *streptococci*, mais point d'autres microbes. Aucune culture subséquente n'a été faite.

Nous extrayons du *précis de Microbie* de *Thoinot* et *Masselin*, édition de 1896, ce qui suit :

Diphtérie humaine et aviaire.

« Les oiseaux de basse-cour sont souvent décimés par une maladie peu connue dans sa nature, que les vétérinaires indiquent sous le nom de *diphtérie* » ou « *tuberculose diphtéritique* ». A diverses reprises on a remarqué l'apparition de la diphtérie humaine dans quelques exploitations des villages où régnait la diphtérie des volailles, et plusieurs médecins ont établi entre ces deux faits une relation de cause à effet. Il ne s'agissait en réalité que de simples coïncidences. La diphtérie des volailles est si fréquente qu'il n'est pas étonnant d'en rencontrer dans les localités où se montre la diphtérie de l'homme.

Mais fort heureusement la concomitance des deux affections est exceptionnelle, et c'est par millions qu'on pourrait citer des basses-cours où règne la diphtérie, sans qu'aucun des enfants de la maison, qui passent la plus grande partie de la journée à se rouler sur le fumier au milieu des poules malades, ait gagné la diphtérie. L'observation clinique, à elle seule, permet déjà de différencier les deux affections. *La diphtérie des oiseaux a une évolution très lente et jamais elle ne provoque des paralysies comparables à celles qui sont la caractéristique de la diphtérie de l'homme. (Nocart)* ».

Voici maintenant ce qu'a dit M. Calmette, Directeur de l'institut Pasteur de Lille, dans ses conférences données en septembre 1897, à Bruxelles.

« Le *bacillus Columbarum* est tout à fait différent du bacille diphtéritique de l'homme ; il est vrai qu'il produit de fausses membranes chez les oiseaux ; mais les cultures de ces membranes inoculées au *Cobay* ne peuvent donner la mort. Ces cultures en bouillon présentent un trouble intense ; son développement sur serum de bœuf est plus lent que celui du bacille de la diphtérie humaine ; il y développe des colonies beaucoup plus épaisses ; il ne prend pas le *Gram* ([1]).

([1]) Le *Gram* consiste à colorer, au violet de gentiane, une préparation microscopique contenant des microbes ; après, on la décolore par une solution iodo-iodurée ; la plupart des microbes, tant bacilles que cocci, gardent la coloration violette, tel, par exemple, le bacille de *Klebs-Lœffler*. Le bacille de la diphtérie aviaire perd sa coloration par ce procédé.

Le sérum de Roux est inefficace contre la diphtérie des oiseaux.

Quelques cas de diphtérie aviaire ont été transmis à l'homme ; ils ont occasionné une *angine bénigne* et les microbes présentent les caractères ci-dessus ».

Nous enregistrons volontiers les études et les dernières recherches si intéressantes des hommes de l'art cités plus haut.

. Il en résulte que le bacille diphtérique des oiseaux n'est pas le même que celui qui provoque la diphtérie humaine et que, par conséquent, la contagion n'est pas à craindre.

Nous appuyant sur nos observations et notre longue expérience, nous maintenons notre opinion primitive, que *le microbe des volailles* n'est pas *transmissible à l'homme*.

Une découverte médicale, de la plus haute importance pour le genre humain, ayant trait à la *microbiologie*, vient d'être faite par le professeur Dr *Behring*, de Berlin. Ce savant vient d'avoir raison du bacille de la diphtérie trouvé et cultivé par Lœffler. Au Dr *Roux*, attaché à l'institut Pasteur de Paris, revient le mérite d'avoir perfectionné et vulgarisé la méthode du Dr Behring, connue sous le nom de *sérumthérapie*.

Le remède du professeur Behring et du Dr Roux consiste à inoculer chez l'homme un *sérum* ou antitoxine qui guérit le croup ou l'angine diphtérique humaine. Cette découverte, qui intéresse directement toutes les classes de la société, (la diphtérie pénétrant aussi bien dans les habitations les plus opulentes, que dans les chaumières les plus humbles) a été saluée par un cri d'allégresse universel.

Abordons maintenant une question très importante pour la colombophilie.

La diphtérie est-elle contagieuse pour les pigeons d'un même colombier?

Parmi les opinions diverses, voici la nôtre :

Ainsi que nous l'avons déjà dit, des cas de diphtérie se présentent souvent parmi nos pigeons. Nous avons constaté que des pigeonneaux encore au nid, atteints de ce mal, au plus haut degré, sans complication de morve, étaient nourris par des parents qui en restèrent indemnes. Réciproquement, de vieux pigeons, atteints de diphtérie, nourrissaient leurs jeunes sans leur transmettre le mal. Nous avons vu, plus d'une fois, deux pigeonneaux dans le même nid, dont l'un se développait dans les meilleures conditions de santé, tandis que l'autre était atteint de diphtérie. Des pigeons adultes de notre colombier, atteints à notre insu depuis quelques jours de cette grave maladie, se désaltéraient à l'abreuvoir commun, sans contaminer les pigeons sains. Tout ceci plaide en faveur de la *non-transmissibilité* de cette affection par *contact direct*. Et, s'il n'était acquis par la science, que la diphtérie est contagieuse, comme la plupart des maladies *microbiennes*, *en présence de nos expériences personnelles susdites*, nous nous rangerions volontiers du côté de la non-transmissibilité.

Les causes de la diphtérie.

A notre avis, la diphtérie des pigeons et des volailles doit être attribuée aux mêmes causes adjuvantes que celles qui donnent naissance à d'autres maladies de même nature, telles que *le muguet jaune, le mal blanc, les aphthes, les polypes,* etc.. Ces causes sont : un sang vicié ; les vents froids et humides ; les courants d'air ; un changement de climat, de milieu et de régime alimentaire ; une nourriture malsaine; une boisson impure; les substances *toxiques* que les pigeons ramassent aux champs. Mais la véritable cause réside dans l'incubation d'un *bacille spécifique*. (Pour la diphtérie humaine, p. ex. *le bacille de Lœffler*). Les autres causes précitées sont tout simplement des causes prédisposantes, parce qu'elles affaiblissent l'organisme et rendent ainsi le terrain propice à l'envahissement et au développement du bacille.

Les symptômes de la diphtérie chez le pigeon sont les suivants : au début de la maladie, on découvre difficilement des signes extérieurs. Plus tard, quand le mal s'aggrave, le pigeon devient triste et abattu ; il traîne la queue et laisse pendre légèrement les ailes ; il perd l'appétit, recherche la solitude, ne roucoule plus et toute sa vigueur disparaît.

En ouvrant le bec, on découvre dans l'arrière-bouche (le pharynx), dans le larynx, ou autour de la gorge, des productions membraneuses minces et jaunâtres, affectant plusieurs formes. Ces productions s'accroissent rapidement ; elles deviennent caséeuses ou pierreuses et atteignent parfois le volume d'une féverole et quelquefois davantage, au point de gêner la respiration et d'empêcher la nourriture de descendre dans l'œsophage. Ces cas sont dangereux : les productions fortement adhérentes deviennent plus ou moins dures, perforantes, ou de mauvaise nature et pénètrent souvent fort avant dans l'œsophage ; il existe parfois en même temps des productions polypeuses avec complication de morve ou de bronchite bien caractérisée. L'oiseau souffre visiblement, il tient le bec ouvert et la mort peut survenir par asphyxie.

Il y a des cas où le pigeon ne souffre pas beaucoup, notamment, lorsque les productions peu développées n'empêchent pas l'oiseau de manger, et quand d'autres maladies ne compliquent pas la diphtérie. Il arrive, dans ce cas, de voir disparaître le mal sans devoir instituer le moindre traitement.

Traitement allopathique de la diphtérie.

Nous sommes en contradiction avec d'autres auteurs qui, dans les cas de diphtérie, recommandent d'enlever toujours les fausses membranes ou les productions jaunâtres, au moyen d'un bâtonnet. En agissant ainsi, on peut exposer parfois l'oiseau au plus grand danger, car, si le mal siège à l'arrière-bouche, en enlevant la tumeur diphtéritique, ou en ouvrant trop fortement le bec, il peut s'en suivre une hémorrhagie ; le sang pénètre alors dans la trachée et entraîne la mort par asphyxie. Il vaut mieux, ou bien de cautériser légèrement ces productions, ou bien de ne pas y toucher, étant, comme on dit en latin, des *noli me tangere*. Laissez-les se désagréger naturellement, à moins de devoir les enlever partiellement, pour le passage des aliments, ou pour un autre motif de force majeure ([1]).

Lorsqu'un pigeon fort et robuste est atteint d'un commencement de diphtérie, s'il n'y a pas d'autres symptômes à combattre, laissez-le un jour sans nourriture ; le lendemain, administrez-lui une fois à jabot vide une pilule *Antidiphtérique* ou *rouge* ([2]). Nourrissez comme il est dit à

([1]) Nous avons eu en traitement, en 1891, un pigeon appartenant à M. Clément Soudan, amateur distingué à Aeltre. Cet oiseau, atteint d'une tumeur diphtéritique au pharynx, était en bonne voie de guérison. En ouvrant le bec nous observâmes parfaitement la désagrégation des fibres adhérentes de la tumeur avec la chair, quand soudain une hémorrhagie se produisit. Nous cautérisâmes la plaie avec un crayon de *Nitrate d'argent* (pierre infernale). Dans l'idée que l'opération était bien faite, nous mîmes le pigeon dans une cage, quand, tout à coup, il se débattit convulsivement en proie à l'asphyxie ; nous le plongeâmes deux fois de suite dans un vase d'eau froide ; nous introduisîmes une plume dans l'œsophage en imprimant à celle-ci un mouvement de rotation, ce qui fit sortir un caillot de sang ; la respiration reprit et l'oiseau revint à lui. Nous fîmes une nouvelle cautérisation pour rendre l'hémorrhagie impossible. En continuant le traitement ordinaire, le pigeon a été complètement guéri.

([2]) La pilule *Antidiphtérique* ou *rouge* ne peut être administrée que très rarement et seulement dans les cas spécialement indiqués.

la *Note particulière* (p. 303). Faites suivre les trois jours suivants, chaque fois le matin, une pilule *Anticroupale* ou *jaune* par jour, au besoin continuez ce même traitement alternatif d'une *pilule rouge* et de trois *pilules jaunes*, jusqu'à parfait rétablissement.

S'agit-il d'un cas grave, négligé ou n'ayant pas été aperçu dès le début, caractérisé par une tumeur dans la gorge fortement développée et devenue dangereuse ou, s'il y a complication de morve, administrez alternativement pendant deux jours consécutifs, une pilule *Antidiphtérique rouge* le matin et une pilule *Anticroupale jaune* le soir.

Le troisième jour reprenez l'administration de ces pilules à la dose d'une pilule *rouge* ou *Antidiphtérique* donnée une seule fois, et les trois jours suivants une pilule *jaune* ou *Anticroupale* par jour. Continuez ainsi de suite le traitement. Cependant lorsqu'il y a convalescence, chaque fois qu'on a administré les quatre pilules indiquées plus haut, on laisse un intervalle de deux ou trois jours avant de reprendre le médicament.

Lorsque la tumeur a disparu, on supprime la pilule *rouge* et l'on continue, à moindre dose, l'administration de la pilule *jaune* jusqu'à guérison complète.

Si la tumeur dans la gorge s'était développée, au point d'empêcher la déglutition, ne laissez pas mourir l'oiseau de faim ; dans ce cas procédez comme suit :

Lubrifiez la gorge du sujet au moyen d'une plume trempée dans de l'huile d'olive pure ([1]) ; puis, introduisez au moyen d'un bâtonnet de petites féveroles ou de bonnes vesces, en quantité suffisante pour soutenir la vie. Augmentez la nourriture d'après les forces digestives du pigeon et continuez ainsi jusqu'à ce que la tumeur ait disparue.

([1]) L'huile d'olive pure a une action émolliente, légèrement purgative et facilite la désagrégation des tumeurs adhérenter.

Au moyen de ce traitement dont l'efficacité est confirmée par l'expérience, nous avons guéri un nombre fort considérable de pigeons de haute origine et de grande valeur. Les nombreux amateurs qui connaissent la valeur de ces médicaments spécifiques les tiennent en grande estime.

Remarque. Si une tumeur diphtéritique ou polypeuse est de mauvaise nature ou cancéreuse, les remèdes les plus efficaces et les opérations les plus habiles échoueront.

Traitement homéopathique de la diphtérie.

Pour les cas de diphtérie chez les pigeons, *avec complication de morve,* donnez *Mercurius solubilis* 6e, deux globules par jour, chaque fois le matin, pendant quatre ou cinq jours consécutifs. Lorsque le mal a été attaqué *au début* et si aucune autre maladie concomitante ou subséquente ne vient compliquer la diphtérie, ce traitement suffit parfois pour obtenir la disparition des tumeurs diphtéritiques.

Si par le traitement indiqué la guérison ne s'obtient pas, mais que par contre le mal empire et que les excroissances se développent dans l'arrière-bouche au point d'empêcher les aliments de descendre dans l'œsophage, il faut nourrir l'oiseau artificiellement de la manière indiquée plus haut au traitement allopathique et administrer les médicaments suivants : *Cyanure de mercure* 6e, trois globules chaque fois le matin pendant trois ou quatre jours ; puis, après un intervalle de six ou huit jours, si le résultat voulu n'est pas obtenu, on reprend le même traitement à la même dose. On laisse un intervalle de six ou huit jours ; si alors l'effet désiré est obtenu ou non, on donne *Sulfur* 30e deux globules matin et soir, pendant trois ou quatre jours. Après un intervalle de cinq ou six jours on administre *Calcarea carbonica* 30e, deux globules matin et soir pendant quatre jours, puis le même médicament à la 100e dilution, à la dose de deux globules par jour, pendant une huitaine de jours. Généralement par cette médication on obtient une guérison parfaite.

On observe le même traitement pour les coqs combattants et les autres gallinacés.

Les amateurs ne doivent pas croire que ces affections se guérissent du jour au lendemain. Il faut de la patience, souvent beaucoup de patience, pour guérir une maladie dangereuse et compliquée, surtout si elle revêt une forme plus ou moins chronique.

V. L'angine croupale chez les pigeonneaux.

Causes: Les parents semblent jouir d'une santé parfaite ; ils mangent et digèrent bien ; ils sont vifs, turbulents et cependant la progéniture naît malade. Généralement après dix à douze jours, les pigeonneaux gagnent une angine croupale ou une autre maladie microbienne et sans remèdes énergiques ils meurent.

Ces maladies proviennent des parents qui portent une maladie occulte qu'ils transmettent à la progéniture.

Médicaments allopathiques. Avant le rassemblement des couples observez la *purge* indiquée à la page 143.

Si le mal se produit pendant l'élevage, administrez à chacun des reproducteurs, huit ou dix jours avant la nouvelle ponte, une pilule *Anticroupale* matin et soir pendant trois jours consécutifs, puis encore quatre ou cinq de ces pilules, à la dose d'une pilule par jour ; nourriture azotée.

Notre ami et excellent amateur colombophile, Mr Platteau de Ghistelles, nous a fait connaître le résultat surprenant qu'il avait obtenu en observant le traitement susindiqué.

Si les pigeonneaux atteints d'angine croupale, de muguet jaune, etc. sont forts, vigoureux et âgés de plus d'un mois, on peut les guérir en administrant une fois une pilule

Antidiphtérique, suivie le lendemain et les trois jours suivants d'une pilule *Anticroupale.* Si la guérison n'est pas complète, on continue la pilule *Anticroupale* à la dose d'une pilule tous les deux ou trois jours, jusqu'à plein effet.

Généralement s'il n'y a pas de nouvelles causes qui engendrent cette maladie, nos médicaments sont considérés comme souverains. L'expérience le prouve.

Médicaments homéopathiques. On administre aux parents et au besoin aux pigeonneaux les médicaments indiqués pour le traitement homéopathique de la diphtérie.

VI. Le muguet jaune, le mal blanc et la diphtérie aphtheuse.

Le muguet jau e, le mal blanc et la diphtérie aphtheuse sont aussi des maladies de nature microbienne.

Les causes adjuvantes de ces maladies sont les mêmes que celles indiquées pour la diphtérie (voir à la page 322).

Les *Symptômes du muguet jaune* sont les suivants : on constate des productions jaunâtres à l'intérieur de la bouche et sur les commissures du bec ; elles sont d'abord isolées, mais s'accroissent rapidement et peuvent devenir telles, qu'elles dépassent, de part et d'autre, les commissures du bec, ne permettant plus de le fermer entièrement. Ces productions s'étendent parfois jusque dans les intestins. Le pigeon atteint de ce mal est triste, abattu, délaisse la nourriture, traîne légèrement les ailes et la queue. Le mal s'aggrave au fur et à mesure que l'oiseau s'affaiblit et il finit par succomber.

On découvre parfois une production jaunâtre, dure, perforante ou de mauvaise nature qui s'établit à l'intérieur entre l'œil et l'ouverture du bec.

Les *symptômes du mal blanc* sont les mêmes que ceux du muguet, avec cette différence que les productions sont blanchâtres, granuleuses et siègent plus particulièrement dans l'arrière-bouche et l'œsophage.

Les *symptômes de la diphtérie aphtheuse* sont identiques à ceux décrits pour le mal blanc, seulement les productions aphtheuses sont *jaunes.*

Les productions jaunâtres et blanchâtres, qui caractérisent ces maladies, ne sont pas toujours visibles ; elles peuvent se développer intérieurement et causer une mort subite.

Traitement allopathique du muguet jaune, du mal blanc et de la diphtérie aphtheuse.

Muguet jaune. On doit combattre énergiquement le muguet jaune. Si le sujet, atteint de points blancs dans la bouche ou de productions jaunâtres, est fort, vigoureux et présente des symptômes d'une maladie bilieuse, commencez le traitement par une pilule *Débutante* suivie, deux jours de suite, chaque fois le matin, d'une pilule *Secondaire.* Nourrissez d'après les indications à la *Note particulière.* Après l'administration de ces pilules, donnez les médicaments indiqués pour le traitement allopathique de la diphtérie et à la même dose (p. p. 324 et 325).

S'il s'établit entre le bec et l'œil, ou dans un autre endroit, une production de muguet de nature *perforante,* qui se développe ou qui menace la gangrène, enlevez ou extirpez-la le mieux possible, puis, il faut la cautériser avec un crayon de *Nitrate d'argent* (pierre infernale) ou de *Sulfate de cuivre,* et laisser la croûte se sécher et tomber naturellement. En cautérisant on doit avoir soin de ne pas toucher la partie cornée et osseuse du bec, car si elle était touchée par l'un ou l'autre des caustiques, il s'en suivrait une carie des os incurable.

Ne négligez pas, en même temps, l'administration des médicaments prescrits jusqu'à parfait résultat.

Mal blanc et diphtérie aphtheuse. Lorsqu'un pigeon est atteint de *mal blanc* ou de *diphtérie aphtheuse jaune*, administrez-lui les médicaments indiqués pour combattre la diphtérie et à la même dose.

En cas d'insuccès on peut toujours recourir au traitement homéopathique.

Traitement homéopathique du muguet jaune, du mal blanc et de la dipthérie aphtheuse.

Muguet jaune. Lorsqu'on découvre des traces de muguet jaune à l'intérieur de la bouche ou sur les commissures du bec avec complication de morve, administrez *Mercurius solubilis* 6e, deux globules deux fois par jour, jusqu'à effet voulu.

Si des plaques ou fausses membranes existent, sans traces de morve, donnez *Phosphori acidum* 30e, deux globules deux fois par jour, jusqu'à guérison.

S'il s'agit de muguet simple, sans morve, administrez *Calcarea carbonica* 30e, deux globules matin et soir, jusqu'à ce que le muguet soit mûr et tombe naturellement. Nourrissez au besoin avec du pain trempé suivi de graines saines et, en tout cas, ne donnez que le strict nécessaire.

S'il fallait cautériser le mal dans le sens indiqué au traitement allopathique et si la partie cornée du bec était atteinte par le cautère ce qui se caractérise par un noir luisant et si elle menaçait de se détacher, il faudrait encore recourir à *Calcarea carbonica* 30e, jusqu'à plein effet.

Mal blanc. S'il y a complication de morve, administrez *Mercurius solubilis* 6e, à la même dose que pour le muguet jaune. Si les granulations se transforment en aphthes, donnez *Borax* 6e, deux globules deux fois par jour, jusqu'à guérison.

Diphtérie aphtheuse. Lorsqu'un pigeon est atteint de cette maladie dangereuse et que les aphthes *jaunes* sont répandues par tout le corps, donnez *Borax* 6°, deux globules matin, midi et soir, jusqu'à ce que les aphthes diminuent ; portez ensuite la dose à deux globules, matin et soir, et plus tard, à deux globules par jour, jusqu'à rétablissement complet.

Nourrissez comme il est dit plus haut.

Les mêmes traitements sont applicables aux gallinacés.

VII. Le polype et le ganglion.

Le polype et le ganglion sont des tumeurs à formes angulaires ou arrondies avec ou sans adhérence intérieure.

Elles sont composées de matières grasses, jaunâtres, caséeuses, de même nature que les productions diphtériques, le muguet jaune, la pierre au pourtour de l'anus et proviennent des mêmes causes adjuvantes et microbiennes. La tuberculose peut également en être une cause.

On confond très facilement le polype avec le ganglion, parce qu'ils ont beaucoup de ressemblance entre eux.

Généralement ces tumeurs prennent siège au cou des pigeons ou à l'œsophage. Elles sont dures au toucher, forment souvent une saillie et peuvent s'accroître très rapidement au point de provoquer une asphyxie.

Traitement allopathique du polype et du ganglion.

Ces maladies doivent être combattues avec les pilules *Antidiphtérique* et *Anticroupale* de la manière indiquée pour le traitement allopathique de la diphtérie (pp. 324 et 325). On observe ce traitement alternatif jusqu'à plein effet. Au besoin on nourrit les malades artificiellement.

Nous avons guéri en 1904 deux pigeons de haute origine, atteints de ganglions, appartenant à Mr Pierre Mulliez de Mouscron et un pigeon de grande valeur de Mr Tavernier de Ghistelles.

Si le polype ou le ganglion se développait au point que
l'asphyxie est à craindre ou s'il ne reste plus aucun espoir
de sauver l'oiseau, on doit recourir à une opération de la
manière suivante :

Après avoir prudemment arraché les petites plumes, qui
recouvrent la partie malade, on la badigeonne avec une
solution de *Sublimé corrosif* à un millième ([1]) ou de *Liqueur
Van Swieten*, puis on perce la peau et on introduit assez
profondément une lancette ou un bistouri dans la tumeur.
Si elle est dure, bien mûre et *sans adhérence*, elle s'énucléera
facilement. Dans le cas contraire la guérison est incertaine
et la récidivité est à craindre. Après cette opération on
nettoie la plaie avec de la ouate trempée dans une solution
de *chlorure de zinc*, à une huitième partie ([2]). Puis on la
ferme au moyen de points de suture. On procède comme
suit :

Prenez une aiguille et un fil de soie aseptique ou un fil
ordinaire préalablement trempé dans notre *Liqueur antimorveuse ;* piquez de dedans au dehors vers la peau et veillez
à ce qu'aucune plume ne s'insinue entre les sutures afin de
ne pas empêcher la cicatrisation. Finissez le traitement en
administrant une pilule *Anticroupale* par jour jusqu'à ce que
le sujet soit devenu fort et vigoureux.

Traitement homéopathique du polype et du ganglion.

Si vous découvrez des traces de morve, administrez
Mercurius solubilis 6e, deux globules par jour pendant cinq
ou six jours. Si une amélioration se produit, répétez une ou
deux fois le traitement à la même dose, laissant chaque
fois un intervalle de quatre ou cinq jours ; si vous n'obtenez
pas le résultat désiré, administrez *Sulfur* 30e, deux globules
matin et soir pendant trois jours et finissez le traitement

([1]) Un gramme de sublimé corrosif pour un litre d'eau.
([2]) Un gramme de chlorure de zinc pour huit grammes d'eau.

par l'administration de *Calcarea carbonica* 30ᵉ, deux globules deux fois par jour, pendant quatre ou cinq jours ; puis le même médicament à la 100ᵉ *dilution*, deux globules par jour, jusqu'à plein effet.

Si le polype ou ganglion ne disparaît pas sous l'action de ces médicaments et lorsque la tumeur est dure et sans adhérence intérieure, pratiquez l'opération comme il est dit plus haut, et continuez *Calcarea carbonica* 100ᵉ, deux globules par jour, en laissant de temps à autre un intervalle de trois jours, jusqu'à parfait rétablissement. *Calcarea*, dans ce cas, est d'une grande efficacité.

VIII. Condylome.

Depuis la publication de la première édition de notre ouvrage, nous avons constaté chez plusieurs pigeons des tumeurs glandulaires ressemblant beaucoup aux polypes, mais d'une nature tout à fait différente.

En pratiquant une vivisection sur un de ces pigeons, nous avons trouvé que la tumeur, à laquelle nous faisons allusion, n'est pas composée de matières jaunâtres, caséeuses, comme c'est le cas pour le polype ordinaire, mais qu'elle forme une excroissance de chair tendre, aqueuse, pouvant se développer et devenir très volumineuse. La tumeur prend souvent son siège à l'œsophage ou au cou du pigeon. Elle peut, dans ce dernier endroit, devenir volumineuse et, comme c'est le cas pour le polype, produire l'asphyxie. On appelle cette tumeur un *condylome*.

Nous croyons que cette maladie est restée inobservée, parce que nous ne l'avons trouvée décrite dans aucun ouvrage traitant des maladies des volailles.

Traitement allopathique du condylome.

Si le pigeon, atteint d'un condylome, ne présente pas de

symptômes d'autres maladies, administrez une pilule *Volati-line*, matin et soir, pendant deux jours ; puis réduisez la dose à une pilule par jour pendant trois jours. Après un intervalle de cinq jours, administrez la pilule *Anticroupale* à la dose de une par jour, pendant quatre jours. Continuez l'administration de cette pilule à la dose précitée, laissant chaque fois un intervalle de cinq jours, jusqu'à ce que le caillot soit devenu dur et ait trouvé une issue par la peau fendillée.

Si, en ouvrant le bec, il s'exhale une odeur fétide, administrez les pilules *Antidiphtérique* et *Anticroupale* exactement à la dose indiquée pour le traitement de la diphtérie aux pages 324/325, jusqu'à parfait résultat. Si le condylome semble être de mauvaise nature, il faut l'ouvrir extérieurement et y introduire une solution d'*Acide phénique* à 2 % et continuer ce remède en alternant la pilule *Antidiphtérique* avec les pilules *Anticroupale*, jusqu'à ce que le caillot durcisse, perce la peau et puisse s'énucléer.

L'application sur la plaie d'un peu de *Vaseline iodoformée* hâtera la cicatrisation et la guérison.

Traitement homéopathique du condylome.

Le Dr Richard Hughes attribue à *Calcarea carbonica* l'action physiologique de faire disparaître des verrues, des condylomes, des polypes, etc.. (Éléments de Pharmacodynamique. Paris. 1874, p. p. 190-191).

Connaissant la valeur de ce médicament, nous l'avons appliqué au traitement des pigeons atteints de condylomes, sans complication d'autres maladies. Le meilleur succès a été obtenu ; nous avons pu guérir radicalement plusieurs sujets par le traitement suivant: *Calcarea carbonica* 30e, deux globules matin et soir, pendant quinze jours consécutifs.

Puis, le même médicament à la 100e dilution, deux globules par jour, jusqu'à guérison complète.

Au bout de quelques jours, sous l'action de ce médicament, les condylomes devenaient durs, se rétrécissaient petit à petit et finalement ne formaient plus que des pierres dures. L'épiderme se fendillait naturellement et donnait une issue à ces caillots durcis, sans devoir pratiquer, pour ces cas, la moindre opération. Les plaies se cicatrisaient naturellement.

Ces guérisons, obtenues par des traitements internes, sont surprenantes.

IX. L'emphysème sous-cutané.

L'emphysème est une affection de la peau qui provient de la disposition particulière de l'appareil respiratoire du pigeon. L'air pénètre entre la peau et la chair, détermine un gonflement autour du cou, de la poitrine et dans la région abdominale du sujet qui en est atteint.

L'emphysème apparaît chez les pigeonneaux sans cause déterminante, et chez les vieux pigeons à la suite d'un *voyage long, ardu et fatiguant*. Lorsque cette affection n'est due qu'à la présence de l'air, comme c'est généralement le cas, on en a facilement raison en procédant comme il est dit ci-après.

Traitement allopathique de l'emphysème sous-cutané.

Laissez le sujet en repos durant trois ou quatre jours. Entretemps administrez-lui une pilule *Volatiline* matin et soir pendant trois jours. Le lendemain, pratiquez, au moyen d'une aiguille préalablement trempée dans notre *Liqueur antimorveuse*, des piqûres dans la peau boursoufflée, et pressez fortement et plusieurs fois avec la main, jusqu'à ce que l'air soit complètement chassé et l'affection disparaîtra. Finissez le traitement par l'administration d'une pilule *Anticroupale* par jour pendant quatre ou cinq jours. Ce traitement est toujours suivi d'un plein succès.

X. La consomption.

Les *symptômes* de la consomption, appelée aussi *phthisie* et *tuberculose*, sont les suivants : De vieux pigeons et plus souvent de jeunes sujets, âgés de quelques semaines ou de quelques mois, se blottissent dans un coin du colombier, sont tristes, immobiles et ont les plumes hérissées ; ils deviennent extrêmement maigres et dépérissent à vue d'œil. La digestion ne se fait plus ; les aliments séjournent quelquefois durant plusieurs jours dans le jabot et il survient une diarrhée. Lorsqu'on distribue de la nourriture, les malades vont picorer quelques graines et retournent, à pas lents, vers le coin solitaire. Il survient très souvent un râlement chez le sujet ; la mue s'arrête, la faiblesse devient telle que les oiseaux se soutiennent à peine sur leurs pattes.

Causes : Tare héréditaire ; faiblesse congénitale occasionnée par suite d'unions consanguines répétées ou par les effets débilitants de l'influence du milieu ; privation de liberté ; défaut d'air pur et de mouvement ; nourriture insuffisante ou de mauvaise qualité ; indigestions prolongées ; le bacille de la tuberculose.

Traitement allopathique de la consomption.

Le premier point à examiner est de savoir si la digestion s'accomplit régulièrement. Le lendemain, si le jabot contient encore des aliments de la veille, c'est de ce côté que toute l'attention doit se porter, car les indigestions répétées peuvent être une cause de la consomption ; le jabot doit se vider. A ces fins, on enferme le sujet malade dans une cage portative, qu'on place dans un endroit bien aéré et sain, à l'abri des courants d'air. Laissez l'oiseau sans nourriture jusqu'à ce que le jabot soit vide. Quand ce résultat est obtenu, donnez-lui une pilule *Volatiline* matin et soir, pendant deux jours ; puis une pilule par jour pendant trois ou quatre jours. Administrez ensuite la pilule *Spéciale*, une par jour, pendant quatre ou cinq jours consécutifs. Si une amélioration se produit, réduisez la dose à une pilule tous les deux ou tous les trois jours jusqu'à rétablissement complet. Si la consomption ou la grande faiblesse était la suite de diphtérie, de muguet jaune, etc., remplacez la pilule spéciale par la pilule *Anticroupale* à la même dose.

Si l'oiseau ne mange pas, introduisez-lui dans son bec tous les jours quelques féveroles jusqu'à ce que l'appétit soit bon. C'est un excellent moyen pour obtenir un plein résultat.

Si la cause de la consomption peut être bien déterminée, on applique les remèdes indiqués pour la guérir.

S'agit-il d'une tuberculose qui provient d'une tare héréditaire, dans ce cas la guérison n'est guère possible.

Nous avons sauvé, par le traitement susdit, plusieurs pigeons de valeur, appartenant aux meilleurs amateurs du pays, ainsi que des coqs combattants, atteints de consomption.

Traitement homéopathique de la consomption.

Lorsque les pigeons, atteints de cette maladie, ont le plumage hérissé, font le gros dos, se réfugient dans un coin du colombier et y restent immobiles, sans appétit et avec augmentation de maigreur, il faut en rechercher les causes.

Si les malades ont les narines humides et les fientes vertes ou verdâtres, administrez *Mercurius solubilis* 6e, deux globules, deux fois par jour, pendant trois jours ; après un intervalle de deux jours donnez alternativement *China* 30e, deux globules le matin et *Carbo vegetabilis* 30e, deux globules le soir jusqu'à effet. Si l'on découvre dans la cavité buccale de petites fausses membranes, on administre *Phosphori acidum* 30ᵉ, deux globules matin et soir, jusqu'à disparition complète de ces fausses membranes. Si ces membranes n'existent pas et si l'appétit est faible, faites suivre *Calcarea carbonica* 30ᵉ, deux globules par jour, pendant quatre, cinq ou six jours, et puis le même médicament à la 100ᵉ dilution, deux globules par jour, jusqu'à guérison complète.

On nourrit les malades pendant les premiers jours avec du pain trempé, comme il est dit à la *Note particulière*.

S'agit-il d'un pigeon chez lequel, dès le début, on constate que les déjections sont liquides, aqueuses, donnez *Arsenicum album* 30ᵉ, deux globules, deux fois par jour, durant cinq ou six jours. Si *Arsenicum* produit un bon effet, continuez-en l'administration en diminuant la dose de moitié, jusqu'à entière guérison.

Ces prescriptions sont applicables aux gallinacés.

Maladies des voies digestives.

XI. Indigestion.

Il y a plusieurs causes qui produisent des indigestions chez les pigeons, notamment :

1º La mauvaise qualité de la nourriture ;

2º Les substances toxiques et vénéneuses ramassées aux champs ;

3º La bouillie alimentaire non utilisée après le terme d'incubation ;

4º La surcharge d'aliments dans le jabot ;

5º L'obstruction de la cavité thoracique ;

6º L'obstruction du gésier.

Traitement allopathique de l'indigestion.

L'indigestion, causée par des graines malpropres et moisies, ne réclame aucun soin médical immédiat. Il suffit, pour faire disparaître les maladies qui peuvent en résulter, d'en supprimer la cause et de donner une nourriture saine et de premier choix (¹).

Si l'indigestion est déterminée par des substances vénéneuses, on observe les instructions qui se trouvent sous la rubrique « *Empoisonnement aux champs* ».

Si c'est la bouillie alimentaire non utilisée qui produit l'indigestion, on suit les indications tracées sous la rubrique « *traitement allopathique de la pourriture du jabot* ».

L'indigestion, qui a pour cause la surcharge d'aliments, est dangereuse, voire même mortelle, si on n'y apporte un prompt remède. Il est imprudent de donner à un pigeon trop de nourriture ; tout ce qui dépasse la quantité rationnelle et de facile digestion est préjudiciable à sa santé. Les crises d'indigestions, souvent répétées, peuvent donner lieu à *des paralysies, des maladies du foie et à la consomption.* Beaucoup d'amateurs ignorent que, sur *dix maladies qui se déclarent* chez les pigeons, les *trois quarts* proviennent *d'indigestions.*

L'indigestion, par surcharge d'aliments, a son siége dans le jabot. Cet organe est démesurément rempli et distendu par les aliments qu'il contient. Les sucs gastriques sont insuffisants pour les ramollir ; le mal s'aggrave par le gonflement des graines et paralyse les muscles du jabot. Le malade reste immobile, triste, la tête courbée sous le poids insolite du jabot ; l'inertie ou la torpeur, dont le jabot est frappé, rend l'oiseau incapable de vomir. Lorsque cette poche n'est pas trop dilatée, on peut parfois sauver l'oiseau en lui faisant avaler une petite quantité d'huile d'olive et en comprimant le jabot de la main pour en expulser les graines qui s'y trouvent. Si ce moyen échoue, il ne reste plus qu'à pratiquer l'œsophagotomie. Cette opé-

---

(¹) Voir à la première partie le chapitre de « *La Nourriture* » (p.p. 57 et 58).

ration doit être faite de bonne heure, pour ne pas affaiblir davantage l'oiseau.

Exemple *d'œsophagotomie :*

En 1896, notre voisin, Mr A. Van Wynsberghe, nous apporta une belle et grande poule mourante. La crête et les muqueuses de la bouche étaient livides ; l'oiseau pouvait à peine se tenir debout. Le jabot était démesurément rempli et tendu ; il existait une *indigestion par surcharge* qui datait de cinq jours. En ouvrant le bec, il s'exhalait une odeur fétide ; la pauvre bête n'avait plus que quelques heures à vivre.

Nous pratiquâmes immédiatement l'*œsophagotomie* de la manière suivante : Nous arrachâmes prudemment les plumes de l'œsophage (jabot), et lavâmes la peau au moyen d'une solution de *Liqueur Van Swieten.* Ensuite nous pratiquâmes dans cette poche, à l'aide d'un bistouri, une incision qui nous permit de la vider complètement. Nous retirâmes des graines non digérées, des escarbilles, de petits morceaux de charbons, des feuilles et des herbes sèches qui couvraient la cavité thoracique, et quantité de matières corrompues et puantes. Lorsque la poche fut entièrement vidée, nous la lavâmes avec de l'eau tiède additionnée d'*acide phénique* à raison de 2 %, puis nous fermâmes la plaie au moyen de points de suture, comme il est dit à la page 322.

Le lendemain et les deux jours suivants, nous fîmes administrer une pilule *Secondaire* par jour et nourrir la poule avec du pain trempé dans moitié eau et lait. Il s'en suivit une guérison complète.

Il nous est arrivé de sauver maint pigeon de valeur par une opération analogue.

Pour une indigestion ordinaire, sans autre symptôme de maladie, laissez le pigeon sans nourriture jusqu'à ce que le jabot soit entièrement vide. Nourrissez-le alors pendant un jour avec du pain trempé dans moitié eau et lait. Le lendemain servez de petites graines et relevez les forces digestives par l'administration de la *Volatiline*, une pilule matin et soir, pendant deux jours et finissez par une pilule *Spéciale* par jour jusqu'à guérison complète.

En règle générale, quand le lendemain matin le jabot n'est pas vide, ne donnez aucune nourriture jusqu'à ce que la digestion soit complète.

Indigestion par obstruction de la cavité thoracique.

Nous avons constaté chez un pigeon le cas suivant :

Le jabot du volatile était rempli d'eau et ne digérait pas.

En tenant le pigeon avec la tête en bas, l'eau s'écoulait du jabot. Mais il y avait obstruction dans la cavité thoracique. Pour la faire disparaître nous administrâmes deux jours de suite, chaque fois le matin, une pilule *Débutante*. Ce médicament ne produisit aucun effet. L'oiseau gagna un asthme et mourut de faiblesse.

L'autopsie révéla la présence d'une grosse féverole et d'autres aliments, *bouchant complètement la cavité thoracique* au point que ni nourriture ni boisson ne pouvaient descendre et arriver jusqu'au ventricule succenturié et au gésier. C'était la cause de sa mort.

L'œsophagotomie seule aurait pu sauver le pigeon.

Un amateur d'Oostroosebeke nous apporta naguère un pigeon ayant le jabot rempli de fils de jute qu'il avait tiré avec son bec d'un ballot renfermant du *nitrate de soude* et avalé. Ces corps étrangers obstruèrent la cavité thoracique au point que l'oiseau était condamné à périr.

Nous prâtiquâmes l'œsophagotomie de la manière indiquée à la page 340 et comme nourriture nous donnâmes les deux premiers jours du pain trempé dans du lait, puis de petites graines et deux pilules *Anticroupales* par jour. La guérison était complète.

Ces cas sont restés inobservés par les auteurs qui nous ont précédé.

Indigestion par l'obstruction du gésier.

Nous avons noté un fait extraordinaire qui, sans doute, n'a été observé par personne jusqu'ici. Aucune mention n'en a été faite dans les ouvrages sur les volailles.

Un pigeon de valeur de notre colombier ne mangeai plus ; il était triste, sans énergie et devenait excessivement maigre. D'après notre diagnostic expérimental, il ne prét sentait aucune trace de maladie : les narines seulement étaient un peu humides.

Nous administrâmes des pilules *Débutante*, des *Secondaire*, des *Volatiline* et des *Spéciale*, sans obtenir le moindre résultat. Nous eûmes en vain recours à la médication homéopathique, rien ne put sauver notre cher volatile qui dépérit et mourut.

A l'autopsie, nous trouvâmes le gésier *rempli de cailloux blancs*, à tel point que l'introduction d'une graine quelconque était devenue impossible. L'obstruction du gésier était donc la cause de la mort de notre oiseau.

Les petits cailloux avaient été ramassés à notre colombier même ; ils se trouvaient mélangés avec des vesces.

Il résulte de ce qui précède, que les substances indispensables aux fonctions digestives des pigeons qu'on met à leur portée, ne doivent pas contenir des *corps durs insolubles*. Par mesure de prudence, les amateurs doivent examiner attentivement les graines avant de les distribuer à leurs oiseaux chéris, et enlever les petits cailloux qu'on y trouve parfois. Il vaut encore mieux de ne pas se servir de pareille nourriture.

En suivant notre conseil, on ne s'exposera pas au contretemps fâcheux qui nous est arrivé.

Voici un autre cas :

Mr V. Portois-Dopchie, amateur colombophile compétent et très distingué à Renaix, nous fit connaître naguère que deux de ses pigeons, de grande valeur, avaient ramassé des scories à la cour de son établissement industriel et que ces corps étrangers avaient amené une obstruction du gésier. Les sujets ne mangeaient plus et menaçaient de dépérir.

Mr Portois nous consulta à ce sujet. Il avait eu la bonne idée d'administrer à ses malades un peu d'huile d'olive deux ou trois fois par jour. Nous approuvâmes entièrement son traitement et l'engageâmes à le continuer pendant plusieurs jours et à administrer, par après, quelques unes de nos pilules *Spéciale*. Il le fit avec plein succès. Par l'action de l'huile les matières obstruant le gésier furent évacuées par le rectum et ses pigeons furent sauvés.

Entretemps Mr Portois les avait nourris d'abord avec un jaune d'œuf cru, mêlé à la mie de pain ; plus tard avec de petites graines dont il augmentait progressivement la quantité et, au moyen de ce traitement si simple, la santé la plus parfaite est revenue chez ces chers volatiles.

Mr Portois a rendu un service réel à la colombophilie en nous signalant ce cas dont, au besoin, nos lecteurs sauront profiter.

Traitement homéopathique de l'indigestion.

Pour le cas d'indigestion par surcharge d'aliments, sans autres symptômes de maladie, si l'expulsion des graines ou *l'œsophagotomie* ne sont pas jugées nécessaires, malaxez le jabot et administrez aux oiseaux deux globules *Nux vomica* 30°, matin, midi et soir, jusqu'à ce que le jabot soit vide ; faites suivre *Sulfur* 30°, deux globules matin et soir, pendant trois jours. Après un intervalle de six jours, donnez, pour achever la cure, *Calcarea carbonica* 30°, deux globules matin et soir, pendant quatre ou cinq jours.

Du moment que le jabot est vide, nourrissez pendant un jour avec du pain trempé. (Voir la *Note particulière*).

S'il s'agit d'une indigestion occasionnée par la mauvaise qualité de la nourriture, par une atonie ou un catarrhe des voies digestives, ou lorsque le pigeon fait des efforts pour vomir, donnez *Ipéca* 6e, deux globules matin, midi et soir, jusqu'à parfait rétablissement.

XII. Pourriture du jabot.

La pourriture du jabot est une maladie qui ne se rencontre que chez les pigeons nourriciers.

Causes. Ainsi que nous l'avons déjà dit, les pigeonneaux sont nourris, les premiers jours de leur existence, avec une bouillie alimentaire secrétée par les follicules muqueux qui tapissent les parois du jabot. Si, par suite de la substitution d'œufs artificiels, de la non éclosion d'œufs naturels, ou de la mort des pigeonneaux, la bouillie ne peut être utilisée, il se produit parfois une inflammation dans cette poche ; alors, très souvent la bouillie secrétée devient purulente ou se transforme en grumeaux qui durcissent et qui empêchent la macération des aliments. Le jabot se gonfle, il se produit de l'asthme et *une indigestion mortelle* en est souvent la suite. En ouvrant le bec, on sent une odeur fétide ; l'oiseau ne mange plus, il languit et succombe.

Traitement allopathique de la pourriture du jabot.

Au début on peut guérir cette affection sans médicaments, en donnant aux nourriciers, privés de leurs petits, d'autres nourrissons. Ce procédé est généralement mis en pratique par tous les colombophiles, et pour ce motif la pourriture du jabot ne se déclare presque jamais dans les colombiers bien tenus.

Quand les parents n'ont pas de petits à élever, soit à cause que les œufs n'éclosent point ou qu'ils couvent des artificiels, généralement ils mangent peu ou point, et par cette diète la bouillie disparaît naturellement sans occasionner des indispositions.

Lorsque la bouillie ne disparaît pas de cette manière et rend les couveurs malades, séquestrez les immédiatement et laissez-les sans la moindre nourriture pendant un ou deux jours. Après cette diète, administrez-leur une pilule *Débutante* suivie, le lendemain, d'une pilule *Secondaire* et nourrissez comme il est dit à la *Note particulière.* Si le mal est très avancé, au point de produire de l'asthme ; si les graines et les grumeaux ne sont plus digérés par suite d'une indigestion grave et s'il s'exhale, lorsqu'on ouvre le bec du pigeon, une odeur fétide, recourez immédiatement à l'œsphagotomie, dans le sens indiqué à la page 340, ou bien tâchez de sauver les volatiles en expulsant par le bec les graines que le jabot renferme. Citons un exemple :

Un ami nous envoya naguère un pigeon atteint d'indigestion et d'asthme léger par suite de la pourriture du jabot.

Le jabot était rempli de féveroles depuis plus de trois jours. En ouvrant le bec il s'exhalait une odeur fétide insupportable. La paralysie des muscles du jabot était complète. Il fallait choisir entre l'expulsion des graines par le bec ou l'œsophagotomie.

Nous avons eu recours au premier moyen. Les graines expulsées étaient mélangées avec des grumeaux de bouillie alimentaire puants. Le jabot étant vidé, nous administrâmes une pilule *Antidiphtérique.* Le lendemain et les trois jours suivants, nous fîmes suivre une pilule *Anticroupale,* chaque fois le matin, et rendîmes la nourriture graduellement plus azotée.

Après le cinquième jour l'oiseau fut complètement guéri.

Traitement homéophatique de la pourriture du jabot.

Recourez sans délai à l'expulsion des graines ou à *l'œsophagotomie* comme il est dit au traitement allopathique.

Si vous jugez que les grumeaux durcis peuvent être digérés et disparaître sans opérations, laissez le malade sans nourriture jusqu'à ce que ce résultat soit obtenu.

Ayez soin de donner alternativement, dès le premier jour, pendant trois jours consécutifs, *Mercurius solubilis* 30° deux globules le matin et *Sulfur* 30° deux globules vers le soir.

Lorsque le jabot est vide, nourrissez pendant un jour avec du pain trempé et ensuite avec des graines variées.

S'il y a asthme et exhalaison fétide, donnez dès le début *Arsenicum album* 30°, deux globules matin, midi en soir, jusqu'à effet.

XIII. La diarrhée. — L'entérite.

Les jeunes pigeons sont plus fréquemment atteints de diarrhée que les vieux sujets ; ils succombent à cette maladie ou ils restent longtemps faibles et chétifs.

Causes : Le brusque changement de régime, une nourriture humide, moisie et débilitante, les sels toxiques et les graines nouvelles ramassées aux champs, les indigestions souvent répétées, le froid, les courants d'air, un colombier malpropre et humide.

Symptômes. Les pigeons sont abattus et font le gros dos ; ils ont les plumes hérissées et les pattes froides.

Traitement allopathique de la diarrhée.

Les premiers soins consistent à faire disparaître les diverses causes déterminantes énumérées ci-dessus. La diarrhée envahit-elle tous les sujets d'un colombier, il faut l'attribuer à une cause générale, résidant ordinairement dans une alimentation trop abondante ou de mauvaise qualité ; dans ce cas, remplacez-la par une nourriture saine, choisie et variée, telle qu'un mélange de lentilles, de riz, de millet, de froment. Limitez la nourriture au strict nécessaire et instituez le traitement suivant : Laissez les malades à la diète pendant un jour ; le lendemain administrez leur une pilule *Débutante* et les deux ou trois jours suivants, chaque fois le matin, une pilule *Secondaire*. Faites suivre au besoin la *Volatiline*, une pilule par jour jusqu'à guérison complète.

Si la diarrhée est causeé par des indigestions chez un pigeon adulte et solide, supprimez toute nourriture jusqu'à ce que le jabot soit vide ; administrez-lui alors à la même dose que ci-dessus les pilules *Débutante, Secondaire* et *Volatiline*, jusqu'à parfait rétablissement.

La diarrhée se déclare aussi par suite d'une inflammation intestinale (entérite). Elle se caractérise par des déjections aqueuses et fétides. On la combat par l'administration, le matin à jabot vide, de deux capsules *d'huile de ricin* par jour jusqu'à plein effet. Attendez chaque fois quatre ou cinq heures avant de nourrir. Donnez de la mie de pain trempée dans moitié eau et lait ou bien dans une décoction d'orge perlé. Si l'oiseau ne prend pas cette nourriture, introduisez-lui toutes les deux heures quelques miettes dans son bec, tant que l'huile de ricin doit être administrée.

Si la diarrhée n'existe plus, donnez de petites graines à manger et augmentez progressivement la quantité. A partir de ce moment administrez au pigeon une pilule *Volatiline* par jour, pendant trois ou quatre jours, puis une pilule *Anticroupale* par jour, jusqu'à guérison complète.

S'il y a excès de bile, ou si les déjections sont liquides et vertes, on combat efficacement cette diarrhée par la pilule *Débutante*, une par jour, donnée le matin à jeun et à jabot vide, deux jours consécutifs. Le lendemain et les jours suivants, on administre les pilules *Secondaire* et *Volatiline* comme il est dit plus haut.

La diarrhée peut provenir d'un excès d'acide urique ou

d'un excès de substances calcaires ingérées. Dans ce cas les déjections sont glaireuses, blanchâtres, semblables à du lait caillé. Cette maladie se déclare généralement parmi les jeunes pigeons ; ils portent souvent, en même temps, une pierre au pourtour de l'anus. Nous parlons de cette maladie sous la rubrique « *Pierre au pourtour de l'anus* ».

On suit les mêmes indications pour les gallinacés en général.

Traitement homéopathique de la diarrhée.

Si la diarrhée est aqueuse et survient par suite d'indigestion ou d'une nourriture malsaine, administrez *Veratrum album* 30e, deux globules matin et soir, jusqu'à effet.

S'agit-il d'une diarrhée aqueuse et bilieuse, qu'on reconnaît aux excréments de couleur verte, ou si les matières fécales sont sanguinolentes, donnez *Mercurius solubilis* 6e, deux globules deux fois par jour, pendant trois ou quatre jours. Si, après un intervalle de deux jours, l'effet voulu n'est pas obtenu, continuez le même médicament à la dose de deux globules par jour jusqu'à guérison. Si alors il y avait absence d'appétit, faites suivre *Sulfur* 30e, deux globules deux fois par jour pendant trois ou quatre jours. Après un intervalle de six ou huit jours, donnez *Calcarea carbonica* 30e et 100e de la manière indiquée à la page 333.

Si la nourriture n'est pas digérée et retrouvée dans les selles, donnez *China* 30e, deux globules matin et soir, jusqu'à effet.

Les déjections sont-elles aqueuses, fétides, occasionnées par une entérite et si le sujet présente de l'abattement, administrez *Arsenicum album* 6e, deux globules deux fois par jour, pendant trois jours. Diminuez alors la dose de moitié et continuez-la jusqu'à parfait rétablissement. Finissez le traitement par *Calcarea carbonica* 30e et 100e, comme il est dit plus haut.

Si la diarrhée est glaireuse et blanchâtre ou revêt une forme chronique, donnez *Ipéca* 6ᵉ, deux globules matin et soir, pendant cinq ou six jours, puis faites suivre *Calcarea carbonica* 30ᵉ et 100ᵉ à la dose indiquée plus haut, jusqu'à guérison complète.

La diarrhée est elle aqueuse avec complication de morve, donnez alternativement *Mercurius solubilis* 6ᵉ deux globules le matin et *Arsenicum album* 6ᵉ, deux globules le soir jusqu'à plein effet.

Avec ces diverses prescriptions, nous avons obtenu d'excellents résultats chez les pigeons et la volaille en général.

XIV. Diarrhée chez les pigeonneaux au nid.

TRAITEMENT SPÉCIAL.

Cette affection a pour cause déterminante le *froid* et l'*indigestion*.

A. LE FROID.

Si les pigeonneaux sont abandonnés par leurs parents, alors que la température est froide, ou s'ils sont logés dans un endroit où il y a des vents froids humides et des courants d'air, il survient généralement une diarrhée.

On remédie à cet état de choses, en confiant les petits à des nourriciers qui ont des jeunes éclos depuis un ou deux jours. Les parents adoptifs les réchauffent dans le nid et la bouillie alimentaire qu'ils reçoivent est la médecine par excellence pour ces petits êtres.

B. L'INDIGESTION.

Les petits reçoivent une nourriture trop forte et trop abondante, et ne peuvent la digérer. Après chaque distribution de nourriture, les parents les gorgent de nouveau ; le jabot s'emplit davantage, la digestion devient impossible, il en résulte généralement une *entérite*. Les déjections liquides et fétides sont répandues autour du nid ; les pigeonneaux le quittent, salis et excessivement maigres ; ils ont l'air de vieillards et, bien que le jabot soit rempli d'aliments, ils paraissent affamés.

Voici le traitement à suivre :

Supprimez la cause de la diarrhée par un changement complet d'alimentation ; remplacez la nourriture forte et lourde par de petites graines, en petite quantité.

Enlevez les petits malades du nid, tenez-les bien chaud, et laissez-lez sans la moindre nourriture jusqu'à ce que le jabot soit vide.

La cause déterminante, *l'indigestion*, n'existant plus, confiez-lez alors, ci c'est possible, à de bons nourriciers comme dans le cas de diarrhée causée par *le froid*.

Nettoyez tous les jours la case de ces volatiles au moyen de *Sulfure de chaux liquide*, et donnez chaque fois un nid propre, rempli de paille bien fraîche et froissée. Au besoin, traitez-les *allopathiquement* comme suit :

S'il s'agit de pigeonneaux âgés de plus de vingt jours, donnez-leur, tous les jours, une pilule *Anticroupale*, jusqu'à guérison, ou bien *homéopathiquement Ipéca* 6ᵉ, un globule matin et soir, pendant trois ou quatre jours. Ensuite faites suivre *Calcarea carbonica* 30ᵉ, deux globules par jour, pendant deux ou trois jours ; puis le même médicament à la 100ᵉ *dilution*, deux globules par jour, jusqu'à complète guérison. Neuf fois sur dix, les pigeonneaux deviendront gros, gras et bien portants. Ces médicaments produisent le plus souvent des effets admirables.

XV. Maladie du foie et maladie bilieuse.

Bien que ces deux maladies n'en forment qu'une seule, la maladie bilieuse, étant une émanation de la maladie du foie, nous croyons cependant utile d'en parler séparément.

Ces maladies, restées inobservées chez la plupart des auteurs, ont été décrites dans notre ouvrage flamand

« *De Duivenliefhebberij* », paru en 1891 (p. 205 et suivantes).

MM. Pelletan, — Dr Chapuis, — Marique (*alias* Dr Riga), qui, eux aussi, se sont occupés, dans leurs ouvrages respectifs, des maladies des pigeons, n'ont, à notre grand étonnement, rien dit au sujet de la maladie du foie chez les volailles. Cette affection est cependant très commune et beaucoup d'oiseaux y succombent.

A. Maladie du foie.

CAUSES : L'excès de nourriture ; l'état pléthorique des sujets trop gras ; des indigestions répétées, une alimentation trop peu variée.

SYMPTÔMES : Les pigeons, atteints de maladie du foie, éternuent parfois au début comme les pigeons morveux ; ils recherchent la solitude, maigrissent à vue d'œil, se tiennent debout le dos voûté ; il y a inappétence, digestion laborieuse et parfois râlement ou asthme ; les excréments sont verts ou verdâtres ; ils ont des battements anormaux du cœur et le corps est froid.

Quand le mal n'est pas chronique, ou que le foie n'est pas rempli de sang outre mesure, on guérit les oiseaux par les remèdes suivants :

Traitement allopathique de la maladie du foie.

Administrez aux malades, suivant leurs forces, pendant deux jours consécutifs, chaque fois le matin, à jeun et à jabot vide, une pilule *Débutante*. Faites suivre une pilule *Secondaire* chaque fois le matin à jeun, pendant trois ou quatre jours. Et comme remède final, administrez la *Volatiline*, une pilule par jour, pendant deux jours, puis donnez le même médicament tous les deux ou trois jours, jusqu'à guérison complète. Quand à la nourriture, suivez les indications de la *Note particulière* (p. 303).

Traitement homéopathique de la maladie du foie.

Le médicament indiqué est *Mercurius solubilis* 6ᵉ, deux globules, deux fois par jour, pendant trois jours, notamment lorsque les déjections sont vertes. Si après un intervalle de deux jours, il ne se produit pas un mieux, alternez *Mercurius solubilis* 6ᵉ avec *China* 6ᵉ. Donnez deux globules du premier médicament le matin, et deux globules de l'autre le soir, jusqu'à effet. Si vous n'obtenez pas l'effet désiré, et que la maladie devient chronique, faites suivre *Lycopodium* 30ᵉ, deux globules matin et soir jusqu'à guérison, laissant, au moment de la convalescence, des intervalles de deux jours. S'il y a une dégénérescence graisseuse du foie, administrez *Phosphorus* 30ᵉ, deux globules matin et soir, jusqu'à guérison. Si le sujet, atteint de cette maladie, a le ventre gonflé ou une soif ardente, remplacez Phosphorus par *Arsenicum album* 6ᵉ, en laissant de temps à autre un intervalle de deux ou trois jours.

Finalement, si on n'obtient pas une guérison complète, et, si l'on remarque que les narines restent humides, donnez *Cyanure de mercure* 6ᵉ, deux globules, deux fois par jour, pendant trois jours, puis laissez des intervalles comme il est dit sous la rubrique « *la morve* » à la page 309, et continuez jusqu'à effet.

Nous avons obtenu de belles cures complètes par les deux systèmes allopathique et homéopathique, tant chez les coqs de joûte que chez les pigeons.

En 1888, nous reçûmes la visite de M. Jules Cras, de Waereghem ; nous lui montrâmes un pigeon ayant une maladie du foie à un très haut degré ; n'ayant jamais entendu parler de cette maladie, il ne pouvait y croire. Pour prouver à M. Cras que notre diagnostic était juste, nous tuâmes le pigeon en sa présence. L'autopsie nous fit voir le foie hypertrophié et gorgé de sang. Nous sacrifiâmes, en même temps, un pigeon sain, et nous trouvâmes le foie d'un volume normal et de coloration jaune d'ocre, comme il le faut à l'état de parfaite santé (¹).

B. Maladie bilieuse.

Aux diverses autopsies que nous avons pratiquées, nous n'avons jamais trouvé chez les pigeons de vésicule biliaire, ce qui nous prouve que ces oiseaux n'en possèdent pas. *Causes et symptômes :* Les pigeons et les gallinacés peuvent être gravement atteints d'une maladie bilieuse, suite d'excès de bile sécrétée par le foie et répandue par tout le corps. La réplétion biliaire peut engendrer une infection du sang, des polypes, des arthrites, des paralysies et une foule d'autres maladies.

Très souvent, la bile s'accumule en abondance dans le jabot des pigeons et les fonctions digestives sont totalement suspendues. Ils tiennent le bec ouvert, et à chaque respiration ils font entendre un léger râle plaintif; toutes les fonctions du corps paraissent paralysées. Le liquide bilieux, que l'œsophage renferme, est excessivement fétide et peut provoquer, à chaque instant, la mort par asphyxie.

Les excréments sont verts ou verdâtres.

Traitement allopathique de la maladie bilieuse.

Si la cause déterminante est un liquide bilieux et fétide accumulé dans le jabot, avec ou sans asthme, on peut, au début, sauver les pigeons par *l'œsophagotomie* pratiquée dans le sens indiqué à la page 340 ou bien on doit laisser le sujet sans nourriture ni boisson, jusqu'à ce que le jabot soit vide. Ce résultat obtenu on administre le lendemain les pilules *Débutante*, *Secondaire* et *Volatiline* de la manière indiquée pour la maladie du foie.

(¹) Quand nous faisons des autopsies, nous sacrifions généralement un pigeon sain, afin de pouvoir comparer.

Traitement homéopathique de la maladie bilieuse.

Si les narines sont humides ou les fientes vertes, administrez les médicaments indiqués pour le traitement homéopathique de la maladie du foie.

Si la maladie bilieuse fait naître une *inflammation des voies respiratoires,* avec asthme, administrez *Ipéca* 6e, deux globules matin, midi et soir, jusqu'à bon résultat.

S'il y a abondance de bile fétide accumulée dans le jabot, avec asthme, au point que sous le poids de ce liquide indigeste et lourd, le pigeon tient la tête baissée, ce qui peut provoquer à chaque instant la mort par asphyxie, il y a lieu de recourir à l'*œsophagotomie,* ou bien de suivre le traitement suivant :

Laissez le malade sans nourriture ni boisson. Administrez, dès le premier jour, *Ipéca* 6e, deux globules matin, midi et soir, jusqu'à ce que le jabot soit totalement vide. Si les symptômes l'exigent, faites suivre *Mercurius solubilis, China, Sulfur,* et au besoin *Cyanure de mercure,* de la manière indiquée plus haut.

Pour la diarrhée bilieuse, nourrissez le premier jour avec du pain trempé et les jours suivants avec de petites graines jusqu'à ce que les forces soient revenues.

MALADIES DIVERSES.

XVI. Arthrite ou maladie de l'aile.

L'arthrite ou la maladie de l'aile, très fréquente chez les pigeons voyageurs, est sans contredit la plus redoutable qu'un amateur puisse rencontrer, parce que ses oiseaux chéris, aujourd'hui en bonne santé, ont demain leurs moyens de locomotion complètement paralysés ; ils ne peuvent plus atteindre leur case. Cette affection se manifeste sous plusieurs formes. Nous avons vu des pigeons paraly-

sés, ayant les deux ailes rigides, sans tumeurs ou engorge-
ments ; d'autres, et c'est le cas le plus général, ont ou
gagnent une tumeur à l'articulation de l'une des ailes. Cette
aile traîne plus ou moins ; le mal s'aggrave, la tumeur
augmente assez rapidement. Quand on l'ouvre on y trouve
un liquide transparent, visqueux et jaunâtre. Sans remèdes prompts et efficaces, ils dépérissent et succombent.

L'*hérédité* est une des causes principales de la maladie
de l'aile.

Congrès colombophile de Gand.

Au Congrès colombophile qui eut lieu à Gand, le 23 janvier 1876, sous les auspices de la société colombophile
« *Union et liberté*, nous eûmes l'honneur de communiquer
une dissertation sur la maladie de l'aile ; nous en reprodui-
sons, ci-après, les passages les plus intéressants :

« Je n'avais jamais eu de pigeons atteints de la maladie de
l'aile, quand, vers le mois d'octobre dernier, je remarquai
qu'un de mes volatiles avait l'aile traînante, qu'il était
triste et se tenait blotti dans un coin du pigeonnier.

Recherchant le siége du mal, je constatai au-dessous
et dans les articulations de l'aile, une chaleur plus prononcée et un tremblement nerveux accompagné d'un vif
battement des petites artères. Il y avait absence de tumeur
et d'engorgement. Le pigeon avait fait une mue parfaite
et avait joui jusqu'alors d'une excellente santé : c'était un
jeune pigeon très bien venu, né au mois d'avril de l'année
1874, qui n'avait fait que les étapes de Clermont (178
kilom.) et de Paris (232 kilom.) et qui avait remporté un
prix à chacun de ces concours. La cause n'était donc pas
attribuable à un excès de fatigue, ni à la nourriture qui
avait été saine et choisie. Les soins hygiéniques n'avaient
pas fait défaut à mon colombier, qui est bien aéré et spacieux ; il n'y avait pas eu le moindre épuisement chez ce
volatile, puisqu'il n'avait élevé qu'un seul jeune.

Quelle était la cause du mal qui avait amené la paralysie d'une aile ?

Me fondant sur cette vérité incontestable, que les facultés physiques et morales se transmettent par la génération, et sachant que la mère de mon sujet avait plusieurs fois été atteinte de la maladie de l'aile, je n'hésitai pas un instant de croire à l'hérédité de cette cruelle affection.

Voici ce qui me confirma dans mon opinion :

Un mois après la constatation du cas dont je viens de vous entretenir, la sœur du sujet malade gagna à son tour le même mal, avec des symptômes tout à fait identiques.

Mʳ Paul Reyntjens, amateur distingué à Harlebeke, qui, pas plus que moi, n'avait eu jusqu'alors aucun pigeon atteint de cette affection, avait reçu deux jeunes issus du fils de la même femelle dont provenaient mes sujets malades ; ces jeunes pigeons gagnèrent également la maladie de l'aile. Il était dès lors évident qu'il y avait transmission héréditaire. En effet, si cette maladie ne se transmettait pas par hérédité, elle n'aurait pas attaqué exclusivement les quatre jeunes de la même mère, qui se trouvaient dans deux colombiers différents, peuplés chacun de plus de cinquante pigeons.

Mʳ Th. Claes-Duparcq, colombophile distingué à Gand, qui avait eu l'amabilité de me donner la femelle dont il s'agit, m'a affirmé qu'il a eu deux jeunes de la même mère, qui, eux aussi, après avoir excessivement bien voyagé, gagnèrent la maladie de l'aile.

En présence de ces faits exacts et concordants, le doute n'est plus admissible. Le mal est héréditaire. »

Nos observations constantes, depuis 1876, sont venues confirmer notre conviction première. La cause principale de la *vraie maladie de l'aile* est la transmission par *hérédité*.

Par hérédité, nous n'entendons pas dire que le microbe de l'arthrite suppurée est transmis congénitalement tout comme dans la tuberculose humaine où l'hérédité est admise par tout le monde ; l'enfant ne nait ordinairement pas tuberculeux, n'a pas le mal en lui, mais nait prédisposé, c'est-à-dire qu'il a un point faible dans l'organisme qui le prédispose au mal de ses parents, mal qui se développera à la moindre occasion, une des *causes accidentelles* décrites ci-après, pour en revenir aux pigeons. Ces causes n'auraient eu aucune conséquence chez le sujet sain, mais chez le sujet prédisposé cela suffit pour faire éclore la maladie.

C'est donc bien *l'hérédité* qui est la cause vraie et ces accidents en sont l'occasion.

Cependant, si par une *cause accidentelle* un pigeon est atteint d'une maladie d'aile, ce volatile peut, après guérison radicale, être accouplé avec une femelle saine et robuste qui ne porte aucun germe héréditaire de maladie d'aile. On pourra en obtenir de bons produits, exempts par génération de toute transmission de cette maladie.

Causes accidentelles.

1º *L'éreintement par suite de voyages ardus et multiples.*

Nous avons vu souvent d'excellents pigeons voyageurs gagner des maladies de l'aile quelques semaines après leur rentrée d'un voyage lointain et ardu. C'est particulièrement vers l'époque de la mue que les conséquences du surmenage ou d'excès de fatigue se manifestent chez les pigeons. Les grandes pennes tombent irrégulièrement et difficilement ; une maladie de l'aile en est ordinairement la suite.

2º *Les indigestions répétées.*

On trouve parfois des pigeons chez lesquels la digestion ne s'opère pas régulièrement à cause d'une nourriture trop azotée et trop abondante ; le lendemain, et quelquefois le surlendemain, les aliments séjournent encore dans le jabot ; les indigestions se répètent et donnent lieu à un vice du sang, à une maladie bilieuse ou du foie et engendrent des paralysies, des arthrites de l'aile ou de la patte.

3° *Les pontes trop souvent répétées.*

Nous avons établi au chapitre de « *l'élevage des pigeons* » (p. 142), que les pontes trop rapprochées occasionnent, chez les femelles, des *paralysies* des ailes et des pattes et qu'on les expose à une inflammation de l'oviducte ; nous avons indiqué les moyens d'éviter ces affections.

4° *Les accouplements précoces et l'excès de reproduction.*

De jeunes pigeons appariés, élevant des jeunes, alors que respectivement ils ne sont âgés que de quelques mois, s'affaiblissent le plus souvent au point de devenir paralytiques. Les excès génésiques conduisent inévitablement à l'épuisement ; une mue irrégulière et difficile s'en suit et engendre des maladies de l'aile.

5° *La reclusion prolongée.*

Les pigeons longtemps reclus dans un colombier étroit, mal aéré, et privés d'exercice, s'affaiblissent lentement, deviennent anémiques et malades au point de ne plus pouvoir reproduire des jeunes de valeur et, en outre, ne pouvant se servir de leurs ailes, ils gagnent généralement des raideurs ou des paralysies.

6° *Le froid, l'humidité et les courants d'air.*

Un brusque changement de température, les grands froids, la pluie persistante, l'humidité du colombier et les vents-cpoulis peuvent amener des paralysies et des boiteries chez les pigeons.

Traitement allopathique de la maladie de l'aile.

Lorsqu'une maladie de l'aile se déclare chez un pigeon, on le met dans une *cage portative*. On place cette cage dans un endroit bien aéré et sec, à l'abri des courants d'air. Pendant l'hiver ou lorsqu'il fait froid, le pigeon malade doit être soigné dans une place chauffée.

S'il ne s'agit que d'un engorgement sans tumeur, ou d'une simple *raideur des membres*, paralysant ses moyens de locomotion, on l'enraye souvent en administrant, d'après les forces du sujet, pendant un ou deux jours consécutifs, à jeun et à jabot vide, une pilule *Arthritique* n° 1. Le lendemain et les trois ou quatre jours suivants, on donne une pilule *Arthritique* n° 2, chaque fois le matin, à jabot vide. On nourrit d'après les indications de la *Note particulière*. On fait suivre la pilule *Arthritique* n° 3, une par jour, pendant cinq ou six jours. Si, avec les médicaments ci-dessus, l'engorgement ne disparaît pas, il se produit alors généralement une *tumeur molle* sur l'articulation, siège de la maladie. Au début, la tumeur est remplie d'un sang vicié qui se transforme en muco-pus ou liquide visqueux. Si la peau est fortement distendue, transparente et légèrement bleuâtre, ce qui indique une maturité suffisante, il faut l'ouvrir au moyen d'une lancette ou d'un bistouri pour faire sortir le liquide, en ayant bien soin de ne pas blesser l'articulation (¹). Si, plus tard, la tumeur s'emplit de nouveau, on la rouvre jusqu'à ce que le muco-pus ne reparaisse plus. Entretemps on continue à administrer la pilule *Arthritique* n° 3, à la dose d'une pilule tous les deux jours et plus tard tous les trois jours jusqu'à effet.

Il est permis d'alterner, une fois par semaine, une pilule *Arthritique* n° 2 avec la pilule n° 3. Plonger parfois l'arthrite de l'aile suppurée, pendant quatre ou cinq minutes, dans un bain d'eau de son tiède, est très recommandable.

(¹) Tenez la petite plaie ouverte aussi longtemps que possible pour éviter de nouvelles incisions. Ne négligez pas de masser légèrement une ou deux fois par jour les bras et avant-bras des ailes en ayant soin de ne pas toucher les parties tuméfiées. Il est recommandable de placer plus tard l'oiseau dans un compartiment où il peut se mouvoir librement, battre les ailes et se percher. Ce procédé agit favorablement sur le moral du pigeon, prévient l'engourdissement des membres et favorise la digestion.

Quand la tumeur molle n'existe plus, il reste généralement une grosseur dure à l'articulation. Celle-ci disparaît
presque toujours naturellement lorsque la santé du pigeon
est totalement revenue et que la mue s'achève régulièrement.

Pour faciliter la disparition de la tumeur dure, on peut,
après la cicatrisation et la guérison de la plaie, la badigeonner une fois par jour, pendant trois ou quatre jours
avec de la *Teinture d'iode*, ou bien y appliquer quelques
points ou lignes de feu, au moyen d'une grosse aiguille à
tricoter rougie. Par ces remèdes, nous avons guéri un
grand nombre de bons pigeons.

Des cas peuvent se présenter où, après le traitement
susdit, il faille recourir au système homéopathique pour
obtenir une cure radicale.

Remarque essentielle : Lorsqu'un pigeon malade est
enfermé dans une cage portative pour être soigné, il est
utile, chaque fois qu'on le prend en main, de faire un léger
massage et de lui faire battre les ailes ; cet exercice
prévient l'engourdissement des membres et favorise la
digestion.

Traitement homéopathique de la maladie de l'aile.

Pour les cas de raideur ou d'engorgement d'une ou des
deux ailes, donnez au pigeon *Mercurius solubilis* 6e, deux
globules le matin et *Belladone* 6e, deux globules le soir ;
continuez ce traitement alternatif pendant quatre ou cinq
jours. Si après trois jours d'intervalle la raideur ou l'engorgement n'est pas enrayé, donnez *Cyanure de mercure* 6e,
trois globules par jour chaque fois le matin jusqu'à plein
effet. Si au contraire il se produit une tumeur molle sur
une des articulations, ouvrez la tumeur de la manière
indiquée pour le traitement allopathique jusqu'à ce que
la purulence ait disparue. Entretemps donnez alternati-

vement les médicaments suivants : durant trois ou quatre jours *Sulfur* 30e, deux globules le matin et *China* 30e, deux globules le soir. Après un intervalle de cinq jours, donnez *Sulfur* 30e seul, trois globules par jour, chaque fois le matin, pendant trois jours consécutifs. Si après un nouvel intervalle de cinq jours, vous constatez que la suppuration ne tarit point, ce qui indique un cas grave, continuez à ouvrir la tumeur pour faire sortir le muco-pus et administrez : *Sélicia* 6e deux globules matin et soir pendant cinq ou six jours, puis le même médicament à la 100e dilution et au besoin à la 200e dilution, jusqu'à ce que la tumeur ne contienne plus de muco-pus.

Huit jours plus tard, finissez le traitement par *Calcarea carbonica* 30e, deux globules matin et soir pendant quatre ou cinq jours consécutifs. Après un intervalle de trois ou quatre jours, donnez le même médicament à la 100e dilution, deux globules par jour, pendant huit jours. Continuez au besoin ce médicament à la dose de deux globules par jour, tous les deux ou trois jours, jusqu'à ce que l'oiseau soit complètement guéri, fort et vigoureux.

Il se peut qu'un pigeon, atteint de la maladie de l'aile, guérisse sans médicaments ; cela arrive le plus souvent quand la cause réside dans un refroidissement.

Au moyen de nos médicaments, nous avons obtenu des guérisons vraiment surprenantes sur des pigeons de grande valeur, appartenant à M. M. : Cleempoel-De Mil et Schaetsaert de Gand. — G. Gits d'Anvers. — Michel Moerman d'Anderlecht. — C. Vyncke de Bruxelles ([1]). — Dumont

---

(1) En 1903, après la saison sportive, le meilleur pigeon de Mr C. Vyncke gagnait une tumeur sur l'articulation d'une de ses ailes et avait ses moyens de locomotion complètement paralysés. Ce pigeon précieux qui, avant sa maladie, avait gagné plus de 3000 frs. de prix, fut confié à mes soins.

d'Ypres. — O. Baele de Scheldewindeke. — J. De Meyer de Hamme. C. Lagae et F. Catulle d'Ingelmunster. — J. Declercq et H. Vercamert d'Iseghem. — L. Dewulf de Ruddervoorde. — Vandenberghe de Gulleghem. — Matthys de Dadizeele. — Polderman de Wevelghem. Nous pourrions ajouter à cette liste des centaines de cas de guérisons semblables.

Pour obtenir pareils résultats, il faut beaucoup de soins et de patience ; car le traitement dans ce cas se prolonge parfois pendant un ou deux mois et souvent encore davantage.

Remarque importante. Si par suite d'une cause de paralysie accidentelle le pigeon est incapable de voler, il pourra néanmoins, après la guérison, être utilisé à la *procréation* sans transmettre à la progéniture la tare héréditaire de l'arthrite, parce qu'au moyen de notre *double système* on obtient généralement une guérison radicale.

Certains écrivains disent donc à tort que cette maladie est incurable.

XVII. Paralysie des pigeonnaux au nid.

De jeunes créatures, à peine âgées de dix à vingt jours, deviennent parfois paralytiques au nid.

Causes : vice ou faiblesse du sang provenant de la consanguinité prolongée ou par la prédisposition à une maladie occulte des parents qui la transmettent à la progéniture.

Remèdes : Abandonner les accouplements consanguins itératifs. Enrichir le sang des reproducteurs au moyen

Nous l'avons *guéri totalement* au moyen de nos pilules *arthritiques* nº 1. 2. et 3, suivies de nos médicaments homéopathiques. Mr Vyncke nous a informé qu'au concours de Noyon, du *23 Avril 1905*, son oiseau d'élite vient de remporter, sur 1549 concurrents, *le 17e prix.*

d'un croisement judicieux avec des sujets forts et vigoureux d'un autre milieu (¹).

En ce qui concerne les pigeonneaux atteints de paralysie, si sous d'autres rapports ils sont de bonne venue et
qu'on y tient, c'est la pilule *Arthritique* n° 3 qui est indiquée.
On l'administre à la dose d'une pilule tous les deux jours
jusqu'à effet.

S'il n'y a pas d'autres symptômes à combattre, le

remède homéopathique

est *Calcarea carbonica* 30ᵉ, deux globules matin et soir pendant quatre ou cinq jours ; après un intervalle de cinq
jours, on fait suivre le même médicament à la 100ᵉ dilution, deux globules par jour jusqu'à guérison.

En tout cas, il vaut cent fois mieux d'éviter *les causes* de
cette maladie que d'essayer de la guérir.

XVIII. Ankylose.

Il arrive très souvent qu'un pigeon devient paralytique
par suite d'ankylose, sans que l'amateur trouve le siège du
mal. Il examine les bras, les avant-bras et les articulations
des ailes sans y découvrir un engorgement ou une tumeur.
Il ignore que le mal siège à l'une des épaules ; on y trouve
en effet, à l'endroit de l'insertion des muscles de l'aile,
une tumeur dure et parfois très développée. C'est un polype qui engendre l'ankylose. L'aile ankylosée est raide et
l'oiseau n'est pas capable de s'élever à un pied de hauteur.

Aucun auteur n'a parlé de ce cas, le plus grave qui existe, car l'ankylose dans cet endroit est presque toujours
incurable.

L'ankylose peut encore provenir de luxations non

(²) Voir le chapitre de « *La consanguinité pigeonnière* » (p. 99).

réduites, de fractures voisines des articulations, d'affections rhumatismales, et à la suite d'une tumeur mal traitée ou imparfaitement guérie.

Traitement allopathique de l'ankylose.

Si l'ankylose est déterminée par suite d'une tumeur qui siège à l'épaule, on administre les pilules *Arthritiques* n°s 1, 2 et 3 de la manière indiquée pour la maladie de l'aile, avec cette différence que la pilule *arthritique* n° 3 doit être administrée pendant plusieurs jours et parfois pendant plusieurs semaines, d'abord à la dose d'une pilule par jour, plus tard, lorsque l'état général s'améliore, à la dose d'une pilule tous les deux ou tous les trois jours jusqu'à plein effet.

Durant le cours de ce traitement, il y a lieu de cautériser la tumeur au fer rouge. Après avoir arraché les petites plumes qui la recouvrent on y applique plusieurs lignes de feu au moyen d'une grosse aiguille à tricoter. On continue l'administration de la pilule *Arthritique* n° 3 et on n'oublie pas de masser tous les jours l'aile ankylosée, de l'ouvrir et de faire plier l'articulation tuméfiée par des mouvements répétés pour que les jointures restent libres. Si l'ankylose est incomplète, on obtient parfois par ce traitement une guérison, sinon complète, au moins un résultat tel que le pigeon puisse encore voler au colombier et autour de la maison. Si la tumeur transformée en un caillot dur sort du côté de l'épaule, la guérison peut dans ce cas devenir totale. En tout cas si la maladie est survenue par accident et non par suite d'une tare héréditaire, on peut, après entière guérison, élever avec le sujet.

Traitement homéopathique de l'ankylose.

Nous avons obtenu presque toujours de bons résultats en administrant alternativement au malade *Mercurius Solubilis*

6ᵉ et *Belladone* 6ᵉ de la manière indiquée pour le traitement homéopathique de la maladie de l'aile (p. 360).

Si chez le pigeon il ne reste plus d'autres symptômes à combattre, on administre *Sulfur* 30ᵉ, deux globules par jour pendant cinq jours et après un intervalle de huit jours on finit le traitement par *Calcarea carbonica* 30ᵉ et 100ᵉ dilution, à la dose indiquée pour le traitement homéopathique de la maladie de l'aile (p. 361).

Par le traitement ci-dessus, nous avons obtenu des résultats analogues à ceux indiqués au traitement allophathique. La tumeur de l'*ankylose* se transforma en un caillot dur et pierreux et sortit à la partie supérieure de l'épaule par l'épiderme fendillé.

Ces résultats ont été obtenus chez un pigeon de notre colombier, un pigeon appartenant à feu Mʳ H. Verbeke de Deerlijk et chez deux pigeons de Mʳ Michel Moerman d'Anderlecht.

On obtient ces rares guérisons au prix d'un traitement de longue durée.

L'amateur doit avoir souvent beaucoup de patience avec des pigeons malades. Pour obtenir une guérison radicale, il doit savoir les traiter et les soigner durant quelques semaines et parfois durant plusieurs mois, comme cela a été le cas pour les pigeons ankylosés des amateurs cités plus haut.

XIX. Pennes de sang.

S'agit-il d'un commencement de paralysie occasionnée par des rémiges ou *pennes de sang* qui sont petites, mates rongées dans les barbes, n'atteignant jamais un développement normal et qui contiennent à leur base un sang *noir* et *pourri*, arrachez ces pennes et administrez les différentes pilules arthritiques de la manière indiquée ci-dessus. C'est le vrai moyen de prévenir une maladie de l'aile et de rétablir la constitution délabrée de l'oiseau.

Pour ce qui est des *pennes de sang* en général, il faut savoir distinguer entre les *malades* et les *saines*. Ne perdez pas de vue que toutes les pennes qui sortent de leur alvéole sont remplies de sang, parce que le sang est un des éléments indispensables à la croissance et au développement de la rémige. Il y a parfois des amateurs inexpérimentés qui se méprennent à cet égard et qui arrachent des pennes saines ; c'est une grande imprudence : il faut, nous le répétons, bien distinguer entre la penne *malade*, telle que nous venons de la décrire, et la penne naissante *saine*.

XX. Rémiges fendues.

Mr F^d Van de Wattyne, de Bassevelde, nous consulta naguère au sujet du cas suivant :

Cet amateur distingué possède, parmi sa gent ailée, des pigeons voyageurs de très bonne race, ayant quelques rémiges primaires fendues et trouées au milieu de la tige.

Ce mal, ou plutôt ce défaut, n'est apparu chez ses volatiles que lorsqu'ils étaient âgés de trois ou quatre ans. Ils ne l'ont pas hérité de leurs parents, ceux-ci ayant toujours eu des rémiges saines.

Après avoir examiné les pigeons en question, chez Mr Van de Wattyne et, nous appuyant sur cet axiôme, qu'il n'y a pas d'effet sans cause, nous lui avons fait connaître notre manière de voir, qu'il déclare partager entièrement. La voici :

A notre avis, le défaut survenu dans les rémiges primaires dont il s'agit, est accidentel et doit être la conséquence d'un état maladif ou de faiblesse qui existait chez les pigeons pendant l'accomplissement de la mue. Les grands efforts, les fatigues ou le surmenage par des voyages lointains, ardus et successifs, l'épuisement résultant de ces voyages, les excès de reproduction, une nourriture insuffisante, malsaine ou débilitante, sont autant de causes pouvant engendrer ce mal.

C'est assurément pendant la mue et la pousse des nouvelles rémiges que ce défaut se manifeste, car les grandes pennes des pigeons ne vont pas se fendre en cours de voyage ni au colombier.

Si ce mal n'est pas combattu et enrayé dès la première année, il restera toujours une *tare héréditaire* comme c'est le cas pour toutes les maladies de l'aile.

M' F. Van de Wattyne.
Conseiller Provincial à Bassevelde.
Président du « *Noorderbond* ».

M' Van de Wattyne en a fait l'expérience.

Il a obtenu par la génération plusieurs pigeons ayant *hérité des rémiges primaires fendues.* Ce phénomène se manifeste ordinairement vers la troisième ou la quatrième année, pour progresser tous les ans dans le sens de la mue, c'est-à-dire, que la première fois les deux plus courtes primaires seront atteintes ; l'année suivante, les quatre plus courtes et ainsi de suite. Une rémige une fois fendue l'est chaque année davantage. Il a même eu des pigeons dont les rémiges secondaires étaient atteintes.

Maintenant il se présente une question.

Quelle influence les rémiges fendues ont-elles sur le pigeon de sport ?

L'expérience a démontré à Mr Van de Wattyne, que ce défaut physique n'a que peu d'influence sur la locomotion, et n'empêche pas de remporter des prix, si le sujet est, sous le rapport du *pouvoir d'orientation,* un bon pigeon.

Cependant, s'il doit concourir contre un pigeon sans défauts physiques, de *même valeur,* plus la distance à franchir sera grande, plus les éléments seront contraires, et plus aussi éclatera la différence entre les deux rivaux, en ce sens que le voyageur ailé, à rémiges fendues, se laissera distancer de loin par celui ayant les rémiges intactes.

Pour remédier à ce défaut qui peut se présenter après chaque campagne sportive, il y a lieu d'examiner les ailes pendant l'accomplissement de la mue, pour voir s'il n'y a pas de rémiges fendues chez l'un ou l'autre sujet. Dans l'affirmative, il convient d'en rechercher les causes ; si elles proviennent d'un état maladif, de surmenage, d'épuisement ou de faiblesse, on doit les combattre par les nombreux remèdes dont nous disposons et si les forces sont revenues, laisser l'oiseau en repos pendant une année pour que la mue suivante soit régulière, parfaite et en bonnes conditions. A cet effet, on doit modérer l'élevage et surtout éviter les alliances consanguines.

Si malgré ces soins, le mal se transmettait à la progéniture, il y aurait lieu de le corriger et de le faire disparaître par des croisements judicieux successifs.

Mr Van de Wattyne nous a rendu un véritable service en nous signalant un fait qui ne s'était jamais présenté chez nous, et dont aucun auteur n'a parlé.

Il résulte de ce qui précède, que les rémiges fendues ont une cause bien déterminée et que, par conséquent, les amateurs, avant d'acheter des pigeons, doivent s'assurer si les défauts signalés n'existent pas dans les rémiges primaires des sujets dont ils voudraient se rendre acquéreur.

XXI. Rémige primaire ou rectrice pliée.

Lorsqu'un pigeon s'est plié une grande penne soit de l'aile, soit de la queue, il y a moyen de faire disparaître l'espèce de cassure qui s'y trouve par le simple procédé suivant :

Plongez la plume pliée ou froissée pendant quelques secondes dans de l'*eau bouillante* et vous verrez cette plume se redresser comme un ressort et redevenir droite.

XXII. Cassure d'une rémige primaire.

Si une grande penne vient à se casser, le pigeon est parfois incapable de participer aux voyages de long cours ; on peut la réparer en y substituant une autre rémige.

Prenez une rémige ayant exactement la longueur voulue, trempez-la dans de la bonne colle forte et introduisez-la dans l'orifice du bout de la penne cassée, puis, entourez les extrémités d'un fil de soie.

L'opération faite, placez le pigeon dans un panier jusqu'à ce que la colle soit bien sèche.

Nous connaissons des amateurs qui ont gagné des prix aux concours, avec des pigeons aux ailes ainsi restaurées.

XXIII. La goutte (arthrite de la patte). Boiterie.

On désigne généralement sous le nom de *goutte* la maladie qui, chez les pigeons, se caractérise par une boiterie.

24

La goutte est souvent de nature rhumatismale, surtout chez les volatiles âgés.

Les *causes* de la goutte sont les mêmes que celles de la maladie de l'aile. Les sujets fortement nourris, fréquemment atteints d'indigestions et peu disposés à l'exercice, sont ceux qui sont plus particulièrement atteints de cette maladie. La partie malade est presque toujours gonflée ou atrophiée ; c'est à la main, entre les doigts, mais particulièrement à la cuisse ou au fémur, que le mal siège ordinairement. Les oiseaux, qui en souffrent, semblent éprouver quelque difficulté à se tenir longtemps sur la patte malade : ils boitent, marchent avec peine et souffrent visiblement ; ils deviennent excessivement maigres et meurent de dépérissement. L'expérience démontre que cette maladie est souvent rebelle et exige un traitement long et difficile pour la guérir. Il y a donc lieu d'enlever la cause initiale de de la maladie, et puis de relever les forces.

Traitement allopathique de la boiterie.

Si on ne découvre pas à la patte malade des tuméfactions dures ou autres lésions, mais que la chair du fémur, siége du mal, a presque totalement disparu ce qui indique une atrophie musculaire, observez le traitement suivant :

Administrez une pilule *Arthritique* n° 1 à jabot vide. Le lendemain et les deux ou trois jours suivants, chaque fois le matin, une pilule *Arthritique* n° 2 ; nourrissez comme il est dit à la *Note particulière* (p. 303). Après un intervalle de trois jours, donnez la pilule *Arthritique* n° 3, à la dose de une par jour, chaque fois le matin, pendant huit jours, puis, après un intervalle de deux jours par semaine, continuez le même traitement jusqu'à ce que la chair soit revenue à la cuisse et que la boiterie du pigeon n'existe plus.

Ce traitement est généralement de longue durée.

Si la boiterie provient d'une cause rhumatismale et s'il y a gonflement aux articulations de la patte, on administre les pilules *Arthritiques* nᵒˢ 1 et 2 et l'on finit toujours avec la pilule nᵒ 3 comme il est dit plus haut.

Pour les cas chroniques et rebelles, on peut recourir, en cas d'insuccès, au traitement homéopathique.

Traitement homéopathique de la boiterie.

S'il y a en même temps des symptômes de morve à combattre, administrez abternativement *Mercurius solubilis* 6ᵉ et *Belladone* 6ᵉ, deux globules du premier médicament le matin, et deux globules de l'autre, le soir, pendant cinq ou six jours. Si, après un intervalle de deux jours, la boiterie n'est pas guérie, donnez *Cyanure de mercure* 6ᵉ, trois globules par jour, pendant trois ou quatre jours consécutifs, puis, espacez au besoin les doses de Cyanure de mercure, à trois globules tous les trois jours, jusqu'à guérison radicale.

Si l'on ne constate *aucune trace* de morve et si la chaleur est plus forte à la patte malade qu'à la patte saine, donnez *Cocculus* 6ᵉ, deux globules matin et soir, pendant cinq ou six jours. Si au contraire l'inverse se produit, que la patte malade soit froide et que la saine ne le soit pas, remplacez Cocculus par *China* 6ᵉ, à la même dose et pour le même nombre de jours.

Si les pattes ou les articulations sont gonflées, administrez *Rhus toxicodendrum* 6ᵉ, deux globules matin et soir, pendant cinq ou six jours ; puis, le même médicament à la 30ᵉ dilution, tous les jours deux globules, jusqu'à guérison.

Lorsqu'il y a atrophie musculaire ou si le mal revêt une forme chronique, administrez *China* 6ᵉ, deux globules par jour, pendant une dizaine de jours ; au besoin faites suivre *Phosphorus 30ᵉ* à la même dose que china, jusqu'à effet.

Si la boiterie est la conséquence d'une contusion, il

faut donner *Arnica montana* 30ᵉ, deux globules deux fois par jour, jusqu'à rétablissement total.

Avec de la patience et une observation régulière du traitement prescrit, on obtiendra les meilleurs résultats.

Pour la goutte, ainsi que pour la maladie de l'aile, il est recommandable de ne faire voyager les pigeons guéris qu'après qu'ils auront fait une nouvelle mue, c'est-à-dire, d'attendre jusqu'à la saison sportive prochaine.

XXIV. Pierre au pourtour de l'anus.

La maladie, désignée sous le nom de « *pierre au pourtour de l'anus* », se montre souvent chez les jeunes pigeons encore au nid. Elle se caractérise par un gonflement de l'abdomen ; une chaleur vive se produit dans cette région, la peau est distendue, luisante, les veines sont saillantes et remplies de sang. Par le toucher, on découvre une tumeur dure, pierreuse, de même nature que le polype ordinaire, variant de volume et pouvant atteindre la grosseur d'un œuf de pigeon.

Cette maladie est presque toujours précédée ou suivie d'une diarrhée blanchâtre. Les excréments sont glaireux, glutineux et se dessèchent au pourtour de l'anus au point d'empêcher la défécation. La mort en est souvent la conséquence.

CAUSES : Une nourriture malsaine ; un colombier froid, humide et malpropre ; l'usage immodéré de substances calcaires formant des dépôts.

Traitement allopathique de la pierre au pourtour de l'anus.

Les pigeonneaux, âgés seulement de quelques jours, seront enlevés et confiés à des nourriciers qui ont des jeunes de deux ou trois jours. Tant que la diarrhée dure, on renouvelle tous les jours le nid et l'on y dépose de la paille fraîche et bien froissée. On ne néglige pas d'arracher ou de couper les plumes au pourtour de l'anus. On doit aussi débarasser tous les jours cet endroit des excréments dessèchés qui s'y trouvent et le laver avec de l'eau tiède. On l'enduit ensuite d'un peu d'huile d'olive. A l'âge de vingt jours, si les jeunes ne sont pas guéris, on peut leur donner une pilule *Volatiline* tous les deux jours, jusqu'à concurrence de trois pilules et puis laisser agir la nature. Il arrive alors quelquefois que la peau se fendille et que l'on peut extraire la pierre. Si ce résultat n'est pas obtenu, finissez le traitement par une pilule *Anticroupale* tous les deux jours, jusqu'à ce que le sujet soit guéri. On suit le même traitement pour les sujets adultes.

Traitement homéopathique de la pierre au pourtour de l'anus

On observe les soins hygiéniques indiqués pour le traitement allopathique.

Nous avons guéri plusieurs jeunes et vieux pigeons atteints de la pierre au pourtour de l'anus et en même temps d'une diarrhée blanchâtre, en administrant *Calcarea carbonica* 30^c, deux globules matin et soir, pendant cinq jours, et en faisant suivre le même médicament à la 100e *dilution*, deux globules par jour, jusqu'à effet. Ce médicament, employé seul, fit disparaître la cause de la diarrhée et favorisa l'assimilation de la nourriture digérée ; les malades reprirent force et santé, la pierre se détacha naturellement et trouva une issue par la peau fendillée, sans devoir pratiquer la moindre incision ou opération.

XXV. Poquettes et verrues.

On donne aux productions épidermiques, qu'on observe chez les pigeons, le nom de *poquettes*, de *verrues* et souvent de *variole*.

Il y a lieu de faire une distinction entre les poquettes et les verrues. La cause peut être commune, mais leur structure est différente. La verrue est constituée par un tissu corné, dense et lamelleux.

Les poquettes sont des vésicules, de nature caséeuse renfermant de la sérosité.

Les *verrues* ont leur siége sur les parties nues du corps des pigeons et spécialement sur les morilles, à la base et aux commissures du bec, sur les filets autour des yeux et sur les pattes ; elles se développent parfois rapidement, au point de gêner la vue et d'empêcher ainsi le pigeon de ramasser les graines.

Cette affection cutanée s'observe particulièrement vers *l'automne* et attaque surtout les sujets dont la prédisposition est augmentée par une atteinte antérieure de diphtérie, de muguet jaune, ou d'une maladie de cette nature. Les *poquettes* se caractérisent par une éruption bourgeonnée et ont beaucoup d'analogie avec les verrues. Ce sont les pigeonneaux au nid qui en souffrent le plus ; elles peuvent affecter toutes les parties du corps.

CAUSES : Les causes principales sont microbiennes. Nous avons prouvé d'une façon péremptoire dans nos éditions précédentes, que les productions épidermiques ne proviennent nullement de piqûres de moucherons. Les causes adjuvantes des verrues et des poquettes doivent être attribuées à la malpropreté du colombier, à une nourriture malsaine, aux graines germées et aux sels toxiques que les pigeons ramassent aux champs, à une boisson impure, au défaut d'air frais et pur, en un mot, à tout ce qui engendre un *vice du sang*.

SYMPTÔMES : Les sujets portent visiblement, en certains endroits, des nodules ou de petites tumeurs épidermiques jaunâtres, de formes différentes et variant aussi de grandeur. On les trouve notamment à la tête, aux trous des oreilles ou autour des trous auditifs (¹), sur les pattes,

---

(¹) On sait que les oiseaux n'ont pas de pavillons aux oreilles.

etc.. On en trouve aussi dans des endroits invisibles à
l'œil, au pourtour de l'anus, en dessus des scapulaires,
aux points d'insertion des pennes. Les pigeons qui en sont
atteints sont fébriles, abattus et tristes. Si aucune autre
maladie ne vient compliquer les poquettes, elles guérissent
souvent spontanément, se dessèchent et tombent.

Traitement allopathique des poquettes et des verrues.

La cause de cette affection étant généralement un sang
vicié, il y a lieu de le purifier en administrant, suivant
la force des oiseaux, pendant un ou deux jours, une pilule
Débutante à jeun et à jabot vide ; le lendemain et les deux
jours suivants, donnez chaque fois le matin, de la même
manière, une pilule *Secondaire ;* après un intervalle de trois
jours faites suivre une pilule *Volatiline* par jour, pendant
quatre ou cinq jours.

Si, pendant ou après l'administration des pilules ci-
dessus, il survenait à l'intérieur du bec des plaques de
muguet jaune, donnez une pilule *Antidiphtérique* et, les trois
jours suivants, une pilule *Anticroupale.* Continuez ce traitement alternativement jusqu'à ce que l'oiseau soit guéri.

S'agit-il de poquettes ou de verrues qui se montrent sur
les tarses ou les doigts des pieds ou sur d'autres parties
nues du corps, il faut les laisser mûrir et sécher jusqu'à ce
qu'elles se détachent naturellement. Si les poquettes ou les
verrues sur les tarses sont très développées et menacent de
se gangrener, on doit les gratter légèrement et les cautériser ensuite avec un crayon de *Sulfate de cuivre* ou bien y
appliquer un peu de *Poudre curative* en la frottant avec les
doigts sur les parties malades.

Si des végétations apparaissent sur les filets charnus des
yeux, laissez-les se dessécher et tomber naturellement.

Pour les grands pigeonneaux au nid, donnez deux ou trois
fois une *Volatiline* tous les deux jours. Finissez par l'admi-

nistration d'une pilule *Anticroupale* tous les trois jours jusqu'à guérison.

Traitement homéopathique des poquettes et des verrues.

Lorsque les poquettes ou les verrues siégent sur les parties nues du corps et s'il y a, en même temps, des traces de morve, administrez aux malades *Mercurius solubilis* 6ᵉ, deux globules par jour, durant trois jours. Laissez un intervalle de trois ou quatre jours, et si les traces de morve n'ont pas disparu, reprenez le même médicament à la même dose, jusqu'à guérison. Faites suivre, au besoin, *Sulfur* 30ᵉ, deux globules par jour, pendant trois jours, puis, après un intervalle de six jours, finissez le traitement par *Calcarea carbonica* 30ᵉ et 100ᵉ, de la manière indiquée à la page 361.

Si des productions verruqueuses se trouvent sur les bords des paupières des pigeons, n'y touchez pas et donnez *Nitri acidum* 30ᵉ, deux globules matin et soir, jusqu'à ce que les productions se déssèchent.

Si les poquettes se localisent à l'anus, administrez *Thuja Occidentalis* 6ᵉ, deux globules matin et soir. Après la guérison, faites suivre une dose de deux globules *Sulfur* 30ᵉ par jour, pendant trois jours.

Quand des pigeonnaux au nid sont atteints de poquettes, donnez-leur deux globules *Mercurius solubilis* 6ᵉ par jour, jusqu'à guérison ; puis, après un intervalle de trois ou quatre jours, administrez-leur *Calcarea carbonica* 30ᵉ, deux globules par jour, jusqu'à effet désiré.

XXVI. La harde (œufs hardés).
Causes et remèdes.

On donne le nom de *harde* à une maladie caractérisée chez les pigeons par la ponte d'œufs sans coquille. Lorsqu'une femelle ne pont que des œufs hardés, c'est que l'oviducte est enflammé, qu'il ne sécrète pas la matière calcaire en quantité suffisante ou que les œufs en sont chassés avant leur développement complet. Ce mal est généralement sans remède.

Si la harde est accidentelle, on peut y remédier en mettant à la disposition des malades les substances calcaires et salines, indiquées à la page 157.

Si le mal arrive à une bonne femelle âgée et épuisée par des pontes répétées, administrez-lui à l'approche de la bonne saison, avant de l'appareiller, une pilule *Spéciale* matin et soir pendant trois jours. Après un intervalle d'un jour, une pilule *Anticroupale* par jour, quatre ou cinq fois répétée. N'oubliez pas de mettre à sa portée des substances calcaires.

Si à la suite de ce traitement les œufs ne sont plus hardés, laissez la femelle élever elle-même sa progéniture et arrêtez chaque fois la nouvelle ponte le plus longtemps possible.

XXVII. Ponte difficile. — Arrêt de l'œuf dans l'oviducte.

Avant la ponte, l'ovule doit s'entourer d'une coquille calcaire pendant son passage à travers une poche qui s'appelle l'oviducte. Cet organe reproducteur ressemble à un entonnoir qui aboutit au dehors par le gros intestin.

Causes : Généralement chez les pigeons vivant en liberté ou chez les femelles qui ont déjà pondu, la sortie de l'œuf s'effectue facilement.

Les pigeons qu'on tient constamment enfermés, ce qui affaiblit et mine leur santé, gagnent souvent un rétrécissement des voies expulsives et un gonflement de l'abdomen et par la suite une irritation ou une inflammation de l'oviducte, qui devient sèche et pas suffisamment lubrifiée pour permettre la ponte.

Un œuf trop volumineux peut amener aussi une difficulté de pondre, par suite de l'arrêt de l'œuf dans l'oviducte ([1]).

Traitement allopathique de la ponte difficile.

Remèdes : Combattez l'inflammation de l'oviducte par l'administration de la pilule *Secondaire,* une par jour pendant trois jours, puis, faites suivre une pilule *Anti-croupale* par jour pendant cinq ou six jours. A partir de l'administration de cette dernière pilule, si l'œuf n'a pas été déposé, lubrifiez les parties par où il doit passer avec une petite quantité d'huile d'olive, deux fois par jour. Après le quatrième jour, si l'œuf n'est pas encore expulsé, secondez l'action de la nature, en pressant l'œuf doucement d'avant en arrière jusqu'à bon résultat. Si l'œuf est *trop grand* suivez le même procédé.

Traitement homéopathique de la ponte difficile.

Lorsque, par faiblesse ou par une autre cause, une femelle ne parvient pas à pondre ses œufs, administrez toutes les heures cinq ou six doses de deux globules chacune, *Belladone* 6ᵉ.

Si le premier jour l'œuf n'est pas déposé, donnez le lendemain sept à huit fois deux globules du même médicament à la 30ᵉ dilution toutes les demi-heures et continuez ainsi les jours suivants jusqu'à parfait résultat.

Mʳ Dewulf d'Ingelmunster soumit à notre examen une femelle qui devait pondre depuis *six* semaines. Nous don-

---

([1]) Un œuf peut contenir deux jaunes ou deux germes et avoir, à cause de cette anomalie, une grosseur exceptionnelle. Ces œufs, difficiles à expulser, donnent naissance à des pigeonneaux jumeaux ou monstrueux, qui généralement ne peuvent sortir de l'œuf.

M. Moinnil, pharmacien à Sᵗ Gérard, a eu l'amabilité de nous envoyer dans un petit bocal un spécimen de monstruosité de ce genre. Deux pigeonneaux accolés l'un à l'autre, ayant deux têtes parfaitement constituées, deux cous séparés sur une certaine distance et quatre pattes.

nâmes *Belladone 30°*, deux globules toutes les heures, huit fois par jour, pendant trois jours ; après un intervalle de deux jours, nous reprîmes le traitement de la même manière, deux fois de suite, avec un intervalle de deux jours ; nous abandonnâmes alors la maladie à l'action de la nature ; trois jours après la femelle pondit : elle était sauvée.

Si Belladone ne produisit pas l'effet désiré, donnez *Veratrum Luteum* 30° ou *Sépia* 30° dans le sens susindiqué.

Notre ami Mr G. Gits d'Anvers, dont feu l'honorable père était un médecin homéopathe fort distingué, nous a déclaré qu'il a obtenu de bons résultats en administrant *Pulsatilla 30°*.

XXVIII. Avalure ou hernie de l'oviducte. — Femelles qui cessent la ponte ; causes accidentelles et réelles.

Les causes énumérées sous la rubrique « *ponte difficile* » — « *arrêt de l'œuf dans l'oviducte* » ainsi que des efforts considérables pour pondre, peuvent amener chez la femelle le renversement ou l'*hernie de l'oviducte*.

S'il existe réellement une hernie de l'oviducte, à notre avis, le mal est sans remède. Pour ce motif nous ne nous occuperons pas de cette maladie.

Une femelle cesse parfois de pondre, par une irritation ou une inflamation de l'oviducte, ou par suite d'une autre cause.

Dans ce cas, lorsqu'elle est âgée de plus d'un an et chassée au nid par son mâle depuis cinq ou six jours, il est indispensable de mettre dans son nid un œuf fécondé et le surlendemain un deuxième. Cette femelle incubera les œufs, comme s'ils avaient été pondus par elle même. Laissez-lui élever les jeunes ; si plus tard elle ne pond pas encore, renouvelez ce *modus procédendi* ; c'est le seul moyen de guérir la femelle d'un cas de stérilité accidentel.

Deux femelles de notre colombier qui ne pondaient plus,

sans que nous pussions en deviner la cause, ont pondu grâce au procédé que nous venons d'indiquer, l'une après avoir élevé deux couples de jeunes et l'autre une année après.

Si vous possédez une femelle de sport qui cesse tout à coup la ponte sans cause connue, rien n'empêche, si elle jouit d'une bonne santé, de continuer à l'engager aux concours. Elle pourra remporter de beaux résultats si vous suivez le conseil ci-dessus, consistant à lui donner des œufs et à la laisser élever.

Si accidentellement un œuf vient à se briser dans l'oviducte, la femelle cessera toute ponte ultérieure, à moins de pouvoir extraire les débris de la coquille au moyen d'une petite pince.

Si une femelle cesse la ponte par suite de *faiblesse* ou de pontes trop fréquentes, ce que l'on constate si celle-ci laisse pendre les ailes ou devient paralytique, ainsi que par suite de *vieillesse*, administrez pour l'un et pour l'autre cas une *pilule spéciale*, matin et soir, pendant deux jours et finissez par la pilule *Anticroupale* en donnant une par jour pendant quatre ou cinq jours ; puis, continuez ce même médicament à la dose d'une pilule tous les deux ou tous les trois jours jusqu'à ce que l'oiseau ait regagné ses forces.

On peut essayer le remède homéopathique suivant :

Conium maculatum 30°, deux globules matin et soir jusqu'à effet.

XXIX. Maladies de l'embryon.

Causes principales : Le grand âge, faiblesse de complexion ou état maladif des procréateurs. Par ces causes l'œuf n'est pas fécondé ou s'il l'est, l'embryon a été procréé sans vigueur ou vitalité.

Quand le moment de l'éclosion est venu, celle-ci n'a pas lieu. En certains cas l'œuf a une teinte blanche mate et est d'une légèreté excessive ; en l'ouvrant on trouve un fœtus complètement desséché.

Pour prévenir ce cas ou y remédier, il y a lieu de dépareiller le couple et de remplacer le sujet vieux ou maladif par un mâle ou une femelle dans la force de l'âge et jouissant d'une parfaite santé. Si la cause ne réside pas de ce côté, alors il faut améliorer l'état de santé des procréateurs en instituant le traitement indiqué sous la rubrique « *L'angine croupale chez les pigeonneaux* » (p. 327).

Généralement après ce traitement les couvées subséquentes subiront une éclosion régulière et les jeunes naîtront vigoureux et sains. C'est un cas important·dont aucun auteur n'a parlé.

On .doit éviter, soigneusement, les causes de l'éclosion difficile énumérées sous la rubrique « *Eclosion irrégulière ou laborieuse* à la première partie » (p. 143).

XXX. La pelade.

Symptômes. Une mue corporelle continuelle et irrégulière en dehors de l'époque ordinaire de la mue. Les petites plumes repoussent. mais elles n'atteignent pas le développement voulu. Il en est de même des rémiges et des rectrices.

Cette singulière maladie se présente sous deux formes différentes. Elle est *constitutionnelle* ou *parasitaire*.

En 1903 nous avons traité et guéri deux pigeons d'un amateur d'Ellezelles atteints d'une *pelade constitutionnelle* par les remèdes suivants :

Nous donnâmes aux malades, chaque fois le matin, une pilule *Spéciale* par jour pendant cinq jours consécutifs. Après un intervalle de huit jours, nous fîmes suivre la pilule *Anticroupale*, une par jour pendant huit jours et entretemps nous distribuâmes une nourriture saine et azotée.

Après un intervalle de dix jours, nous continuâmes l'administration de la pilule *Anticroupale*, à la dose d'une pilule tous les deux jours ; plus tard nous reduisîmes la dose à une pilule tous les quatre ou cinq jours jusqu'à guérison complète.

Un coq combattant de Mr Rommelaere d'Ingelmunster, atteint de pelade constitutionnelle, a été guéri de la même manière par les médicaments sus-indiqués.

Le coq, de même que les deux pigeons, gagnèrent sur tout le corps de petites plumes luisantes, bien développées et les plumes dans les ailes et dans la queue acquirent leur longueur normale.

La *pelade parasitaire* est une maladie de la peau, occasionnée par des champignons miscroscopiques, scientifiquement connus sous le nom de « *Microsporon pterophyton* ».

Lorsque cette maladie se déclare chez les pigeons ou les gallinacés, nous conseillons de suivre le traitement interne indiqué ci-dessus. En même temps on institue le traitement externe suivant : on insuffle deux fois par jour, au moyen d'un instrument, de la *fleur de soufre* sur la peau et entre les plumes malades. On entretient ce double traitement jusqu'à bon résultat. Nous devons dire que cette maladie est souvent réfractaire à tout traitement.

Traitement homéopathique de la pelade.

Essayez *Sulfur 30*[e], deux globules matin et *China 30*[e], deux globules vers le soir pendant huit jours consécutifs. Répétez deux ou trois fois le même traitement, laissant chaque fois un intervalle de dix jours.

XXXI. Le picage.

On rencontre cette maladie le plus souvent chez les gallinacés. Les poules s'arrachent à elles-mêmes ou mutuellement les petites plumes de leur corps sortant à peine de l'alvéole, pour se nourrir.

Les volatiles sont partiellement dénudés. Cette manie de s'arracher les petites plumes du corps séyit particulièrement lorsque les gallinacés sont séquestrés ou lorsqu'il leur manque une nourriture forte et azotée.

Pour prévenir la cause de cette maladie, on doit, si c'est possible, isoler les poules et pour les guérir leur administrer les médicaments allopathiques de la même manière et à la même dose que ceux indiqués ci-dessus pour la pelade constitutionnelle (p. 380).

XXXII. Chute du rectum.

Symptômes : Une tumeur rouge foncée sort de l'anus en permanence. Si on n'y apporte un prompt remède, la gangrène peut s'y mettre et une résorption purulente peut causer la mort des pigeons.

Causes : Epuisement nerveux ou grande faiblesse ; — inflammation du gros intestin ; — âge avancé ; — surmenage ou fatigue de voyages lointains et difficiles.

Traitement allopathique de la chute du rectum.

Une pilule *Volatiline* matin et soir pendant trois jours, puis, le même médicament à la dose d'une pilule par jour pendant quatre jours.

Si la tumeur n'est pas rentrée dans l'anus, administrez une pilule *Spéciale* par jour pendant trois jours ; après un intervalle de deux jours, faites suivre la pilule *Anticroupale* à la dose d'une pilule tous les deux jours jusqu'à plein effet.

Bassinez la tumeur avec de l'eau tiède, deux fois par jour, et, comme nourriture, donnez de petites graines bien saines.

Traitement homéopathique de la chute du rectum.

Nous avons guéri dernièrement un des meilleurs pigeons de la Belgique, une femelle appartenant à M. François Hillaert, excellent amateur à Gand, avec les remèdes suivants :

L'oiseau était excessivement faible, maigre et très sale, ayant été inondé d'huile d'olive.

Nous instituâmes le traitement suivant :

Lavage à l'eau tiède, deux fois par jour, de la tumeur rouge violacée qui sortait de l'anus.

Nourriture : de la mie de pain trempée dans moitié eau et lait pendant les deux premiers jours.

Médicaments : Le matin, deux globules *Mercurius solubilis* 6ᵉ, et vers le soir, deux globules du même médicament, jusqu'à effet ([1]).

Dès le premier jour un mieux sensible se présentait dans l'état général de la femelle ; deux jours après, la tumeur avait complètement disparu.

A partir de ce moment, nous avons fait nourrir l'oiseau avec de petites graines comme il est dit à la *Note particulière* (p. 303).

Pour reconstituer l'organisme affaibli du pigeon, nous fîmes suivre *Sulfur* 30ᵉ, deux globules matin et soir, pendant quatre jours. Après un intervalle de cinq jours, nous donnâmes *Calcarea carbonica* 30ᵉ, puis 100ᵉ dans le sens indiqué à la page 361.

La guérison était radicale.

La femelle a accompli une mue régulière et parfaite. Elle a joui pendant longtemps encore d'une santé florissante.

XXXIII. Vers intestinaux (Helminthiase).

Chez les pigeons, surtout chez ceux de faible complexion ou atteints de cachexie, on rencontre des vers intestinaux et quelquefois le ver solitaire.

Symptômes : Le pigeon qui a des helminthes ou des vers intestinaux, languit, perd l'appétit, traîne les ailes et la queue et se salit fortement. A l'autopsie on trouve l'intestin

([1]) Des cas se présentent ou *Ignatia* est indiqué.

enflammé, rempli de mucosités et de vers qui ont empêché complètement le passage des excréments. Très souvent ces oiseaux succombent subitement. Si l'on découvre les symptômes de cette maladie, il faut immédiatement séquestrer les sujets pour éviter la contagion. S'ils meurent il faut les enfouir sans délai et désinfecter le colombier.

Le ver solitaire ou *ténia*, qu'on trouve chez le pigeon, est scientifiquement connu sous le nom de « *Tænia crassula* ». Il a une longueur de trente à quarante centimètres.

Les pigeons ingèrent les embryons du ténia avec la boisson.

L'oiseau qui porte ce parasite mange outre mesure et reste maigre : on voit souvent des bandelettes aplaties qui lui sortent de l'anus.

Traitement allopathique des vers intestinaux.

Le remède qui agit le plus sûrement pour expulser les helminthes chez les pigeons comme chez les oiseaux de basse-cour, est le suivant : faites avaler, deux jours de suite, matin et soir, chaque fois une capsule *Anthelminthique*. Entretenez rigoureusement la propreté. Nourrissez légèrement en augmentant la ration d'après les forces des malades.

Lorsqu'un pigeon est affligé d'un ténia, débarrassez-le de ce ver solitaire par le remède suivant : Laissez l'oiseau à jeun pendant un jour et vers le soir administrez-lui une capsule *Téniafuge*. Le lendemain laissez-le encore sans nourriture et donnez-lui une capsule *Téniafuge* matin et soir. Dans la matinée du troisième jour, donnez une dernière capsule *Téniafuge* et, une heure après, faites-lui avaler une cuillerée à café d'*Huile de ricin ;* quelques minutes après le ténia sera expulsé. Faites suivre pendant deux jours une pilule *Volatiline* matin et soir, puis une pilule *Spéciale* par jour, pendant trois ou quatre jours et augmentez graduellement la nourriture.

25

Traitement homéopathique des vers intestinaux.

Pour l'expulsion des helminthes, *Cina* 6e et *absintheum* 6e sont les médicaments indiqués. On donne de l'un ou de l'autre deux globules deux fois par jour, jusqu'à effet, en observant, après le cinquième jour, des intervalles de deux jours.

Pour le ténia, c'est *Granatum* 3e qui est indiqué ; huit globules à la fois, le matin, à jabot vide, durant six ou huit jours. Si aucun résultat n'est obtenu, suspendez le traitement pendant une semaine, et recommencez comme il est dit plus haut, jusqu'à effet. Après l'expulsion du parasite, on fait suivre *Sulfur* 30e, deux globules par jour, pendant six ou huit jours.

XXXIV. Empoisonnement aux champs.

Ainsi que nous l'avons dit au chapitre de « *La nourriture* », un grand nombre de pigeons s'empoisonnent aux champs. Ils avalent des produits chimiques vénéneux et surtout du *Nitrate de soude* dont ils sont très friands ; ils en avalent outre mesure, même la terre qui en est imprégnée, puis regagnent leur colombier à tire d'aile, pour aller boire avidement. La grande quantité d'eau avalée active la décomposition des substances toxiques et les frappe de paralysie.

Les *symptômes* de l'intoxication sont les suivants :

Le malade a le corps froid ; il se tient immobile et se laisse prendre sans bouger ; le jabot est gonflé et rempli d'eau. S'il vomit, il peut échapper au mal ; dans le cas contraire, sans les remèdes prompts et efficaces, il est perdu.

Traitement allopathique de l'empoisonnement aux champs.

Le traitement suivant que nous avons expérimenté depuis plus de vingt ans, quoique très simple, nous a toujours donné les meilleurs résultats.

Débarrassez le jabot, autant que possible, de l'eau qu'il contient. A cet effet, tenez le sujet la tête en bas et pressez légèrement sur la poche œsophagienne ; puis, lavez la poche en y versant de l'eau fraîche ; comme antidote, faites-lui avaler du *lait pur*, ou versez-en de temps en temps dans son bec. Continuez le lait jusqu'à ce que l'état du patient soit sensiblement amélioré. Le lendemain, donnez lui une pilule *Volatiline* ; les deux ou trois jours suivants, chaque fois le matin, une pilule *Anticroupale* ; nourrissez comme nous l'indiquons à la *Note particulière*.

Par ce traitement, nous avons sauvé un grand nombre de pigeons.

Traitement homéopathique de l'empoisonnement aux champs.

Videz le jabot et donnez du *lait pur*, comme il est dit plus haut.

Le lendemain et le jour suivant, administrez *Mercurius solubilis* 6ᵉ, deux globules deux fois par jour ; faites suivre *China* 6ᵉ, deux globules matin et soir pendant trois jours.

REMARQUE PARTICULIÈRE. Si l'intoxication est trop prononcée, il arrive qu'on ne peut plus vider le jabot rempli d'aliments, on pratique alors immédiatement *l'œsophagotomie* de la manière indiquée à la page 340. Avant le rapprochement des bords de la plaie, on lave le jabot vidé à l'eau tiède, et l'on y verse du lait pur.

XXXV. Plaies et blessures.

Il arrive que les pigeons rentrent de voyage ou des champs, blessés d'un coup de feu ou par la griffe d'un oiseau de proie ; d'autres se blessent ou se contusionnent aux fils télégraphiques ou téléphoniques.

TRAITEMENT : S'agit-il d'un coup de feu, on sonde la plaie pour s'assurer s'il n'y a pas de plombs dans les chairs ; s'il y en a, on les extrait si c'est possible, et on fait l'ablation des chairs tuméfiées. Pour désinfecter la plaie et empêcher une inflammation gangréneuse, on la nettoie et on la lave plusieurs fois par jour avec une solution d'*Acide phénique* à deux pour cent.

Lorsque la plaie se cicatrise, on l'enduit une fois par jour d'un peu de vaseline *iodoformée*, pour activer la reconstitution des chairs et éviter la possibilité d'une nouvelle inflammation.

Si la blessure provient d'un coup de griffe ou est occasionnée par un fil télégraphique, on procède comme il est dit ci-dessus, et, au besoin, on ferme la plaie au moyen de quelques points de suture.

Est-on en présence d'une blessure par contusion, ou d'une contusion simple sans blessure, on lave, dans le premier cas, la plaie avec de la *Teinture d'arnica,* à la dose de cinq grammes, pour cent grammes d'eau, et, dans le second cas, on applique sur la partie contusionnée des compresses de cette *eau arniquée.* On peut donner en même temps *homéopathiquement Arnica* 6e, deux globules, deux fois par jour, jusqu'à guérison. Nous avons obtenu de bons résultats par le traitement susdit.

S'il y a *fracture d'un os*, on fixe les deux parties, en les rapprochant exactement en on les entoure d'une petite feuille d'étain mince ou d'une bandelette.

Les plaies et blessures des pigeons guérissent en général avec grande facilité.

XXXVI. La sérosité des yeux.

La sérosité des yeux peut provenir d'un coup de bec ou d'aile d'un autre pigeon. Si les yeux deviennent séreux ou larmoyants, on fera comme suit :

Traitement allopathique de la sérosité des yeux.

Sulfate de zinc.	6 centigrammes.
Acide borique.	100 »

Eau distillée. . . . . 50 grammes
Mêlez.

Après avoir lavé les yeux, au moyen d'eau tiède, on y laissera tomber deux gouttes de ce médicament, deux fois par jour.

Si l'affection est la conséquence de *la morve*, suivez le traitement indiqué pour cette maladie.

Traitement homéopathique de la sérosité des yeux.

Si pour la sérosité des yeux vous n'obtenez pas un bon résultat par la méthode allopathique, recourez aux remèdes homéopathiques. Si la morve est une cause directe et immédiate de la sérosité, administrez *Mercurius solubilis* 6°, deux globules par jour, pendant quatre ou cinq jours ; si la morve guérit, la sérosité des yeux guérira en même temps. Si, par contre, cette affection revêt une forme chronique et ne cède pas sous l'influence de *Mercurius solubilis* 6°, donnez *Cyanure de mercure* 6°, deux globules par jour, pendant trois ou quatre jours ; continuez au besoin le même médicament en doublant la dose et en laissant des intervalles de plus en plus grands jusqu'à guérison. En cas d'insuccès, faites suivre *Euphrasia* 30°, deux globules matin et soir jusqu'à effet.

La sérosité des yeux est-elle occasionnée par une obstruction du canal nasal ou du canal lacrymal, suite de l'engorgement des muqueuses, débutez alors par *Sulfur* 30°, et alternez ce médicament avec *Mercurius solubilis* 30°, de la manière suivante : le premier jour, *Sulfur*, deux globules matin et soir ; le second jour, *Mercurius solubilis* 6°, deux globules, deux fois par jour, en laissant de temps à autre des intervalles de deux jours, jusqu'à effet.

Si le mal se présente chez les gallinacés, on suit exactement le même traitement.

XXXVII. Congélation des pattes.

Les auteurs qui nous ont précédé parlent de cette maladie et nous en avons aussi fait mention daus nos ouvrages flamands, mais nous n'avons jamais observé cette maladie dans notre colombier.

Nous possédons un excellent *onguent* pour les engelures en général ; le cas échéant, ce remède pourrait être appliqué à titre d'essai.

XXXVIII. Epilepsie.

L'épilepsie est une maladie cérébrale qui se manifeste par accès plus ou moins rapprochés, avec mouvements convulsifs. Quand un pigeon est atteint de ce mal, il n'a plus à nos yeux beaucoup de valeur.

Le cas échéant on pourrait essayer *Rano bufo* 30e, un globule matin et soir, pendant quelques semaines.

XXXIX. Apoplexie.

L'apoplexie, appelée aussi coup de sang, est une congestion cérébrale avec épanchement de sang dans le cerveau : elle arrête complètement les fonctions cérébrales ; une mort foudroyante en est presque toujours la conséquence.

SYMPTÔMES : Le pigeon a des vertiges, il est très agité et haletant : les battements du cœur sont anormaux ; l'oiseau semble atteint de folie ; il vole contre les fenêtres et les murailles et tombe à terre en se débattant convulsivement.

CAUSES : Les fortes chaleurs ; un coup de soleil ; l'abus de nourriture stimulante et échauffante ; un état pléthorique par suite d'une boisson ferrugineuse trop longtemps continuée.

Traitement allopathique de l'apoplexie.

Evitez avant tout les causes qui provoquent l'apoplexie, parce qu'il est plus facile de prévenir que de guérir. Si cependant le mal survient chez un pigeon et qu'on en découvre à temps les symptômes, pratiquez immédiatement une incision dans la première phalange d'un ou de deux doigts des deux pattes ; massez légèrement les pattes pour que le sang coule plus abondamment, ou plongez-les dans de l'eau tiède pour obtenir le même résultat. Lorsque le sujet échappe au mal, laissez-le à jeun pendant un jour ; s'il est fort et vigoureux, administrez-lui le lendemain matin, à jabot vide, une pilule *Débutante* et le jour suivant, dans les mêmes conditions, encore une pilule *Débutante* ; faites suivre pendant trois jours consécutifs, chaque fois le matin à jeun, une pilule *Secondaire* et nourrissez de la manière indiquée à la *Note particulière*, (p. 303).

Par ce traitement nous avons sauvé plusieurs bons sujets.

Traitement homéopathique de l'apoplexie.

En 1884, nous avons guéri par le traitement suivant, un de nos meilleurs pigeons voyageurs, frappé d'apoplexie : L'oiseau présentait tous les symptômes d'une congestion cérébrale apoplectique décrits plus haut ; nous lui donnâmes, en une fois, cinq globules *Belladone* 6e, il était guéri sur le coup.

XL. Le Torticolis.

Le torticolis est attribuable aux causes indiquées ci-après au traitement homéopathique. Il se caractérise par une torsion du cou qui rend le pigeon complètement difforme : il tient la tête de travers, et très souvent il ne peut ni boire ni manger : Lorsqu'il se débat convulsivement au colombier, il effraie les pigeons qui s'y trouvent. Cette maladie doit être traitée d'après les symptômes qu'elle présente, car, pour la guérir complètement, il y a lieu de combattre les causes.

Traitement allopathique du torticolis.

La pilule *Débutante* est le remède spécifique ; on en donne une par jour dans les conditions ordinaires, pendant deux ou trois jours, puis on espace la dose, à trois jours d'intervalle, et à chaque intervalle on administre une pilule *Secondaire*. On continue ce traitement alternatif jusqu'à plein effet.

Traitement homéopathique du torticolis.

Si le torticolis a pour cause un froid, donnez *Rhus toxicodendron* 6e, deux globules matin et soir, jusqu'à effet.

S'il résulte d'une maladie bilieuse ou morveuse, c'est *Mercurius solubilis* 6e qui est indiqué ; on en administre deux globules matin et soir, pendant trois jours, puis, on fait suivre *Cyanure de mercure* 6e deux globules matin et soir jusqu'à guérison.

Si l'oiseau est faible ou si, par la torsion du cou, la préhension des graines lui est impossible, il faut le nourrir artificiellement, soit avec des vesces ou des féveroles, soit avec du pain trempé, et au besoin le faire boire en plongeant son bec dans l'abreuvoir.

Si la cause réside dans une maladie des voies digestives, c'est *Bryonia* 30e, qui doit être administré, deux globules matin et soir, jusqu'à effet.

Nous avons guéri par notre traitement *allopathique* et *homéopathique* un grand nombre de pigeons. Entre autres des sujets de grande valeur appartenant à Mr René De Clercq de Cortenberg, à Mr Jules De Clercq d'Iseghem, etc..

Epilogue.

Nous terminons la deuxième partie de notre œuvre, avec cette pensée très agréable que nous aurons rendu un service réel aux colombiculteurs et aux aviculteurs.

Si les amateurs veulent étudier et observer nos indications thérapeutiques, ils pourront traiter rationnellement, et guérir eux mêmes leurs volatiles, sans devoir recourir à aucun·intermédiaire.

On doit reconnaître que notre ouvrage a un avantage immense sur les autres du même genre, car, à côté du traitement *allopathique*, nous donnons, d'après nos études et nos expériences personnelles, la méthode *homéopathique*, avec les médicaments propres à chaque maladie. Cette méthode, comme on l'a vu, produit souvent des guérisons merveilleuses.

Médicaments.

Les médicaments vétérinaires nouveaux ainsi que les anciens, modifiés d'après nos dernières formules, sont préparés exclusivement et vendus chez Mr *A. Van Caemelbeke-Wittouck*, Pharmacien-chimiste, à *Avelghem*-lez-Courtrai et chez Mr·*E: Lobert-Wittouck,* Pharmacien-chimiste, Rue des Fripiers, 28, a *Bruxelles*.

On y trouve également tous les médicaments homéopathiques et les indications nécessaires pour administrer les divers remèdes.

FIN.

Photogravures.

Figures.

La Colombophilie parfaite.

Encyclopédie pigeonnière illustrée.

par Sylvain WITTOUCK, à HULSTE lez-Courtrai. (Belgique).

TABLE DES MATIÈRES.

DEUXIEME PARTIE.

L'HYGIÈNE ET LES MALADIES DES PIGEONS ET DE LA VOLAILLE.